개정판

영유아교사를 위한

아동권리와 복지

조 영 숙 지음

교육아카데미

머리말

아이 생각이 어른 생각보다 좁거나
부족하지 않습니다.
그저 어른과 다를 따름입니다.
아이들은 지성으로 사고하지 않고
감성으로 사고합니다.

어린이는 미래를 살 사람이 아니라
오늘을 사는 사람입니다.
〈야누스 코르착의 '아이들'〉

유태인 고아원의 원장이었던 야누스 코르착은 자신이 돌보았던 아이들을 버릴 수가 없어서 아이들 200명과 가스실로 함께 들어가 죽음을 맞이합니다. 의사이자 작가이며 교육자였던 그는 평생을 가난한 아이들을 돌보며 아이들을 진심으로 사랑하는 법을 죽음의 순간까지 행동으로 보여주었습니다. 그의 이러한 행보는 우리나라가 1991년에 비준하였던 'UN 아동권리협약'에서 명시된 아동의 권리이념에도 영향을 주었고, 아동을 대하는 사람은 어떤 마음으로 임해야 하는가에 대한 묵직한 교훈을 현재까지도 남겨주고 있습니다. 영유아를 교육하는 교사는 아동들이 가족 이외에 만나는 가장 영향력이 큰 성인이기에 아동에게 미치는 영향력은 매우 크다고 할 수 있습니다. 이 책은 예비교사들이 아동의 권리에 대해 좀 더 진지하게 생각해 보고, 복지적인 혜택이 필요한 분야의 관련 지식을 습득하도록 하기 위해 쓰여졌습니다.

본 개정판은 초판과 동일하게 크게 세 분야로 나뉘어 기술되었습니다. 첫째 아동권리와 복지의 이해, 둘째 아동복지의 실천영역으로 아동보육서비스, 장애아동 복지서비스, 학대아동 보호서비스, 가정위탁보호사업, 입양사업, 빈곤아동을 위한 복지서비스, 셋째, 아동복지의 발전 방향으로 구성되었습니다. 각 장을 기술하는데 있어서 이론적인 면을 강조하기보다는 실제적인 내용을 다루는데 좀 더 주안점을 두었습니다. 기술과정에서 아동, 영유아, 유아 등의 용어가 문맥에 따라 혼용되었음을 밝힙니다.

이 책이 나오기까지 애써주신 교육아카데미 대표님을 비롯한 편집진의 노고에 감사드립니다.

집필과정에서 엄마의 빈자리를 묵묵히 견뎌준 사랑하는 아들에게 감사의 마음을 전합니다. 마음이 힘들 때마다 변치 않는 위로와 지지를 보내준 사랑하는 나의 오랜 친구들에게도 감사드립니다. 마지막으로 한계를 느낄 때마다 언제나 지혜의 길을 밝혀주시는 선하신 하느님께 깊은 감사를 드립니다.

2023년 12월

저 자

차 례

제1장 아동복지의 기초 ········ 9

1. 아동의 개념 ········ 10
2. 아동복지의 정의 ········ 12
3. 아동복지의 관점 ········ 13
4. 아동복지의 요소 및 의의 ········ 17
5. 아동복지의 원칙 ········ 21
6. 아동복지의 기능 ········ 26

제2장 아동권리의 개념 이해 ········ 27

1. 아동권리의 개념 ········ 28
2. 아동권리의 발달 ········ 29
3. 유엔아동권리협약 ········ 42

제3장 아동발달의 이론 ········ 55

1. 발달의 기본 개념 ········ 56
2. 발달의 논쟁점 ········ 61
3. 발달의 이론 ········ 65

제4장 아동복지대상과 아동복지정책 ········· 83

1. 아동복지대상 ········· 84
2. 아동복지 서비스 유형 ········· 87
3. 아동복지 정책 ········· 89

제5장 아동보육서비스 ········· 103

1. 아동보육서비스의 개념 및 보육의 필요성 ········· 104
2. 보육제도의 변화 ········· 108
3. 보육의 운영실태 ········· 114
4. 아동보육시설의 유형 ········· 120
5. 아동보육서비스의 과제 ········· 126

제6장 장애아동복지서비스 ········· 131

1. 장애의 개념 ········· 132
2. 장애아동의 현황 ········· 141
3. 장애아동을 위한 복지서비스 ········· 145
4. 장애아동복지서비스의 문제점 및 과제 ········· 152

차 례

제7장 학대아동보호서비스 ······ 157

1. 아동학대의 개념 ······ 158
2. 아동학대의 유형 ······ 159
3. 아동학대의 원인 ······ 163
4. 학대피해 아동의 현황 ······ 165
5. 학대아동을 위한 아동보호서비스 ······ 172
6. 학대아동보호서비스의 개선방향 ······ 182

제8장 가정위탁보호서비스 ······ 185

1. 가정위탁보호의 개념 및 필요성 ······ 186
2. 가정위탁보호의 주요 내용 ······ 189
3. 가정위탁보호서비스의 운영실태 ······ 200
4. 가정위탁보호서비스의 문제점과 개선방안 ······ 207

제9장 입양아동서비스 ······ 212

1. 입양의 개념 ······ 213
2. 입양의 주요 내용 ······ 214
3. 입양서비스의 운영실태 ······ 228
4. 입양의 문제점과 개선방안 ······ 232

제10장 시설보호서비스 ········· 236

1. 시설보호의 개념 ········· 237
2. 아동복지시설의 종류 ········· 239
3. 아동복지시설의 특성 및 운영원리 ········· 241
4. 시설보호 현황 ········· 245
5. 시설보호아동을 위한 자립지원 ········· 250
6. 아동복지시설의 개선 방향 ········· 256

제11장 빈곤아동을 위한 서비스 ········· 259

1. 빈곤의 개념 ········· 260
2. 빈곤의 종류 ········· 261
3. 빈곤의 원인 ········· 263
4. 빈곤의 현황 ········· 264
5. 빈곤아동을 위한 지원정책 ········· 267

제12장 아동복지의 과제와 발전방향 ········· 279

1. 아동복지의 과제 ········· 280
2. 아동복지의 전망 ········· 286

참고문헌 / 289

제1장

아동복지의 기초

아동복지의 기초는 아동에 대한 이해와 아동복지에 대한 기본 개념을 파악하는 데서 출발한다. 특히 아동복지의 개념은 정치적 · 사회적 · 경제적 변동에 따라 변화하는 조건에 지속적으로 적응해 오며 변화되어 왔다. 이 장에서는 여러 가지 문헌에서 제시한 아동의 개념과 아동복지의 개념에 대해서 살펴보고자 한다.

1. 아동의 개념

아동의 개념은 입장에 따라 다양하게 정의되기 때문에 한 마디로 정확하게 규정하기는 쉽지 않다. 일반적으로 아동이란 태어나서 신체적 · 정신적 성숙이 마무리되기 이전의 발달단계에 있는 연령층의 집단으로서 보호와 교육의 대상이 되는 사람을 말하는데, 유아, 어린이, 청소년 등의 용어와 혼용하여 사용된다. 아동에 대한 개념은 아동기에 해당하는 인구 집단의 보편적인 특성과 욕구를 중심으로 정의내리기도 하고, 사회가 그 사회의 아동에게 부여하는 독특한 일련의 역할과 기대로 설명하는 사회학적 개념으로 정의 내리기도 한다(김성경 외, 2005. 19).

아동은 생물학적 측면에서는 신체적 성숙이 마무리되기 이전의 생애주기 내에 있는 연령을 의미하고, 발달심리학에서는 아동기를 영아기와 유아기 이후의 시기에 해당하는 것으로 보고, 대개 6~12세의 연령으로 규정하고 있다. 심리학적인 측면에서는 아동기에 해당하는 집단의 보편적인 특성과 욕구를 가진 연령을 의미하며, 사회학적 측면에서는 사회에서 아동에게 부여하는 아동으로서의 역할과 기대를 가진 연령을 의미한다. 교육학적 입장에서는 교육의 대상으로서 아동의 개념을 정리하는데 우리 사회에서는 초등학교 과정에 해당하며 일반적으로 유아기와 청소년기의 중간에 있는 6~12세 정도의 어린이라고 정의하고 있다.

우리나라에서는 법의 성격에 따라 아동의 개념을 규정하고 있는데, 그 용어에서도 아동, 소년, 연소자, 청소년, 미성년자가 혼재되어 유사 개념으로 사용되고 있을 뿐 아니라 각각의 법에서 규정하고 있는 아동의 연령이 다소 상이하게 규정되어 있어 아동복지정책을 통합적으로 실시하는데 어려움이 따르고 있다. 아동복지법에서는 아동의 개념을 "18세 미만의 자"로 규정하고 있다. 국내 법률에서 규정하는 아동의 정의는 〈표 1-1〉과 같다.

〈표 1-1〉 국내 법률에서 규정하는 아동의 정의

법령	명칭	연령기준
아동복지법	아동	18세 미만인 사람
청소년기본법	청소년	9세 이상 24세 이하인 사람
영유아보육법	영유아	6세 미만의 취학 전 아동
소년법	소년	19세 미만의 자
청소년보호법	청소년	19세 미만의 자
청소년의 성보호에 관한 법률	청소년	19세 미만의 자
민법	미성년자	19세 미만의 자
형법	형사 미성년자	14세가 되지 아니한 자
근로기준법	연소자	18세 미만의 자
모자보건법	영유아	출생 후 6년 미만의 자
한부모가족지원법	아동	18세 미만의 자녀

출처: 국가법령정보센터(http://www.law.go.kr)의 법령규정을 참고하여 작성함. 2024. 02. 05. 출력.

2. 아동복지의 정의

아동복지는 아동(child)과 복지(welfare)의 합성어인데, welfare라는 영어단어는 well(잘, 훌륭히, 충분히)이라는 부사와 fare(살아가다, 지내다)라는 동사의 합성어로 '편안히 잘 지내는 것'을 의미한다. 아동복지는 사회복지 분야 중 하나로 전통적으로는 아동의 기본적 욕구 및 그 가족의 욕구를 충족하기 위한 서비스에 관련되어 왔으며, 아동복지에 대한 개념은 학자들에 의해 그 초점에 따라 다양하게 정의되어 왔다. 아동복지란 아동의 권리를 강조하면서 사회적 구성원으로서의 모든 아동이 기초적인 생활 욕구를 충족하면서 아동의 복지를 위해서 제공되는 정책과 활동이란 개념 등으로 사용하는 용어로 이들이 최상의 발달을 기하는데 필요한 자원들을 기본적으로 누릴 수 있을 뿐만 아니라 아동의 가치와 존엄성이 최고도로 실현되는 상황을 추구하기 위한 사회 공동의 노력이라고 정의될 수 있다.

Kadushin과 Martin(1988)은 아동복지를 좁은 의미와 넓은 의미로 나누어 설명하였다. 이들에 따르면 넓은 의미의 아동복지는 모든 아동들의 행복과 사회적응을 위해 심리적, 육체적 잠재력을 개발시켜 주기 위한 각종의 방법을 말하며, 좁은 의미의 아동복지는 특수한 욕구를 가진 아동과 가족을 대상으로 전문적인 기관에서 행하는 서비스라고 강조하였다. 우리나라의 경우 아동복지정책은 과거 1961년 아동복리법이 제정된 당시에는 제정 이후 1980년까지 요보호아동을 중심으로 복지서비스를 제공하는 방향으로 추진되어 왔으나, 1981년을 기점으로 모든 아동을 포함하는 광의의 아동복지 개념을 실천하기 위한 정책적인 시도를 보여주었다.

Friedlander(1980)에 따르면, 아동복지는 빈곤, 방치, 유기, 질병, 결함 등을 지닌 아동이나 환경에 적응하지 못하는 비행 아동들에만 관심을 두는 것이 아니라, 모든 아동이 신체적, 지적, 정서적 발달에 있어서 안전하고 행복할 수 있도록 위협으로부터 보호하기 위하여 공적·사적 제반기관에서 실시하는 사회적 · 경제적 · 보건적인 모든 활동이라고 정의하고 있다.

이러한 정의를 고려하여 종합하면 아동복지는 모든 아동들이 기본욕구를 충족시킬 뿐 아니라 가족과 사회의 일원으로 건전하게 성장 · 발달하도록 육성하기 위하여 아동에게 직접적으로 또는 가정이나 지역사회, 사회복지 분야의 기관들이 협력하여 실천에 옮기는 조직적인 활동이라 할 수 있다.

3. 아동복지의 관점

아동과 아동복지에 대한 국가의 관점은 아동의 복지를 위한 정책에도 영향을 미친다. 아동복지의 이념은 시대별로 많은 변화를 거듭해 왔다. 하딩(Harding, 1991)은 국가, 가족, 아동간의 관계 특성을 기준으로 다음의 4가지 관점으로 구분하였다.

1) 자유방임주의와 가부장제

중세 이후부터 17, 18세기까지 아동은 아버지에 예속된 존재에 불과했다. 아동과 청소년을 위한 국가 차원의 정책도 존재하지 않았으며 아동과 청소년의 개념은 등장하지 않았다. 가족의 문제에 대한 정부의 불간섭 원칙으로 인하여 가정의 권력은 대체로 성인 특히 남편이나 아버지에게 주어졌다. 가부장제란 가정에서 여성과 아동에게 군림하는 성인 남성의 권력을 일컫는 말로 자유방임주의와 가부장제는 동일한 맥락에서 이해될 수 있다.

이 시기 아동과 청소년에 관한 국가 역할은 최소화되었다. 부모자녀관계의 신성함과 은밀성은 중요시되어야 하며, 특히 가족과 가족생활은 상대적으로 사적인 장소로 간주되었기 때문에 형사사건이나 법적인 사건이 발생한 경우를 제외하고는 정부가 침해해서는 안 된다고 보았다.

자유방임주의적 관점하에서 국가의 복지는 개인의 자유에 대한 억압으로 보았기 때문에 국가에 의한 어떠한 조치도 구속이나 통제로 보았고 이러한 것으로부터 보장해주는 것이 국가의 역할이라 보았다. 권리의 관점으로 본다면 부모가 자녀양육에 전적인 책임을 지고 국가는 이를 옹호하고 중시해야 한다는 것이다.

2) 국가부권주의와 아동보호

자유방임주의와 가부장적 관점하에서 아동의 인권과 관련된 문제가 다수 발생하게 되면서 이에 대한 많은 비판이 일어났고 19세기에는 빈민법, 아동보호법 등의 제정을 통해 부모의 권리를 크게 축소하고 아동을 보호하기 위한 방안을 마련하였다. 그 이전에는 부모가 자식처벌권을 형편에 맞게 자유자재로 이용하면서 집에서 쫓아내거나 자녀를 매매춘에 이용하는 등의 행위를 해도 처벌받지 않는 절대적인 권리를 가지고 있었다.

국가부권주의란 이러한 잘못된 부모의 양육태도를 비판하며 국가가 아버지와 같은 권한을 가지로 아동과 그 가족에 간섭하는 국가의 권위적 간섭주의를 말한다. 이때 국가는 아동과 가족에 비해 권위를 많이 가지게 되는 것이며, 부모-자녀 관계라도 부모의 보호가 부적절하다고 판단이 들면 국가는 가족과 아동에게 개입할 수 있다고 보는 관점이다. 이 관점은 현대의 아동권리를 인정한다는 측면이라기보다는 아동은 본래 의존적이고 상처입기 쉽고 성인과는 다른 욕구를 지닌다고 보는 것이다.

3) 가족중심주의와 부모의 권리

20세기 초·중반에 중심이 된 가족중심주의는 2차 세계대전 이후 복지 국가의 팽창과 더불어 형성되었으며, 국가는 생물학적 부모 자녀 관계를 보호하고 유지하는데 도움정책은 점점 가족이나 아동의 복지에 중점을 두게 되었으며, 국가는 생물학적인 가족이 유지되도록 다양한 종류의 서비스를 제공하면서 가족을 지지해 주는 역할을 수행해야 한다는 것을 강조하였다. 따라서 부모로부터 아동을 분리하는 대리적 보호 서비스를 제공하는 것보다 더 중요한 것은 그러한 상황이 발생하지 않도록 국가가 가족을 지원해 주는 서비스를 제공하는 것이다.

4) 아동권리

아동권리에 대한 관점은 아동권리협약이 유엔에서 채택된 1989년 이후부터라고 할 수 있다. 물론 그 이전에 세이브 더 칠드런(Save the Children)의 창립자인 영국의 에글렌타인 젭(Eglantyne Jebb)이 최초의 아동권리선언문(1923)을 통해 아동이 누려야 할 기본적 권리를 발표하였고, 이것이 기반이 되어 924년 제네바에서 개최된 국제연맹 총회에서 아동의 기본권리 5개 항으로 구성된 제네바아동권리선언이 채택되었다. 그리고 1948년 채택된 'UN 세계인권선언'을 통해 아동권리보호에 관한 구체적 규정을 포함하였으며, 1959년 유엔아동권리선언을 발표하여 아동을 단순한 구제나 보호의 대상으로서 뿐만 아니라 아동을 인권이나 자유의 주체임을 강조하였다. 하지만 이러한 선언들은 아동의 보호라는 등식이 자리 잡고 있었으며 이 역시 법적 규제력을 갖지 않았기에 당사국의 구체적 이행을 기대하기는 어려웠다.

이후 각국은 아동권리를 위한 국제규범이 필요함을 국제사회에 호소하였고, 이후 10년간의 노력의 결과로 1989년 11월 20일 유엔총회에서 만장일치로 유엔아동권리협약(UN Convention on the Rights of the Child)이 채택되었고, 2015년에 소말리아가 비준함으로써, 미국을 제외한 유엔 가입 196개국이 전부 비준하였다. 협약에 비준한 당사국은 협약이 발효된 후 2년 이내에 그리고 이후에는 매 5년마다 협약이행에 관한 국가보고서를 제출하여 심의를 받아야 한다.

협약의 당사국들은 정기적인 보고서 제출을 통해 UN아동권리위원회에서 권고한 내용을 국내법의 개정을 통해 준수하기 위해 다각적으로 노력하며 국가정책의 기본방향의 설정의 기초로 활용하고 있다. 아동복지 이념에 따른 시대적 변화와 주요 특징은 〈표 1-2〉와 같다.

〈표 1-2〉 아동복지 이념의 시대적 구분 및 특징

시기	국가이념유형	권리의 내용	국가의 역할	역사적 특징
17, 18세기	자유방임주의	부권(父權)의 강조	야경국가[1]	아동기의 출현과 가족의 중요성 부각: 아동에 대한 아버지의 권한 강조
19세기	국가부권주의	양육권 강조 -아동과 청소년의 양육 받을 권리 강조	국가의 제한적이거나 권위적 간섭	가정의 자녀보호 및 교육의 강조: 부모에 대한 국가의 개입강조, 대리모, 위탁, 입양에 호의적
20세기 초·중반	가족중심주의	친권강조 -생물학적 부모의 친권강조	국가의 지지적 개입	복지국가의 출현: 부모 요구의 증가, 국가의 가족에 대한 지원 강화
20세기 후반	아동권리주의	인권강조 -아동과 청소년의 권리 강조	권리의 보호를 위해 적극적 개입	유엔 권리협약의 채택: 권리에 관한 국가의 법률 제정 및 정책 수립에 관한 논의

출처: 송주미(2003). 아동과 청소년의 권리보호를 위한 국가이념의 방향과 과제: 역사적 고찰을 중심으로. 청소년학연구, 10(2), p.184.

1) 야경국가를 의미하는 독일어 Nachtwächterstaat는 독일의 사회주의자 페르디난트 라살이 1862년 베를린에서의 연설에서 사용한 것이 기원이다. 그는 부르주아 자유주의의 제한된 정부를 국가가 단지 도둑질을 방지하는 일만을 한다는 의미에서 야경국가라고 비판했다.
(위키백과https://ko.wikipedia.org/wiki/%EC%95%BC%EA%B2%BD%EA% B5%AD%EA%B0%80)

4. 아동복지의 요소 및 의의

1) 아동복지의 요소

(1) 경제적 안정

아동의 성장과 발달은 가정생활의 경제적 여건에 상당한 영향을 받는다. 아동에게 안정감을 주기 위해서는 가정에서 생활에 필요한 최저한도의 물질적 욕구가 충족되어야 한다. 과거와 달리 오늘날의 빈곤의 개념은 절대적인 빈곤상태라기보다는 주로 상대적 개념으로서 최저생계비 이하의 상태를 의미하는 것이 아니라 본인이 생활을 하는 과정에서 느끼게 되는 현실적인 차이 즉 교육 · 건강 · 불평등 · 기회 등의 사회적 기회 또는 자원의 결핍상태를 의미하는 것이다.

빈곤의 문제를 해결하기 위하여 국가는 빈곤 가정의 아동에 대해 다양한 제도적인 지원 즉 공적부조, 사회보험, 아동보험, 아동수당제도 등을 통하여 경제적 안정에 도움이 되도록 하며, 빈곤가정 부모에게 고용의 기회를 확대해서 경제적 안정을 도모할 수 있도록 지원해야 한다.

(2) 안정된 부모와 가정

아동복지가 이루어지기 위해서는 아동이 살고 있는 가족생활을 보호, 보장, 강화하고 가족 구성원의 사회적 기능수행이 원활하도록 지지하는 가족정책과 가족복지서비스가 제공되어야 한다. 좋은 부모 역할을 수행하기 위해서는 양육의 어려움에 대해 심리적인 준비와 양육방식에 대한 지식과 기술을 배워야 한다. 가족문제에 대한 예방적 차원에서 가족수당, 공적부조, 취업모에 대한 대책 등과 같은 제도적, 거시적, 환경적 차원에서의 대책이 필요하다.

(3) 보건 및 의료보호

아동의 건강은 모체의 영양, 질병, 심리적 상태에 따라 영향을 받으므로 건강한 아동의 출생을 위해서는 태아기 때부터 모자보건을 위한 대책이 마련되어 있어야 한다. 아동이 자라는 동안 성장발육의 증진과 질병의 조기발견 및 치료를 위해서 정기적인 건강검진과 예방접종이 이루어지도록 해야 하며, 학교나 보육시설에서는 적당한 위생과 보건시설을 갖추어야 한다.

아동의 건강은 신체적 건강뿐 아니라 정서적 건강이 중요하므로 사고, 정서, 행동면에서 자율성과 통합성을 갖고 삶을 살아갈 수 있도록 도와주어야 한다. 오늘날 아동은 부모의 과잉기대, 지나치게 경쟁적인 학교 분위기로 인하 스트레스로 인해 분노, 과잉행동, 파괴적 행동, 도벽, 우울증 등의 정신병리를 가진 아동이 급증하고 있다. 아동이 보이는 이러한 문제를 방치할 경우 청소년기의 행동 및 정서문제로 이어지거나 성인기의 행동문제와 정신병리적인 문제로 이어질 수 있다. 따라서 아동의 문제행동 및 정신병리를 조기에 발견하고 최적의 시기에 전문적인 도움을 받을 수 있도록 하는 것이 중요하다.

(4) 교육

모든 아동은 타고난 자신의 잠재력을 최대한 계발하여 능력을 발휘할 수 있는 사회적 제도와 기회가 주어져야 한다. 교육의 목표인 전인적인 인재 양성을 위하여 아동은 자신의 능력과 필요 흥미에 따라 원하는 교육의 기회를 선택할 수 있어야 하며 개인이 자신의 교육을 목표로 하며 성장과정과 능력에 적합하게 일관성과 다양성을 유지하면서 아동 개개인의 고유한 인력과 개성을 형성해가도록 도와주어야 한다.

모든 아동들은 개인이 타고난 잠재력을 최대한 신장시키며 이렇게 계발된 능력을 최대한 발휘할 수 있도록 사회적 기회를 부여받으며 자기충족감을 얻고 배움의 욕구를 충족할 수 있어야 한다.

(5) 놀이 및 여가

아동은 놀이를 통해 자신의 감정을 발산하며 사회적 기술을 학습할 수 있다. 또한 놀이를 통해서 아동들은 자신의 경험을 재구성해서 자기생명과 감정을 나타내며 창의적인 생각을 표현하고 발달시키기도 하고, 억압된 감정을 해소하기도 한다. 그러므로 아동들은 여가활동을 능동적이고 건설적으로 활용할 수 있도록 지도를 받아야 하며, 자신의 취미와 운동 등의 활동에 참여할 수 있는 기회를 제공받아야 한다.

(6) 노동으로부터의 보호

모든 아동은 연소노동이나 유해한 환경으로부터 보호되어야 한다. 우리나라 근로기준법 제 64조와 제65조에서는 여성과 소년의 근로에 대한 규정사항을 명시하고 있다. 즉, 15세미만인 자(초 · 중등교육법」에 따른 중학교에 재학 중인 18세 미만인 자를 포함한다)는 근로자로 고용할 수 없으며, 임산부인 여성과 18세 미만인 사람은 도덕상 또는 보건상 유해하고 위험한 사업에 사용금지, 동법 제69조에서는 15세 이상 18세 미만인 자의 근로시간은 1일에 7시간, 1주에 35시간 초과금지 등의 조항이 명시되어 있다.

(7) 특수한 욕구를 가진 아동에 대한 보호

아동복지가 모든 아동을 대상으로 그들의 복리를 증진시키기 위한 것이라면, 특수한 욕구를 가진 아동을 위한 개별적인 특수보호가 실시되어야 한다. 즉 신체적 정신적 심리적 장애를 가진 아동에 대한 교육 및 치료 및 보호, 취업모 자녀에 대한 탁아보호 및 방과 후 보호, 빈곤층 아동에 대한 교육 · 보건 · 오락 및 문화 설비 등의 제공이 이루어져야 한다.

2) 아동복지의 의의

(1) 기초성의 원리

기초성이란 인간발달이 생의 초기에 제대로 이루어지지 못하면 이후의 발달과정에 계속적으로 영향을 주게 된다는 것을 뜻한다. 즉 어릴 때 아동이 가져야 할 경험이 있으며 그 시기는 인생의 전반에 걸친 초석적인 의미를 가진다는 원리이다. 이는 아동복지가 인간의 전 생애 가운데서 생의 초기에 개입하여야 한다는 근거를 제공하며 또한 조기개입을 통해 다양한 문제를 예방하는 근거를 제공한다.

(2) 적기성의 원리

적기성이란 어떤 과업이나 학습, 경험을 성취할 수 있는 가장 적기적인 기회를 의미하며, 이 기회를 놓칠 경우 다른 시기에 동일한 경험을 한다고 하더라도 그다지 그리 적시적인 효과가 없다는 것이다.

인간의 발달에는 유기체를 둘러싼 여러 가지 내적·외적 사건들이 발달에 최대의 영향을 미치는 최적의 시기가 있으며, 어떤 특정한 발달과업은 그 시기를 놓치면 다음 시기에 보충되기 어렵다는 것을 강조한다. 인간의 발달과업에는 발달하기에 가장 적절한 시기가 있어서 그 시기에 그 발달과업이 이루어지지 못하면 다음 발달에 지장을 초래하게 된다.

(3) 누적성의 원리

누적성이란 아동이 환경결함으로 그의 성장과 발달에 한번 결손이 생기면 그 결손이 다음 단계의 성장발달에도 영향을 준다는 원리이다. 즉 앞 단계에서 결손이 생겨 발달에 맞는 적절한 경험을 잘 못하게 되면 해당 시기에 성취해야 할 과업을 완수하지 못하게 되며 이는 다음 단계 발달에 영향을 미쳐 계속적인 영향을 주게 되고 결국 생의 전반에 이르는 지속적인 영향을 끼치게 된다는 기제이다. 이와 반대로 잘된 것이 원인이 되어 다음 단계에서 더 잘되는 것도 누적성의 원리이다. 생의 초반에 애착을 형성하지 못했을 경우 이후 또래관계나 대인관계에서 어려움을 느끼게 되면 이는 청소년기에 행동·정서적인 문제에 영향을 주게 된다. 이어서 청소년기에 적응상의 어려움을 보인 청소년은 성인기에 이르러서도 스스로 자신의 삶을 책임지고 건강한 삶을 영위하기 어려운 모습을 보이게 된다는 것이다.

인간의 성장과 발달에 있어서 어떤 결손이 생기면 이것은 다음의 발달에 부정적인 영향을 미치기 때문에 이때 적절한 개입을 하지 않으면 결손이 누적되어 보다 심각한 결손으로 나타날 수 있음을 강조한 것이다.

(4) 불가역성의 원리

불가역성의 원리란 특정 발달단계에서 문제가 생겼을 경우 그 영향이 다음 단계에 영향을 주지만 역으로 다음 단계에서의 긍정적인 영향이 소급해서 전 단계의 부족을 메우거나 보충하는 데는 한계가 있다는 것이다. 따라서 아동복지는 아동이 자라나 야기시킬 사회문제의 발생을 미연에 방지하기 위해서 필요하며 그 중요성을 가지는 것이다.

5. 아동복지의 원칙

아동이 당면한 문제를 해결하여 이들의 건전한 성장과 발달을 도모하기 위해 아동복지정책과 서비스를 추구하는 데는 기본적으로 고려해야 할 원칙이 있다.

1) 기본적 원칙

(1) 권리와 책임의 원칙

아동복지사업은 아동과 부모, 사회의 세 주체의 상호관계를 바탕으로 실시되어야 할 뿐 아니라 이들 세 주체는 각자의 관점에서 권리와 책임의식을 가지고 계속적인 균형유지와 상호관계를 지녀야 한다. 아동은 아동으로서의 권리와 책임을 부여받고, 부모는 부모로서의 권리와 책임을 다해야 하며, 사회는 사회로서의 권리와 책임을 충실히 이행할 때 아동복지를 실천하게 된다.

① 아동의 권리와 책임의 원칙

모든 아동은 인간으로서 독자적 권리를 가지며 동시에 일련의 책임이 있다는 것이다. 아동은 단순히 성인의 보호하에 양육되는 수동적인 존재가 아니라 자신의 삶에 책임이 있는 능동적인 독립된 개체이며 신체적, 정신적으로 건강하고 위생적인 삶을 보장받아야 하며, 적절한 교육과 문화적 혜택을 받으면서 성장하고 발달할 권리가 있다는 것이다. 이러한 아동의 권리는 「아동권리에 관한 제네바선언」(1924)에서 비롯하여 UN의 「아동의 권리에 관한 협약」(1989), 우리나라의 「어린이 헌장」(1957, 1988), 「청소년헌장」(1998)에 이르기까지 아동에 관한 모든 권리선언에 천명되어 있으며 제반 법적 규정으로 명시되어 있다. 아동은 자신들을 책임지고 있는 어른들의 긍정적인 기대를 충족시켜야 하며 자신에게 부여되는 여러 가지 요구들을 받아들여 자신의 발달을 촉진시키도록 하는 책임이 있다.

② 부모의 권리와 책임

부모는 아동의 보호와 양육에 대한 일차적 권리와 책임이 있으며, 아동의 생활방식과 행동기준을 결정할 권리와 아동을 사회적으로 필요한 인간으로 성장시켜야 할 의무와 책임이 있다는 것이다. 아동에 대한 부모의 책임은「아동복지법」제5조에서 규정하고 있는데, 그 내용은 가정에서 성장시기에 맞추어 건강하고 안전하게 양육할 의무, 아동에게 신체적 고통이나 폭언 등의 정신적 고통을 가해서는 안 된다는 금지 의무, 모든 국민은 아동의 권익과 안전을 존중하여야 하며, 아동을 건강하게 양육해야 한다는 의무이다. 부모는 아동의 건강한 발달과 성장을 위한 재정적 지원, 신체적 보호, 정서적 보호의 책임이 있으며, 이를 제대로 수행하지 못할 경우 부모의 권리를 제한 당할 수도 있다.

③ 사회와 국가의 권리와 책임

사회는 아동을 보호하고 건강하게 양육되도록 하기 위해 다양한 법적인 제도 정비 및 실질적인 실질적 대책을 마련해야 한다. 예를 들어 의무교육을 통하여 아동의 교육권을 보장하고 아동을 유해 환경으로부터 보호하는 법률을 시행함으로써 아동을 보호하도록 해야 한다. 또한 아동학대와 같이 보호자로서의 부모의 역할을 수행하지 못하고 부모의 아동을 위험 상태에 처하게 했을 경우 부모에게 사법적인 강제력을 행사하여 양육자로서의 부모의 역할을 제한하고 아동을 위탁가정이나 아동복지시설에서 보호를 받을 수 있는 방안을 마련해야 한다.

(2) 보편성과 선별성의 원칙

① 보편성의 원칙

보편성이란 전체 아동을 대상으로 급여나 서비스를 제공하는 것을 급여나 서비스를 제공하는 것을 말한다. 보편성의 원칙은 성별이나 지역, 사회·경제적 수준 등에 관계없이 모든 아동을 대상으로 공평하게 필요한 서비스를 제공하여 문제를 예방하는데 목적이 있는 것이다. 이 원칙에 따른 아동복지서비스에는 아동수당, 가족수당, 무상의무교육 등이 있다.

② 선별성의 원칙

과거 우리나라에서 시행해 왔던 정책으로 빈곤계층이나 보호가 필요한 아동에게 급여나 서비스를 제공하는 것을 말한다. 선별성에 의해 제공되는 복지서비스는 일시적이고 시혜적이며 잔여적인 성격이 강하여 낙인에 의한 수치심을 초래할 가능성이 있다.

(3) 개발성의 원칙

아동복지는 아동의 변화를 유도하고, 이들이 가진 능력을 최대한 발휘할 수 있도록 해야 한다는 것이다. 종래의 복지체계는 문제가 발생하면 그때에서야 대응하는 형태였다면 이러한 방식에서 탈피해 문제의 발생을 미연에 예방하여 변화를 가져올 수 있는 시스템을 마련해야 한다는 것이다. 아동이 가진 능력을 최대한 개발하기 위하여 장애아동이나 시설에 수용되어 있는 아동, 학교 밖의 청소년들에게도 자신의 잠재력을 개발할 수 있도록 다양한 직업 훈련의 기회를 제공하고 아동에게 최선의 이익이 되도록 지원해야 한다.

(4) 전문성의 원칙

전문성의 원칙은 아동복지의 성과를 좌우할 수 있는 중요한 원칙이다. 사회의 변화에 따라 아동의 욕구와 문제에 대한 원인이나 배경도 매우 다양하기 때문에 관련된 문제에 대해 전문적인 지식이나 기술을 바탕으로 접근했을 때 올바른 해결점을 찾을 수 있다. 따라서 아동의 건강한 발달과 성장을 지원하기 위한 전문적인 인력과 전문기구가 마련되어야 한다.

(5) 통합성의 원칙

아동의 발달은 어느 한 영역이 독립적으로 발달하는 것이 아니라 서로 유기적으로 연결되어 하나의 문제가 다른 문제로 연결되고 복합적인 문제로 변화되기도 한다. 따라서 복지대책을 강구할 때는 여러 서비스를 종합적으로 마련하는 포괄성의 원칙이 고려되어야 한다. 즉 가정지원, 경제적 안정, 보건, 교육, 노동 등의 종합적인 서비스를 지원하기 위한 포괄적인 정책이 수립되어야 한다.

(6) 예방성과 치료성의 원칙

아동복지는 전체 아동을 대상으로 아동의 문제를 미연에 방지하는 것이며 동시에 만일 문제가 발생할 경우에는 확인된 문제의 해결을 위해 최선의 조치를 실시해야 한다. 아동복지사업은 예방과 치료를 동시에 수행함으로써 문제의 확산을 방지하고 효율적으로 문제해결에 접근해야 한다.

[그림 1-1] 아동복지의 원칙

6. 아동복지의 기능

1) 아동에 대한 기능

아동복지는 단순히 요보호아동만을 대상으로 하는 것이 아니라 모든 아동의 발달에 영향을 준다. 일반 아동을 위해서는 아동이 가진 능력을 개발하고 더욱 성장하게 하는 것 이외에 부모 및 가정이 건강하게 유지될 수 있도록 지지적인 서비스를 제공한다. 또한 요보호 아동에게는 그들의 기본적인 욕구를 충족시켜 주고, 그들이 놓여 있는 환경적인 어려움을 개선시키는 동시에 그들의 가정과 부모를 대신하여 그들을 양육, 보호할 수 있는 보완적, 대리적 서비스를 제공하는 기능을 수행한다.

2) 부모에 대한 기능

아동복지는 일차적인 대상이 되는 아동뿐 아니라 그들의 부모를 다양한 방법으로 지지, 보완, 대리하여 지원하며, 부모들로 하여금 부모역할을 충실히 수행할 수 있도록 각각의 가정과 부모가 필요로 하는 사회적인 도움을 제공하는 기능을 수행한다.

3) 사회에 대한 기능

아동복지는 아동들의 복지를 도모할 수 있는 각종 교육, 문화, 의료시설을 설치하여 아동의 건전한 육성을 도모하며, 각종 복지 프로그램 및 제도와 정책을 창출하도록 하여야 한다. 이는 궁극적으로 아동과 그들의 부모 및 가정의 행복을 증진시키는 대책을 강구하는 기능을 수행한다.

제2장

아동권리의 개념 이해

1. 아동권리의 개념

1) 아동권리의 개념

인간에게 권리는 어떤 형태나 종류를 막론하고 인간의 존엄성을 기초로 하고 있다. 아동에게 있어 권리란 출생과 더불어 주어지는 천부성과 누구나 다 누려야 하는 보편성에 근거한다. 그러므로 아동권리의 개념은 인간의 존엄성과 더불어 아동기라는 발달특성을 감안하여 주어지고 보장되는 권리라 할 수 있다. 다시 말해서 아동권리는 인간인 아동이 마땅히 그 시기에 누려야 할 권리이며, 개인과 집단의 기본적 자유와 권리, 존엄성을 보호하는 보편적이고 합법적인 보장을 의미한다(이선애 외, 2018). 보편적이라는 것은 모든 것에 공통적으로 적용된다는 의미이다. 인종이나 피부색, 성별, 종교, 사상, 신념, 국적, 능력, 장애, 빈부 등 어떠한 조건과 관련 없이 누구에게나 공통적으로 적용되는 것을 의미한다. 사회에 공존하고 있는 모든 인간이 양질의 삶을 향유하고, 서로 다른 문화를 존중하며, 자연과 지속 가능한 관계를 형성하며 평화롭게 사는 등의 가치를 법제화한 것을 권리라 할 수 있다.

아동권리의 진정성은 아동권리의 주체성에 대한 인정이라는데 전반적 인식에는 동의하지만 성인과 동등한 자율적 또는 의무를 담보하는 권리주체성 및 권리능력은 아니어야 한다는 한계는 분명 존재한다. 아동의 권리는 아동의 이성적 선택능력이나 책임능력에 초점을 맞춘 것이라기보다는 아동에게 부여된 권리들이 아동의 이익과 연관성을 가진다는 권리의 이익이론을 반영한 것이라 할 수 있다(이노홍, 2013, 재인용). 아동의 이익을 권리로 분석하고 아동의 권리를 인정한다는 것은 아동의 최선 이익에 대한 개념을 아동과 관련된 모든 행위에 적극 수용하는 것이라 할 수 있기에 이에 대한 분석적이고 체계적인 접근이 필요하다.

2) 아동권리의 원칙

국제사회는 지금까지 세계인권선언과 9개의 국제인권조약을 채택하였고, 이들 조약은 다음의 원칙을 내포하고 있다.

(1) 보편성과 불가양성(Universality and Inalienability)

권리는 어느 곳에서나, 누구에게나 부여된 보편적이며, 또한 양도할 수 없는 것이다. 어느 누구도 이를 포기할 수도 앗아갈 수도 없는 것이다.

(2) 불가분성(Indivisibility)

권리는 시민적, 문화적, 경제적, 정치적, 또는 사회적 권리로 나누어 질 수 없으며 이들 권리는 위계가 없고 모두 동등하다.

(3) 상호의존성 및 상호관련성(Interdependence and Interrelated-ness)

권리가 실현되기 위해서는 전체적 또는 부분적으로 다른 권리의 실현과 연관이 있다는 것을 의미한다.

(4) 평등 및 비차별성(Equality and Non-discrimination)

모든 인간은 평등하며 인종, 피부색, 성별, 연령, 언어, 성적지향, 종교, 국적, 장애, 빈부 등에 의한 어떤 종류의 차별도 있어서는 안 된다.

2. 아동권리의 발달

아주 오랜 기간 동안 아동은 '성인의 축소판' 혹은 '소유물'로 취급되어 왔으며, 그들의 발달적 특성이나 독립된 인격체로서의 존엄성을 존중받지 못해 왔다. 이 가운데 장애를 지닌 아동은 더욱 함부로 여겨졌으며, 존엄한 인간 존재로서 대우를 받지 못하는 상황은 더욱 심각했다. 근대적 의미의 인권이 태동한 17 - 18세기에 이르러 비로소 아동을 발견하게 되었다. 그러나 아동은 성인으로 성장시키기 위한 대상이며, 아동은 미성숙하고, 약하고, 수동적인 존재이기에 성인의 결정에 따르는 것이 유익한 것이라 여겨졌다. 또한 아동에 대한 노동착취나 아동학대, 인신매매 등이 만연하였다.

아동의 발달적 특성과 아동기의 독특함을 인정하기 시작한 것은 19세기와 20세기에 이르러서였다. 스웨덴의 교육자 엘렌 케이[2]는 20세기를 '아동의 세기'라고 주장하기도 하였다. 이처럼 20세기에 이르러서야 새로운 아동관이 제시되었다.

국제사회는 아동의 권리보호를 위해 각종 제도적 장치와 선언, 협약, 조약 등의 다양한 형태로 아동의 권리보호를 위하여 노력해 오고 있다.

1) 우리나라의 아동권리선언

(1) 어린이 인권선언

20세기에 들어서면서 동양에서도 아동의 존엄성과 권리주체성을 주장한 선구자들이 있었다. 우리나라에서는 소파 방정환이 우리의 전통사회에서 천대받고 학대받던 아동들의 인권을 보호하기 위해 '어린이'라는 존칭어를 만들었고, 세계 최초로 어린이날을 제정하여 어린이 인권선언을 하는 등 어린이운동을 주도하였다. 특히 시대적 상황이 일제 강점시대인데도 그 억압에 굴하지 않고 어린이 운동을 전개했다는 것은 놀라울 일이다.

우리나라 최초로 아동의 권리를 언급한 선언은 1922년 5월 1일 최초의

2) 엘렌 케이 [Ellen Karolina Sofia Key, 1849. 12. 11.~1926. 4. 25] : 스웨덴의 여성 사상가로 문학사, 여성문제, 교육문제에 걸쳐 휴머니즘의 입장에서 저작 활동을 했다. 사회적 자유주의와 개인의 해방, 억압되어 온 여성과 아동의 해방을 주장하였다. 《여성운동》, 《어린이의 세기》 등 다수의 저서가 있다. (출처: doopedia 두산백과)

어린이날 기념식에서 한국의 소파 방정환에 의해 선포된 '아동의 권리공약 3장'과 '어린이 선언문'이다. 1923년 어린이날을 기념하여 배포한 글에는 소년운동의 기초조건이라는 제목을 통해 다음과 같이 세 가지 조항이 포함된 아동권리선언을 선포하였는데, 이는 어린이공약 3장으로 알려진 내용으로 그 내용은 〈표 2 - 1〉과 같다. 어린이공약 3장은 당시 사회적 · 문화적 · 관습적으로 아동에게 행해지던 윤리적 압박과 아동노동으로부터 아동을 자유롭게 할 것을 선언하고 있으며, 아동을 성인과 동등한 인격체로 대우할 것과 교육과 여가, 문화 활동을 향유할 수 있도록 가정과 사회가 해야 할 의무를 규정하고 있다.

어린이공약 3장

1. 어린이를 재래의 윤리적 압박으로부터 해방(解放)하야 그들에게 대한 완전한 인격적 예우(禮遇)를 허(許)하게 하라.
2. 어린이를 재래의 경제적 압박으로부터 해방(解放)하야 만 14세 이하의 그들에게 대한 무상 또는 유상의 노동을 폐(廢)하게 하라.
3. 어린이 그들이 고요히 배우고 즐거이 놀기에 족한 각양(各樣)의 가정 또는 사회적 시설을 행(行)하게 하라.

어린이선언문

어른들에게

- 어린이를 내려다보지 마시고 치어다보아 주시오
- 어린이를 가까이 하시어 자주 이야기하여 주시오
- 어린이에게 경어를 쓰시되 늘 보드랍게 하여 주시오
- 이발이나 목욕, 의복 같은 것을 때 맞춰 하도록 하여 주시오
- 잠자는 것과 운동하는 것을 충분히 하게 하여 주시오
- 산보와 원족 같은 것을 가끔가끔 시켜 주시오
- 어린이를 책망하실 때는 쉽게 성만 내지 마시고 자세자세 타일러 주시오
- 어린이들이 서로 모여 즐겁게 놀만한 놀이터와 기계 같은 것을 지어 주시오
- 대우주의 뇌신경의 말초는 늙은이에게 있지 아니하고 젊은이에게도 있지 아니하고 오직 어린이들에게만 있는 것을 늘 생각해 주시오

어린 동무들에게

- 돋는 해와 지는 해를 반드시 보기로 합시다.
- 어른들에게는 물론이고 당신들끼리도 서로 존대하기로 합시다.
- 뒷간이나 담벽에 글씨를 쓰거나 그림 같은 것을 그리지 말기로 합시다.
- 꽃이나 풀을 꺾지 말고 동물을 사랑하기로 합시다.
- 전차나 기차에서는 어른들에게 자리를 사양하기로 합시다.
- 입을 꼭 다물고 몸을 바르게 가지도록 합시다.

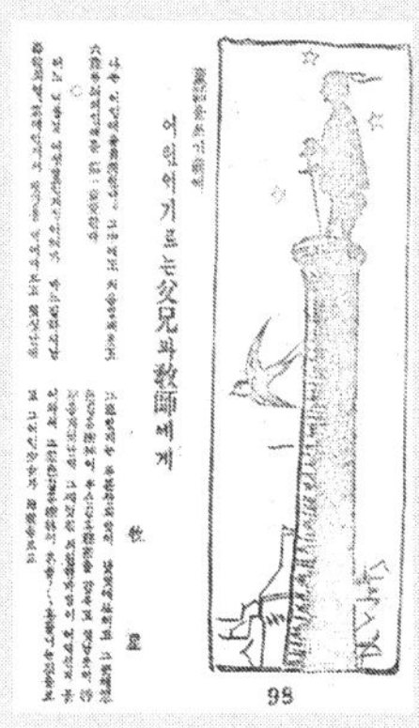

어린애는 시인이고 가인이다. 그 어여쁜 조그만 눈동자 보이는 것이 모두 시이고 노래이다. 나는 이 귀여운 어린 시인의 깨끗한 가슴을 더럽혀주고 싶지 않다. 물욕의 마귀를 만들고 싶지 않다. 나는 나의 가장 사랑하고 귀애하는 어린 동무, 어린 시인에게 무엇이든지 나의 사랑하는 마음을 표하여 좋은 선물을 주고 싶다.

(2) 대한민국 어린이헌장

어린이 헌장은 한국동화작가협의회에서 1957년 3월 1일에 처음 발표하였고, 정부와 심의 · 보완을 거친 후에, 1957년 5월 5일 보건사회부에서 '어린이 헌장'이라는 명칭으로 9개항으로 된 내용을 선포한 헌장이다. 어린이를 위해 국가와 사회가 해야 할 일을 항목으로 남겨 놓은 것으로, 법적 효력은 없으며, 1988년 보건복지부에서 11개항으로 재개정하여 발표하였다. 1924년 국제연맹에서 '아동권리헌장'을 채택한 지 33년 만이었다.

모두 9개 항목으로 구성된 이 헌장은 어린이를 위해 국가와 사회가 해야 할 일을 규정하고 있으나, 법적 효력이 있는 것은 아니었다. 어린이헌장은 1988년 보건복지부에서 개정하여 조항이 11개 항으로 늘었다.

〈표 2-1〉 1988년 재개정된 대한민국 어린이헌장 전문과 본문

대한민국 어린이헌장은 어린이날의 참뜻을 바탕으로 하여 모든 어린이가 차별 없이 인간으로서의 존엄성을 지니고 나라의 앞날을 이어나갈 새 사람으로 존중되며 아름답고 씩씩하게 자라도록 함을 길잡이로 삼는다.

1. 어린이는 건전하게 태어나 따뜻한 가정에서 사랑 속에 자라야 한다.
2. 어린이는 고른 영양을 취하고, 질병의 예방과 치료를 받으며, 맑고 깨끗한 환경에서 살아야 한다.
3. 어린이는 좋은 교육시설에서 개인의 능력과 소질에 따라 교육을 받아야 한다.
4. 어린이는 빛나는 우리 문화를 이어받아, 새롭게 창조하고 널리 펴나가는 힘을 길러야 한다.
5. 어린이는 즐겁고 유익한 놀이와 오락을 위한 시설과 공간을 제공받아야 한다.
6. 어린이는 예의와 질서를 지키며, 한겨레로서 서로 돕고, 스스로를 이기며 책임을 다하는 민주 시민으로 자라야 한다.
7. 어린이는 자연과 예술을 사랑하고 과학을 탐구하는 마음과 태도를 길러야 한다.
8. 어린이는 해로운 사회 환경과 위험으로부터 먼저 보호되어야 한다.
9. 어린이는 학대를 받거나 버림을 당해서는 안 되고, 나쁜 일과 힘겨운 노동에 이용되지 말아야 한다.
10. 몸이나 마음에 장애를 가진 어린이는 필요한 교육과 치료를 받아야 하고, 빗나간 어린이는 선도되어야 한다.
11. 어린이는 우리의 내일이며 소망이다. 나라의 앞날을 짊어질 한국인으로, 인류의 평화에 이바지 할 수 있는 세계인으로 자라야 한다.

(3) 청소년헌장

1990년 만들어진 「청소년헌장」은 "청소년은 새 시대의 주역이다. 뜨거운 정열을 가슴에 품고 자연과 학문을 사랑하며 한마음으로 굳게 뭉쳐 조국 발전의 일꾼이 되어 세계와 우주로 힘차게 나아가 인류의 자유와 행복을 이룩한다."는 내용으로 시작하고 있다. 미래 사회의 주역인 청소년을 건전하게 육성시키기 위한 정부의 강력한 의지를 천명한 이 헌장은 서문에서 청소년의 이상과 포부를 제시하고 있고 본문에서는 청소년의 권리와 의무, 가정의 기능 및 역할, 학교의 사명과 교육의 내용 등 국가와 사회의 역할과 의무를 각각 강조하고 있다,

「청소년헌장」은 1998년 10월 25일에 개정되어 선포되었다. 새로 개정된 「청소년헌장」은 청소년을 독립된 인격체로 격상시키고 그에 상응한 기본적인 권리를 명시하고 있는 점이 특징이다. 이는 청소년의 인권이 괄목할 만큼 성장했으며 그만큼 의식의 전환이 되었다는 것을 의미한다. 새 헌장은 구체적으로 청소년에게 생존권, 평등권, 보호권, 신체 활동권 등 천부적 권리뿐 아니라 학습권, 근로권, 문화향유권, 여가권과 함께 의사표현의 권리, 정책에 참여할 수 있는 권리 등 사회적 권리를 부여하고 있다. 또한, 청소년이 자유롭게 모임을 만들고 신념에 따라 행동할 권리와 다양한 문화, 예술 활동에 참가하고 창조할 권리를 보장하고 있다(국가기록원 홈페이지 http://theme.archives.go.kr).

〈표 2-2〉 청소년헌장

청소년은 자기 삶의 주인이다. 청소년은 인격체로서 존중받을 권리와 시민으로서 미래를 열어 갈 권리를 가진다. 청소년은 스스로 생각하고 선택하며 활동하는 삶의 주체로서 자율과 참여의 기회를 누린다. 청소년은 생명의 가치를 존중하며 정의로운 공동체의 성원으로 책임 있는 삶을 살아간다.

가정 학교 사회 그리고 국가는 위의 정신에 따라 청소년의 인간다운 삶을 보장하고 청소년 스스로 행복을 가꾸며 살아갈 수 있도록 여건과 환경을 조성한다.

▼청소년의 권리

1. 청소년은 생존에 필요한 기본적인 영양 주거 의료 교육 등을 보장받아 정신적 신체적으로 균형 있게 성장할 권리를 가진다.
2. 청소년은 출신 성별 종교 학력 연령 지역 등의 차이와 신체적 정신적 장애 등을 이유로 차별받지 않을 권리를 가진다.
3. 청소년은 물리적 폭력뿐만 아니라 공포와 억압을 포함하는 정신적인 폭력으로부터 보호받을 권리를 가진다.
4. 청소년은 사적인 삶의 영역을 침해 받지 않을 권리를 가진다.
5. 청소년은 자신의 생각과 느낌을 자유롭게 펼칠 권리를 가진다.
6. 청소년은 자유로운 의사에 따라 건전한 모임을 만들고 올바른 신념에 따라 활동할 권리를 가진다.
7. 청소년은 배움을 통해 진리를 추구하고 자아를 실현해 갈 권리를 가진다.
8. 청소년은 일할 권리와 직업을 선택할 권리를 가진다.
9. 청소년은 여가를 누릴 권리를 가진다.
10. 청소년은 건전하고 다양한 문화 예술 활동에 자유롭게 참여할 권리를 가진다.
11. 청소년은 다양한 매체를 통하여 자신의 삶에 필요한 정보에 접근할 권리를 가진다.
12. 청소년은 자신의 삶과 관련된 정책결정 과정에 민주적 절차에 따라 참여할 권리를 가진다.

▼청소년의 책임

1. 청소년은 자신의 삶을 소중히 여기며 자신이 선택한 삶에 책임을 진다.
2. 청소년은 앞 세대가 물려준 지혜를 시대에 맞게 되살려 다음 세대에 물려줄 책임이 있다.
3. 청소년은 가정 학교 사회 국가 인류 공동체의 성원으로서 자기와 다른 삶의 방식도 존중할 줄 알아야 한다.
4. 청소년은 삶의 터전인 자연을 소중히 여기고 모든 생명들과 더불어 살아간다.
5. 청소년은 통일 시대의 주역으로서 평화롭게 공존하는 방법을 익힌다.

6. 청소년은 남녀평등의 가치를 배우고 이를 모든 생활에서 실천한다.
7. 청소년은 가정에서 책임을 다하며 조화롭고 평등한 가족문화를 만들어 간다.
8. 청소년은 서로에게 정신적 신체적 폭력을 행사하지 않는다.
9. 청소년은 장애인을 비롯한 소외받기 쉬운 사람들과 더불어 살아간다.

출처: 여성가족부 홈페이지(http://www.mogef.go.kr).

(4) 아동권리헌장

아동권리헌장은 유엔아동권리협약의 주요 원칙을 충실히 이행하기 위해 제정되었다. 우리나라는 1991년 협약을 비준하였고, 아동권리 증진을 위해 많은 노력을 하였으나 아동 삶의 만족도와 아동권리에 대한 인식 수준이 낮은 상황이다. 보건복지부는 2016년 5월 2일 어린이날을 맞아 '아동권리와 어른들의 책임'을 규정한 '아동권리헌장'을 제정하였다. 전문과 9개 조항으로 이루어진 아동권리헌장은 협약의 조항들을 함축적으로 모아 간결하게 정리한 것이다. 협약의 원칙을 기반으로 우리 아동들이 겪고 있는 위기에 주목해 학대로부터 보호받을 권리, 놀 권리, 표현의 자유와 참여, 상상과 도전, 창의적 활동 등을 비중 있게 다루었다. 아동권리헌장은 아동 스스로 자신의 권리를 알고 지킬 수 있고, 어른도 아동의 권리를 이해하고 존중하여야 한다는 약속이다.

아동권리헌장(2016년 5월 2일)

모든 아동은 독립된 인격체로 존중받고 차별받지 않아야 한다. 또한 생명을 존중받고, 보호받으며, 발달하고 참여할 수 있는 고유한 권리가 있다. 부모와 사회, 국가와 지방자치단체는 아동의 이익을 최우선적으로 고려해야 하며, 다음과 같은 아동의 권리를 확인하고 실현할 책임이 있다.

1. 아동은 생명을 존중받아야 하며 부모와 가족의 보살핌을 받을 권리가 있다.
2. 아동은 모든 형태의 학대와 방임, 폭력과 착취로부터 보호받을 권리가 있다.

3. 아동은 출신, 성별, 언어, 인종, 종교, 사회·경제적 배경, 학력, 연령, 장애 등의 이유로 차별받지 않을 권리가 있다.
4. 아동은 개인적인 생활이 부당하게 공개되지 않고 보호받을 권리가 있다.
5. 아동은 신체적·정신적·사회적으로 건강하게 성장하고 발달하는 데 필요한 기본적인 영양, 주거, 의료 등을 지원받을 권리가 있다.
6. 아동은 자신이 살아가는 데 필요한 지식과 정보를 알 권리가 있다.
7. 아동은 자유롭게 상상하고 도전하며 창의적으로 활동하고 자신의 능력과 소질에 따라 교육받을 권리가 있다.
8. 아동은 휴식과 여가를 누리며 다양한 놀이와 오락, 문화·예술 활동에 자유롭고 즐겁게 참여할 권리가 있다.
9. 아동은 자신의 생각이나 느낌을 자유롭게 표현할 수 있으며, 자신에게 영향을 주는 결정에 대해 의견을 말하고 이를 존중받을 권리가 있다.

2) 아동권리 관련 국제선언과 조약

(1) 1924년 제네바아동권리선언

세이브 더 칠드런(Save the Children)의 창립자인 영국의 에글렌타인 젭(Eglantyne Jebb)은 1차 세계대전이 끝난 후 특히 오스트리아, 독일 등 패전국에서는 승전국의 가혹한 봉쇄정책으로 아사자가 속출하고 전쟁고아와 미아가 대규모로 발생했으나 영국, 프랑스 등의 연합국은 패전국 아동의 목소리에 전혀 귀를 기울이지 않는 현실에 지인들과 함께 연합국의 적국 봉쇄정책을 해제시키고자 애썼지만 효과가 없었다. 에글렌타인은 아이들을 직접 도울 수 있도록 구호기금을 모아야겠다고 결심하고 1919년 5월 19일 로얄 앨버트 홀에서 '세이브더칠드런 펀드'를 출범시켰다. 출범연설에서 그녀는 '적국의 아이들이라도 그들이 누려야 마땅한 권리를 보장받아야 한다'는 이념을 공표하였다. 1923년에 에글렌타인 젭은 모든 아이들의 기본적 권리를 다섯 가지 원칙으로 정리한 세계 최초의 아동권리선언문을 발표하였다.

에글렌타인 젭이 발표한 최초의 아동권리선언문(1923)

1. 아동은 정상적인 발달을 위해 필요한 물질적, 도덕적, 정서적 지원을 받아야 한다.
2. 굶주린 아동은 먹여야 하고, 아픈 아동은 치료해야 하며, 발달이 뒤쳐진 아동은 도와야 하고, 엇나간 아동은 돌아올 기회를 주어야 하고, 고아와 부랑아에게는 주거와 원조를 제공해야 한다.
3. 재난이 닥칠 경우 아동은 최우선적으로 보호 받아야 한다.
4. 아동은 생존이 보장되는 환경에 있어야 하며 모든 형태의 착취로부터 보호받아야 한다.
5. 아동은 자신의 재능이 인류 발전을 위해 사용되어야 함을 이해하도록 양육돼야 한다.

에글렌타인 젭이 작성한 아동권리선언(Declaration of the Rights of the Child)을 토대로 1924년 제네바에서 개최된 국제연맹 총회에서 아동의 기본권리 5개 항으로 구성된 제네바아동권리선언이 채택되었다.

이 선언은 인류는 아동들에게 주어야 할 최선의 것을 돌려주어야 한다는 주장을 담고 있으며, 1924년 9월 26일 국제연맹(League of Nations)에 의하여 아동 권리에 관한 제네바선언으로 발전한다. 이 선언은 최초의 세계적 아동권리선언이라 할 수 있다. '제네바선언'은 1959년 채택된 '유엔아동권리선언문'의 기초가 되었다.

그러나 제네바선언은 아동을 인격으로서, 권리의 주체로서 인정하기보다는 불우한 조건하에 있는 특별한 보호를 해야 한다는 사회보장적, 시혜적 성격을 지니고 있어서 아동을 보호의 대상 이상의 권리의 주체로 서지 못한 한계를 지니고 있다.

제네바아동권리선언(1924)

1. 아동은 그들의 정상적인 발달을 위해서 필요한 물질적, 도덕적, 그리고 정신적 조건을 공급받아야 한다.
2. 굶주린 아동은 먹여야 하고, 병든 아동은 치료 받아야 하며, 정신적으로나 신체적으로 장애가 있는 아동은 재활을 위한 교육을 받아야 하고, 고아와 부랑아에게는 안식처를 제공해 주어야 한다.
3. 재난이 닥칠 경우 아동이 최우선적으로 구제 받아야 한다.
4. 아동은 사회보장제도와 안전체계의 혜택을 마음껏 누려야 하며 앞으로 생계를 스스로 꾸려 나갈 수 있도록 적절한 시기에 교육을 받아야 하는 것은 물론, 모든 형태의 착취로부터 보호 받아야 한다.
5. 아동은 그들 개개인의 재능이 인류의 발전을 위해서 쓰여야 한다는 것을 이해하도록 양육되어야 한다.

3) 1948년 유엔세계인권선언

1945년 국제연합(United Nations) 창립과 "기본적 인권, 인간의 존엄과 가치, 남녀 및 대소 각국의 평등권에 대한 신념을 재확인"한다는 전문으로 시작하는 'UN헌장'의 선포는 국제사회의 인권에 대한 관심을 나타내는 것으로 이는 1948년 채택된 'UN 세계인권선언'을 통해 보다 구체화되었다. 세계인권선언은 전문을 포함하여 제 30개 조항으로 구성되었는데 여기에는 아동권리보호에 관한 구체적 규정이 포함되었다. 동 선언 제 25조 제2항은 "어머니와 아동은 특별한 보호와 지원을 받을 권리를 가진다. 모든 아동은 적서에 관계없이 동일한 사회적 보호를 누린다"고 하였으며 제 26조 제1항은 "모든 사람은 교육을 받을 권리를 가진다. 교육은 최소한 초등 및 기초단계에서는 무상이어야 하며 초등교육은 의무적이어야 한다"면서 제 3항에 "부모는 자녀에게 제공되는 교육의 종류를 선택할 우선권을 가진다"고 규정하였다. 동 선언은 인권과 기본적 자유의 보편성을 강조하고 있으며, 이후 60개 이상의 국제인권 관련 규범 탄생의 많은 기여를 하였다. 그렇지만 법적 구속력의 부재를 비롯하여 권리보장을 위한 국가의 의무가 제시되지 않았고, 경제 · 사회 · 문화적 권리 분야에 대한 관심은 부족하다는 한계를 갖고 있었으며, 아동권리의 관점에서도 위 두 개의 조항을 아동의 특성이 반영된 특별한 규정으로 보기는 어렵다는 비판을 받았다(이노홍, 2013).

4) 1959년 유엔아동권리선언

제네바아동권리선언이 채택된 이후, 30여년의 시간이 지난 1959년 11월 20일 유엔총회는 유엔아동권리선언(Declaration of the Rights of the Child)을 만장일치로 채택하였다.

국제연합에서 선포한 〈아동권리선언〉은 '아동은 신체적으로나 정신적으로 미숙하기 때문에 그 출생 전후부터 법적 보호는 물론, 이를 여러모로 잘 보살펴야 할 필요가 있다'는 권리보장의 국제적 승인이다. 이는 1924년에 채택한 제네바아동권리선언보다 많은 10개의 원칙(principles)으로 구성되었으며 비차별, 아동발달을 위한 균등한 기회 부여, 이름과 국적을 취득할 권리, 사회 안정을 누릴 시민적 권리, 장애 아동을 위한 특별 보호권, 아동 최우선 보호 및 구호 등의 원칙과 방임 및 학대로부터의 보호권이 강조되었다. 이 선언은 추후 유엔아동권리협약의 기틀이 되었으며, 아동을 인권의 주체로 인정하고 아동의 최선이익을 실현하겠다는 국제적 의지의 표현이며, 모든 아동들은 권리적 존재라는 인식이 반영되어 있고, 권리보장이라는 측면에서 아동의 복지권이 강조되고 있다.

아동권리선언은 모든 사람의 기본적 인권과 자유를 아동에게도 적용하고, 아동을 특별히 보호해야 한다는 시각에서 작성되었다. 또한 이 선언은 제네바선언을 한층 상세하고 그리고 넓은 관점에서 그 내용을 확대, 개선한 것이다. 특히 주목할 만한 것은 이 선언이 아동을 단순한 구제나 보호의 대상으로서 뿐만 아니라 아동을 인권이나 자유의 주체로서 파악하고 있다는 점이다(정태수, 1991). 과거 '제네바 아동선언'에서는 찾을 수 없었던 '권리(right)'라는 용어를 10개 원칙에 두었다는 점, 아동의 물질적 욕구 이외에 정서적 욕구의 충족의무도 규정하였다는 점 등에서 과거보다 진일보한 변화를 보인 것이었다. 하지만 여전히 아동의 권리는 아동의 보호라는 등식이 자리 잡고 있었으며 이 역시 법적 규제력을 갖지 않았기에 당사국의 구체적 이행을 기대하기는 어려웠다(이노홍, 2013).

아동 모두가 행복한 생활을 지내며, 자신과 사회의 복지를 위해서 다음과 같은 권리와 자유를 누릴 수 있어야 함을 요청하고 있다. 전문(前文) 및 10개 조로 구성되어 있는 내용을 살펴보면 다음과 같다.

유엔아동권리선언(1959)의 10개조

1. 인종, 종교, 태생 또는 성별로 인한 차별을 받지 않을 권리
2. 신체적 정신적 도덕적 영적 및 사회적으로 발달하기 위한 기회를 가질 권리
3. 이름과 국적을 가질 권리
4. 적절한 영양, 주거, 의료 등의 혜택을 누릴 권리
5. 심신장애 어린이는 특별한 치료와 교육 및 보살핌을 받을 권리
6. 애정과 도덕적 물질적 보장이 있는 환경 아래서 양육될 권리
7. 의무교육을 받을 권리, 놀이와 여가 시간을 가질 권리
8. 전쟁이나 재난으로부터 제일 먼저 보호받고 구조될 권리
9. 학대, 방임, 착취로부터 보호받을 권리
10. 인간 상호간 우정, 평화 및 형제애 정신으로 양육될 권리

3. 유엔아동권리협약

1) 유엔아동권리협약의 배경

1959년 아동권리선언을 채택한 후 유엔은 1979년을 세계 아동의 해로 선포하고 아동에 대한 중요성에 대해 논의하기 시작하였다. 폴란드는 적극적으로 아동권리를 위한 국제규범이 필요함을 국제사회에 호소하였고, 이후 10년간의 노력의 결과로 1989년 11월 20일 유엔총회에서 만장일치로 유엔아동권리협약(UN Convention on the Rights of the Child)이 채택되었다.

유엔아동권리협약(United Nations Convention on the Rights of the Child: UNCRC)은 '18세 미만의 모든 이'를 아동이라 정의하고, 아동을 권리의 주체자로 인정한 최초의 국제법이다. 그리고 유엔아동권리협약은 현재까지 가장 많은 국가(2016년 5월 현재, 196개국)가 비준한 인권조약이다.

유엔아동권리협약은 시민적 · 정치적 권리와 경제적 · 사회적 · 문화적 권리를 포함한 매우 포괄적인 협약이다. 의무규정을 담고 있는 41개의 조항은 어떠한 차별이나 억압 없이 시민적 · 정치적 권리를 보장받아야 하며, 부당한 침해로부터 보호받을 권리가 아동에게 있음을 명시한다. 또한 아동은 교육, 주거, 건강 등의 사회적 · 경제적 · 문화적 권리를 마땅히 보장 받을 권리의 주체자이며, 아동의 고유한 특성 때문에 착취 또는 가혹한 사법제도로부터 보호 받을 권리 역시 포함하고 있다. 무엇보다 중요한 아동의 정의를 협약 제1조에서 '아동은 18세 미만의 모든 사람'으로 제시하고, 이에 반드시 장애아동을 포함하고 있다.

2) 유엔아동권리협약의 구성

아동의 권리에 관한 협약(United Nations Convention on the Rights of the Child, UNCRC, 이하 아동권리협약)은 전 세계의 아동의 경제, 사회, 문화에 대한 권리를 규정하는 국제 협약이다.

1989년 11월 20일 유엔 총회에서 채택되었으며, 1990년 9월 2일 발효되었고, 2015년에 소말리아가 비준함으로써, 미국을 제외한 유엔 가입 196개국이 전부 비준하였다. 유엔아동권리협약은 전문(Pream-ble, 前文)과 54개 조항으로 구성되어 있다. 협약의 전문은 아동권리의 기본 이념과 가치와 배경을 담고 있으며, 제1부는 제1조에서 제41조까지로 당사국의 실질적인 의무규정(Substantive Provision)을 담고 있다. 제1부의 모든 조항들은 아동인권에 관한 포괄적 내용으로 구성되어 있다. 협약은 아동을 '보호 대상'이 아닌 '권리의 주체'로 규정하고 있다. 국제인권 A규약(경제적 사회적 및 문화적 권리에 관한 국제규약)과 B규약(시민적 정치적 권리에 관한 국제규약)에 인정되는 제반 권리를 아동의 권리로 규정하고, 거기에 추가해 의견표명권, 놀이 · 여가의 권리 등 아동에게 필요한 인권을 확보하기 위한 구체적인 사항을 규정하고 있다.

제2부(제42조~제45조)는 협약의 이행조치 규정(Implementation and Monitoring)으로 당사국이 협약을 널리 알리고 실천할 뿐 아니라 이행상황을 감독하여 유엔에 보고서를 제출해야 하는 의무사항과 절차를 명기하고 있다. 또한 각 정부로부터 받은 협약이행에 관한 보고서를 심의하는 유엔아동권리위원회의 구성과 역할 역시 2부에 명시되어 있다. 제3부는 부칙으로 유엔아동권리협약에 서명하고 비준하는 절차를 비롯한 여러 행정적 사항들이 포함된다(제46조~제54조).

〈표 2-3〉 아동권리 연대표

연도	내용
1924	국제연맹(League of Nations)에서 아동의 권리에 관한 선언 채택 '인류는 가장 좋은 것을 어린이에게 주어야 할 의무가 있다'고 선언문에 명시
1948	유엔이 '세계인권선언' 채택 제25조 '어머니와 어린이는 특별한 보살핌과 도움을 받아야 한다'
1959	유엔에서 '아동권리선언' 채택(10개 조항)
1979	세계 아동의 해 (아동권리선언 채택 20주년 기념)
1989	11월 20일 유엔에서 만장일치로 아동권리협약 채택 (1990년 9월 2일부터 국제인권법으로 효력 발효)
1995	11월 20일을 '세계어린이날'로 지정
2000	아동권리협약을 보완하는 선택의정서 2개 채택 아동의 무력 충돌 참여에 관한 아동권리협약 선택의정서 아동의 매매·성매매 및 아동 음란물에 관한 아동권리 협약 선택의정서
2002	유엔아동특별총회 개최 (아동문제에 관한 최초의 유엔특별총회)
2011	아동의 개인청원권에 관한 아동권리협약 선택의정서 채택
2019	현재 196개 국가가 아동권리협약 비준

출처: 유니세프한국위원회(https://www.unicef.or.kr/child-rights/timeline.asp)2019. 11. 25.출력

〈표 2-4〉 유엔아동권리협약의 구성

유엔아동권리협약의 구성
• 구성 : 전문과 총 54개 조문으로 구성 • 제1부(제1조-제41조) : 아동권리와 당사국의 의무규정 • 제2부(제42조-제45조) : 협약이행 조치규정 • 제3부(제46조-제54조) : 부칙

〈표 2-5〉 아동권리협약의 4대 원칙과 관련 조문의 아동권리보호 주제어 분석

<table>
<tr><th>기본원칙 및 권리</th><th>조항</th><th>내용</th><th>기본원칙 및 권리</th><th>조항</th><th>내용</th></tr>
<tr><td>아동 정의</td><td>1조</td><td>아동정의(18세 미만)</td><td rowspan="24">생존과 발달의 권리 보장의 원칙
• 양육권 보장
• 난민아동, 장애아동, 소수민족 아동 등의 생존과 발달 권리 보장
• 교육받을 권리 보장
• 노동착취로부터 보호
• 성적학대로부터 보호
• 무력분쟁으로부터 보호
• 고문사형으로부터 보호 등</td><td>18조</td><td>부모양육지원</td></tr>
<tr><td>무차별 평등의 원칙</td><td>2조</td><td>무차별 평등의 원칙</td><td>19조</td><td>폭력, 학대, 착취로부터 보호</td></tr>
<tr><td rowspan="9">아동의 이익 최우선의 원칙
• 자유권 보장</td><td>3조</td><td>아동 이익 최우선의 원칙</td><td>20조</td><td>부모역할 대리</td></tr>
<tr><td>4조</td><td>당사국 실천의 의무</td><td>21조</td><td>기관입양</td></tr>
<tr><td>5조</td><td>부모의 책임 권리 존중</td><td>22조</td><td>난민아동 보호</td></tr>
<tr><td>7조</td><td>성명(이름) 국적권</td><td>23조</td><td>장애아동 보호</td></tr>
<tr><td>8조</td><td>신분 보장</td><td>24조</td><td>건강, 의료지원</td></tr>
<tr><td>9조</td><td>부모로부터 비분리</td><td>25조</td><td>정기적 치료기회 부여</td></tr>
<tr><td>10조</td><td>가족재결합 출입국</td><td>26조</td><td>사회보장제도의 혜택</td></tr>
<tr><td>11조</td><td>국외 불법이송금지</td><td>27조</td><td>전반적 성장 발달을 위한 생활보장</td></tr>
<tr><td rowspan="6">아동의 의견 존중 원칙
• 참여권의 보장</td><td>12조</td><td>의사표현</td><td>28조</td><td>교육의 기회균등 및 학습권보장</td></tr>
<tr><td>13조</td><td>표현의 자유</td><td>29조</td><td>교육의 목표의 지향성</td></tr>
<tr><td>14조</td><td>사상, 종교의 자유</td><td>30조</td><td>소수민족 아동 보호</td></tr>
<tr><td>15조</td><td>결사, 집회의 자유</td><td>31조</td><td>휴식, 여가보장</td></tr>
<tr><td>16조</td><td>사생활의 보호</td><td>32조</td><td>노동착취로부터 보호</td></tr>
<tr><td>17조</td><td>정보 접근</td><td>33조</td><td>마약으로부터 보호</td></tr>
<tr><td rowspan="8">국제적 실천 사항
• 홍보
• 위원회 운영
• 협약 서명국가 의무
• 협력 체제
• 서명, 비준 등
• 위임</td><td>42조</td><td>협약홍보의 의무</td><td>34조</td><td>성적학대로부터 보호</td></tr>
<tr><td>43조</td><td>아동권리위원회</td><td>35조</td><td>유인, 매매, 거래 금지</td></tr>
<tr><td>44조</td><td>보고서 제출</td><td>36조</td><td>기타 착취로부터 보호</td></tr>
<tr><td>45조</td><td>UN과의 협력관계</td><td>37조</td><td>고문사형금지</td></tr>
<tr><td>46조</td><td>동 협약의 효력 발생</td><td>38조</td><td>무력분쟁으로부터 보호</td></tr>
<tr><td rowspan="3">47조 ~ 54조</td><td rowspan="3">서명, 비준, 승인, 효력발생, 유보조항 등</td><td>39조</td><td>요보호아동지원</td></tr>
<tr><td>40조</td><td>소년범 상소권</td></tr>
<tr><td>41조</td><td>동 협약의 법적 효력</td></tr>
</table>

출처: 이영호 · 문영희(2016). UN 아동권리협약의 변천과 한국의 이행 성과와 과제. 비교교육연구, 26(3), p.6.

3) 유엔아동권리협약 4대 기본권

유엔아동권리협약 제1조에서 제41조까지 명시되어 있는 아동의 권리는 생존권(Survival Rights), 보호권(Protection Rights), 발달권(Development Rights), 참여권(Participation Rights)으로 구분할 수 있으며, 이를 유엔아동권리협약 4대 기본권이라 명명한다.

물론 앞서 인권의 원칙에서 살펴보았듯이 아동인권 역시, 인권은 나누어 질 수 없고 상호의존적으로 연결되어 있으며 동등하다. 따라서 유엔아동권리협약에 명시된 권리조항을 4대 기본권으로 분류하여 보면 각각의 기본권에 여러 조항이 중복되어 포함되어 있음을 알 수 있다. 또한 생존의 권리가 실현되는 것은 발달, 보호, 참여의 권리의 실현과 연관되어 있기에 4개의 기본권으로 나눈다는 것은 협약에 명시된 아동권리의 이해를 돕기 위함이지, 우선순위나 분절화를 의미하는 것은 아니다. 4대 기본권을 살펴보면 아래와 같다.

유엔아동권리협약 4대 권리

- 생존권: 생명을 유지하기 위하여 영양가 있는 음식, 깨끗한 공기와 물을 섭취하며 안락한 주거지에서 적절한 생활수준을 누리고 최상의 건강을 지키기 위하여 의료혜택을 받을 권리
- 발달권: 신체적, 정서적, 도덕적, 사회적 성장에 필요한 정규교육을 포함한 모든 종류의 교육을 받고 놀이, 여가, 정보, 문화 활동 등을 누릴 권리
- 보호권: 각종 위험과 차별대우와 착취, 학대와 방임, 가족과의 인위적인 분리, 형법 등의 폐습으로부터 보호받을 권리
- 참여권: 자신의 의사를 표현할 자유와 자기 생활에 영향을 주는 일에 대하여 참여하고 말할 수 있는 권리

4) 유엔아동권리협약의 일반원칙(4대원칙)

① **비차별의 원칙**(Non - Discrimination)(제2조)

모든 어린이는 부모님이 어떤 사람이건, 어떤 인종이건, 어떤 종교를 믿건, 어떤 언어를 사용하건, 부자건 가난하건, 장애가 있건 없건, 모두 동등한 권리를 누려야 한다. 아동권리위원회는 비차별의 원칙에 따라 아동의 권리확보와 실현을 위한 특별조치를 요하는 아동과 아동 집단을 적극적으로 발견할 국가의 의무를 인정하고, 특히 차별이나 잠재적 차별의 확인을 위한 자료수집의 필요성을 강조함과 동시에 차별 해소를 위한 입법, 행정, 자원 배분의 변화를 위한 교육적 조치 필요성에 대해 언급하였다.

유엔아동권리협약에서는 위의 사항을 제2조에서 다음과 같이 규정하였다.

- 협약의 당사국(이후 '당사국'이라 한다)은 아동이나 그 부모, 후견인의 인종, 피부색, 성별, 언어, 종교, 정치적 의견, 민족적 · 인종적 · 사회적 출신, 재산, 장애 여부, 태생, 신분 등의 차별 없이 이 협약에 규정된 권리를 존중하고, 모든 아동에게 이를 보장해야 한다.
- 당사국은 아동이 부모나 후견인 또는 다른 가족의 신분과 행동, 의견이나 신념을 이유로 차별이나 처벌을 받지 않도록 모든 적절한 조치를 취해야 한다.

② **아동 최상의 이익의 원칙**(Devotion to Best Interests Of The Child) 제3조)

당사국이 취하는 모든 과정에 아동의 최상의 이익이 최우선으로 고려되어야 한다. 여기서 말하는 모든 과정이란 협약에 명시된 모든 영역과 사법적, 행정적 절차까지 의미한다. 아동 최상 이익원칙은 아동권리협약의 모든 권리 행사를 포섭하고 강조하는 핵심원칙이라 할 수 있다. 이 원칙은 1959년 UN아동권리선언에도 기술되어 있었던 것으로 대부분 복지정책과 관련된 동정 또는 온정의 개념에 근거한 것이었던 반면 아동권리 협약은 아동 자치원칙과 조화를 이루어 해석해야 한다는 점을 규정하고 있다.

유엔아동권리협약에서는 위의 사항을 제3조에서 다음과 같이 규정하였다.

- 공공 · 민간 사회복지기관, 법원, 행정당국, 입법기관 등은 아동과 관련된 활동을 함에 있어 아동에게 최상의 이익이 무엇인지 가장 먼저 고려해야 한다.
- 당사국은 아동의 부모, 후견인 및 기타 아동에 법적 책임이 있는 자의 권리와 의무를 고려해 아동복지에 필요한 보호와 배려를 보장하고, 이를 위해 입법적, 행정적으로 모든 적절한 조치를 취해야 한다.
- 당사국은 아동 보호의 책임을 지는 기관과 시설이 관계당국이 설정한 기준, 특히 안전과 위생분야, 직원의 수와 자질, 관리와 감독의 기준을 지키도록 보장해야 한다.

③ **생명, 생존과 발달의 원칙권리**(The Right To Life, Survival And Development)(제6조)

당사국은 생명, 생존과 발달을 위해 최대한의 자원을 제공해야 하며 생명에 관한 권리를 보장해야 한다. 이때 '발달'이라는 용어는 전체적인 개념에서 아동의 신체적, 심리적, 정신적, 도덕적, 심리학적 및 사회적 발달을 포함하는 가장 광범위한 의미로 해석해야 하고 이행조치들 또한 모든 아동이 최적의 발달을 달성하는 것을 목표로 하여야 한다.

유엔아동권리협약에서는 위의 사항을 제6조에서 다음과 같이 규정하였다.

- 당사국은 모든 아동이 생명에 관한 고유의 권리를 가지고 있음을 인정한다.
- 당사국은 아동의 생존과 발달을 최대한 보장해야 한다.

④ **아동의 의견 존중의 원칙**(Respect For The Views Of The Child)(제12조)

책임감 있는 어른이 되기 위해 어린이는 자신의 능력에 맞게 적절한 사회활동에 참여할 기회를 갖고, 자신의 생활에 영향을 주는 일에 대하여 의견을 말할 수 있어야 하며 그 의견을 존중받아야 한다. 아동의 자유로운 참여와 아동에게 영향을 미치는 모든 절차에서 의견을 표명할 권리가 보장되어야 한다. 이는 아동 최상의 이익과 밀접하게 연관된 원칙이며, 아동의 연령과 성숙도를 고려하여야 한다. 아동의 의견표명과 참여는 사법적, 행정적 절차까지도 포함된다.

유엔아동권리협약에서는 위의 사항을 제12조에서 다음과 같이 규정하였다.

- 당사국은 자신의 의견을 형성할 능력을 갖춘 아동에게는 본인에게 영향을 미치는 모든 문제에 자유롭게 의견을 표현할 권리를 보장하고, 아동의 나이와 성숙도에 따라 그 의견에 적절한 비중을 부여해야 한다.
- 이 목적을 위해 당사국은 아동에게 영향을 미치는 사법적·행정적 절차를 시행함에 있어 아동이 직접, 또는 대리인이나 적절한 기관을 통해 의견을 진술할 기회를 국내법 준수의 범위 안에서 갖도록 해야 한다.

5) 유엔아동권리협약 비준국의 의무

1991년 9월 17일에 국제연합(UN)에 가입한 우리나라는 같은 해 12월 20일 이 협약을 비준하여 조약당사국이 되었다. 이에 따라 한국 정부와 민간단체는 협약에 관한 이행보고서를 각각 작성해 유엔아동권리위원회에 제출하고 있다. 이행보고서는 유엔아동권리위원회의 지침에 따라, 1) 협약 이행을 위한 일반조치, 2) 아동의 정의, 3) 일반원칙, 4) 시민적 권리와 자유, 5) 가정환경 및 대안 양육, 6) 기초보건 및 복지, 7) 교육, 여가 및 문화 활동, 8) 특별보호조치 등 8개 주제로 나누어 작성된다. 유엔아동권리위원회는 한국에서 제출한 이행보고서를 심의한 후, 한국의 협약 이행상황에 대한 우려와 제안을 담은 권고사항을 한국 정부에 전달한다. 협약에 비준한 당사국은 협약이 발효된 후 2년 이내에 그리고 이후에는 매 5년마다 협약이행에 관한 국가보고서를 제출하여 심의를 받아야 한다. 또한 국가 인권단체, NGO와 아동은 국가보고서를 검토하여 민간보고서를 제출하게 된다. 유엔아동권리위원회(Committee on the Rights of the Child)는 협약 비준 국가의 의무이행에 관한 진전 상황을 심의하고 협약에 대한 국제사회의 이해를 촉진하기 위해 일반논평 등의 유권을 해석하는 역할을 담당하고 있다. 당사국이 국가보고서를 제출한 후 6개월에서 24개월 이내에 국가 인권단체, NGO와 아동이 작성한 보고서를 내야 한다. 국가보고서와 민간보고서가 제출된 후 3개월 이내에 유엔아동권리위원회는 보고서를 제출한 국가 인권단체, NGO와 아동, UN기구 등과 사전회의를 실시하여 제출된 모든 보고서를 검토한 내용을 토대로 질의 · 응답을 진행한다. 유엔아동권리위원회는 사전회의 후 당사국 정부에 현안 목록(List of Issues)을 보내 추가 답변과 정보를 요청하는데 정부는 1.5개월 이내에 답변을 문서로 제출해야 한다. 그 후 정기회의에서 위원회는 당사국 정부와의 질의 · 응답을 진행하며 정기회의 후 유엔아동권리위원회의 판결문으로 볼 수 있는 최종견해(concluding observation)를 해당국가 정부에 전달한다(국제아동인권센터 · 초록우산 어린이재단, 2016; 고주애, 이상무, 2017에서 재인용).

우리나라는 1994년 11월 8일 제 1차 국가보고서를, 2000년 5월 1일 제 2차 국가보고서를 제출한 바 있으며, 2008년 12월말 3 · 4차 통합보고서를 제출하였다. 그리고 2017년 아동권리협약 이행에 대한 결과를 포함한 5 · 6차 통합보고서를 2017년 12월에 아동권리위원회에 제출하였고, 2019년 8월에 추가보고서도 제출하였다.

비준 당시 이 협약의 제9조제3항(부모로부터 분리된 아동의 면접교섭권 보장), 제21조a목(공인된 기관에 의한 아동입양 허가 절차), 제40조제2항b목5호(아동의 항고권 보장)를 유보하였으나, 2007년 12월 21일에 민법 제837조의2(면접교섭권)를 개정 · 시행한 후 2008년 10월 16일에 제9조제3항의 유보를 철회하였고, 2013년 7월 1일에 미성년자의 입양에 대해 가정법원의 허가를 받도록 개정한 민법을 시행한 후 2017년 8월 11일에 제21조a 목의 유보를 철회하였다(위키백과 홈페이지 https://ko.wikipedia.org).

현재 대한민국 정부가 이 협약에서 유보를 철회하지 않은 규정은 제40조제2항b목5호[3]이다. 대한민국헌법의 '비상계엄하의 군사재판'과 군사법원법의 '전시 사변 시의 특례규정' 관련 조항에 따라 간첩죄, 유해음식물 공급죄, 초병 및 포로에 관한 죄 등에 대해 단심제를 적용하고 있어서 정부는 협약 제40조제2항(b)(v)을 유보해 왔다. 다만, 정부는 1987년 대한민국 헌법 개정으로 사형을 선고하는 경우에는 상소권을 보장할 수 있게 하였고, 군사법원법 또한 비상계엄 단심제 재판에서 관할관이 한 번 더 심사하여 형을 감경하거나 집행을 면제할 수 있는 규정을 두어서 상소권 제한으로 인한 불이익을 최소화하고자 노력하였다. 한편, 현재의 안보상황이나 군 입대 연령 등을 감안할 때 협약 제40조제2항(b)(v) 유보는 철회해도 무방하다는 의견이 제기되고 있어 정부에서는 동 조항에 대한 유보철회 검토를 진행할 예정이다(대한민국정부, 2017).

6) UN의 제 1 · 2 · 3차 선택의정서 채택의 배경과 주요내용

(1) 아동 무력충돌 참여에 관한 제1선택의정서

아동 무력충돌 참여에 관한 제1선택의정서는 전문에서 밝히고 있듯이 무력분쟁이 아동에게 미치는 영향과 분쟁이 지속적인 평화와 안전 및 발전 등에 미칠 장기적 결과를 우려하여 무력분쟁 상황에서 아동을 목표로 삼는 행위, 학교 및 병원과 같이 일반적으로 아동이 많이 있는 장소를 포함해 국제법이 보호하는 대상에 대한 직접적인 공격을 비난하는 한편 15세 미만의 아동에 대한 징집이나 소집 행위, 국내외적 무력 충돌시 아동을

3) 형법위반으로 간주되는 경우, 그 판결 및 그에 따라 부과된 여하한 조치는 법률에 따라 권한 있고 독립적이며 공정한 상급당국이나 사법기관에 의하여 심사되어야 한다.

적대 행위에 적극적으로 참여시키는 행위가 전쟁범죄에 포함됨을 강조하고 있다. 따라서 아동권리협약에 규정된 권리 실현을 위해 아동이 무력분쟁에 참여하지 못하도록 강력히 보호할 필요가 있음을 고려하고 있다.

특히 1999년 무력분쟁에 사용하기 위한 아동의 강제적 내지 의무적 징집을 금지하는 국제노동기구(ILO) 최악의 아동노동의 금지협약 제182호를 보완하고 있는 것으로서 각 당사국은 무력충돌시 이용되는 아동의 강제적 징집의 제거를 위한 즉각적이고도 효과적인 행동을 취할 것을 요구하고 있다. 더욱이 무력충돌에서 각 당사국은 국제인도법의 규정을 준수할 의무가 있음을 강조하고 있다.

선택의정서는 전문에서도 밝히고 있듯이 무력분쟁이 아동에게 미치는 유해하고 광범위한 영향에 우려를 고려하여 무력분쟁 상황에서 아동을 목표로 삼는 행위 혹은 학교나 병원과 같이 일반적으로 아동이 많이 존재하는 장소에 대한 직접적인 공격을 비난한다. 무력분쟁시 아동을 적대행위에 적극적으로 참가하도록 이용하는 행위가 전쟁범죄에 포함됨을 강조하고 있다. 더욱이 무력분쟁에서 각 당사국은 국제인도법의 규정을 준수할 의무가 있음을 상기하고 동 선택의정서는 국제연합헌장의 목적과 원칙 및 국제인도법의 관련규범에 영향을 미치지 아니함을 강조하고 있다.

다만 동 선택의정서가 비록 어떠한 국가에도 개방되어 있으나 인권조약의 자기집행성 문제와 같이 즉시 비준하고 이행할 수 있도록 하여야 한다. 또한 동 의정서가 실효성을 갖도록 당사국은 18세 미만의 군대구성원이 적대행위에 직접적으로 참가하지 않도록 '실행가능한 모든 조치'를 취해야 한다는 불명확한 규정을 재고하여야 한다. 그리고 사실상 영토를 지배하는 어떠한 무장단체도 동 선택의정서가 적용할 수 있도록 제한적이나마 국제법적 의무를 부과할 수 있는 제도적 장치가 필요하다고 본다.

제1선택의정서의 주요내용은 ① 18세 미만인 자, 자국 군대에 징집 금지(제2조), ② 국가의 군대가 아닌 무장단체의 경우에도 18세 미만인 자모집 금지(제4조), ③ 의정서에 반하는 모든 활동의 방지와 이 의정서에 반하는 행위로 인한 희생자의 재활 및 사회복귀 등을 위하여 기술협력 및 재정지원 등을 통한 협력(제7조) 등이다(이영호, 문영희, 2016).

(2) 아동매매 · 아동성매매 및 아동음란물 규제에 관한 제2선택의정서

아동매매 · 아동매춘 및 아동음란물에 관한 제2선택의정서는 전문과 17조로 구성되어 있으며, 2000년 5월 25일 총회 결의에 따라 채택되어 서명, 비준, 승인을 위해 공개한 후 2002년 1월 18일에 발효되었다. 우리나라도 이에 대한 비준절차를 완료하여 2004년 9월 24일부터 법적 효력을 가지게 되었다. 이 선택의정서는 1996년 스톡홀름에서 채택한 행동 아젠다(Agenda on Action)의 결과를 구체화한 것이다, 아젠다에서 논의하고 채택된 사안들은 이 선택의정서에 의해 국제적 법률이 되었다. 이것은 아동매매, 아동매춘, 아동포르노 등을 범죄로 규정하고 서명 국가에게 그들을 중히 처벌할 수 있는 법률을 만들도록 요구한다.

제2선택의정서의 주요 내용은 ① '아동매매', '아동매춘', '아동음란물 제작 · 판매' 등의 범죄가 국내적 또는 국제적으로 행하여졌는지 또는 개인에 의하여 행하여졌는지 또는 조직적으로 행하여졌는지 관계없이, 자국 형법에 이 범죄들을 다루는 조항들을 포함시킬 것(제3조), ② 당사국은 이의정서상 금지된 행위로 피해를 입은 아동의 권리와 이익을 보호하기 위해, 형사절차에서의 보호 등을 포함한 적절한 조치를 취할 것(제8조), ③ 당사국은 이 의정서에 언급된 범죄를 예방하기 위해, 법 · 행정 조치, 사회정책 및 프로그램을 채택 또는 강화 · 실행 및 보급할 것(제9조), ④ 보고서 제출 등이다(이영호, 문영희, 2016).

(3) 아동의 권리청원권에 관한 제3선택의정서

아동의 권리청원권에 관한 제3선택의정서(이하'OP3 - CRC')는 아동들이 자신의 권리가 침해받았을 때 아동이 국내에서 할 수 있는 모든 절차를 소진한 후에도 권리침해를 해결하지 못하였을 때 아동 스스로 UN아동권리위원회에 직접 진정할 수 있도록 규정하고 있다.

제3선택의정서의 주요 내용은 ① 개인청원제도(대리인에 의한 청원), ② 집단청원제도와 국가간 통보(국가인권위원회, 옴부즈퍼슨 기관, 비정부기구 등에 의한 청원), ③ 절차규정, 잠정조치, 보호조치 등, ④ 진정자의 신원 공개(제6조), ⑤ 후속조치 시한, ⑥ 조사제도 및 국제협력 등에 대한 17개 조항으로 구성되어 있다. 아동권리협약과 제1, 2선택의정서 채택 이후에도 아동의 권리침해 문제는 전 세계적으로 여전히 존재하고, 국가에 따라 차이는 있지만 아동의 소송권이 제한되는 경우가 있는가 하면, 아동의 이익 보장이 미흡한 사법체제로 인해 아동권리 보장이 구호에 그치고, 아동권리 침해에 대한 구제가 적절하게 되지 않고 있는 현실에서 실효성 있는 아동권리 보장을 위한 제도적 장치를 마련하고자 하는 데 목적이 있는 보다 적극적인 아동권리보호 국제협약으로 볼 수 있다.

제3장

아동발달의 이론

1. 발달의 기본 개념

1) 발달의 개념

인간은 전 생애에 걸쳐 배우고 학습하고 자라게 된다. 아동발달이란 인간의 생명이 시작되는 수정의 순간부터 죽음에 이르기까지의 전 생애를 통해 연속적으로 이루어지는 변화의 양상과 과정을 의미한다. 아동의 발달은 시간이 경과함에 따라 양적 또는 질적으로 변화하는 과정으로 출생 후 청년기까지의 상승적인 과정과 청년기 이후부터 사망하기까지의 하강적 과정을 모두 포함한다(정옥분, 2015). 양적 · 질적인 발달 변화의 속도는 개인마다 다르고 개인의 행동 양상이나 기능의 발달 속도가 각각 다른 것이 그 특징이며, 이러한 양적 또는 질적 변화양상은 아동의 모든 발달 측면, 즉, 신체 · 운동 · 인지 및 사회적 측면에서 일어난다.

발달과 관련된 개념으로는 성장, 성숙 그리고 학습을 든다. 성장, 성숙, 학습은 발달과 유사한 개념으로 사용되기도 하지만, 엄밀히 말하면 발달은 이 세 가지 기제로 이루어지는 변화이며, 아동의 발달은 성장과 성숙, 학습이 긴밀하게 상호작용하면서 이루어진다.

(1) 성장(growth)

성장이란 시간의 흐름에 따라 나타나는 신체의 크기나 기능의 증대로 외적인 발달 중 단순한 양적 변화를 말한다. 성장은 비교적 환경의 영향을 적게 받는 생득적 요인에 의해 신장이나 체중이 증가하는 등 신체적 특성의 긍정적 변화이기도 하다.

(2) 성숙(maturation)

성숙은 내적인 요인을 바탕으로 유전적이고 생리적인 요인으로서 신체적, 심리적 변화로 성장과정에서 나타나는 변화, 태아의 발달, 영아기의 운동기능 변화, 사춘기의 제2차 성징 등 유전인자에 의해 미리 계획된 프로그램의 순서에 따라 성장과정을 통해 자연발생적으로 일어나는 생물학적 변화를 의미한다.

(3) 학습(learning)

학습은 외적 자극인 환경의 영향에 의한 직접 또는 간접 경험의 산물로, 훈련이나 연습에 기인하는 능력의 획득으로서 비교적 영속적이고 점진적인 발달변화를 말한다. 여기에서 경험은 아동의 생물학적 환경과 심리적 환경의 전 영역을 포함하는 광범위한 개념으로 성장과 성숙 및 발달에 있어서 중요한 역할을 한다.

발달은 어느 한 가지로만 이루어지는 것이 아니라 시간이 지남에 따라 성숙과 경험이 양적, 질적으로 상승과 하강을 역동적으로 나타내는 신체적·심리적 변화로서 생물학적 과정, 인지적 과정, 사회·정서적 과정의 영향을 받는다.

2) 아동발달과정의 원리

아동발달과정 원리란 발달이 진행되는 일정한 규칙을 의미하며 환경적인 요인과 무관하게 모든 아동들에게 보편적으로 나타나는 다음과 같은 일반적인 원리가 있다.

(1) 발달에는 일정한 순서가 있다.

아동은 유전에 의해 정해진 일정한 순서에 따라 발달하므로 발달적 변화는 매우 규칙적이며 예측 가능하다. 발달의 전 단계는 다음 단계의 기초가 되고 한 단계에서 다음 단계로 이행함으로써 보다 높은 차원의 발달이 이루어진다. 예를 들면 모든 영아들은 뒤집기를 한 이후에 앉을 수 있게 되고, 잡고 서기가 된 다음에 스스로 걷는다. 또한 옹알이를 한 다음에 한 단어, 두 단어 말을 하고, 간단한 문장을 사용할 수 있게 되며, 그 이후에 복잡한 문장을 사용하여 자신의 의사를 전달하게 된다. 인지적 발달도 마찬가지로 전조작기에는 상징적 사고가 가능해지며, 구체적 조작기에 보존개념을 획득하고 형식적 조작기가 되면 추상적 사고를 한다.

(2) 발달은 일정한 방향으로 진행된다.

발달의 진행 방향은 세 가지로 볼 수 있으며 그 원칙은 다음과 같다.

① 두미발달 원칙

머리에서 발끝 방향으로 발달이 진행된다. 즉, 영아들은 머리 부분이 몸통이나 다리보다 먼저 발달한다. 영아들은 목을 가눈 후에 몸을 가누어 앉을 수 있고 앉고 난 다음에 걷는다.

② 근원발달 원칙

몸은 중심부가 말초신경보다 먼저 발달한다. 모든 사람은 팔과 손목, 손과 손가락의 순서대로 발달한다.

③ 세분화발달 원칙

일반적인 것에서 특수한 것으로 또는 전체 활동에서 세분화된 활동으로 발달이 진행된다. 영아 초기에는 몸 전체를 사용하는 미분화된 활동을 그러나 성장하면서 좀 더 세분화되고 정밀한 행동을 한다. 예를 들면, 영아들은 물건을 잡을 때 처음에는 손 전체를 이용해 잡는다. 그러나 시간이 지나면서 엄지손가락과 집게손가락을 사용하여 잡는다. 아동의 활동할 수 있는 영역이 더 세밀하게 발달한다. 아동의 초기 행동은 몸 전체를 사용하는 거칠고, 산만하고 분화되지 않은 것이지만 점차적으로 분화되고 정밀한 행동으로 대체된다.

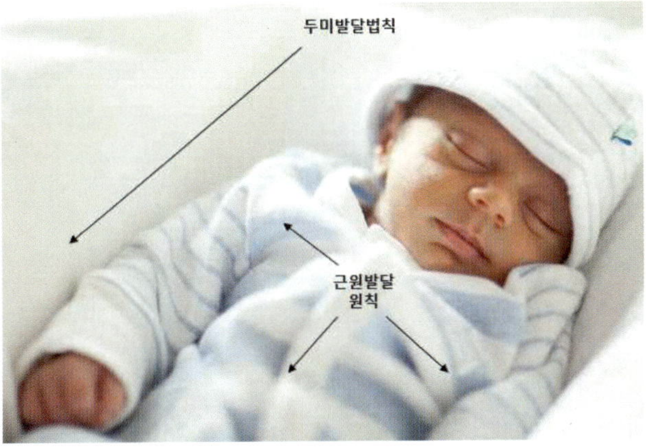

[그림 3-1] 발달의 방향

(3) 발달은 계속되는 과정이지만 속도는 일정하지 않다.

인간은 수정의 순간부터 죽을 때까지 발달을 계속한다. 그러나 그 발달의 속도는 일정하지 않다. 예를 들면 키, 몸무게는 출생 후 첫 돌까지 크게 증가하지만, 생식기관의 발달은 사춘기 때 급속하게 일어난다. 또한 유아기에는 어휘력이 갑자기 풍부해지고 언어발달이 촉진되지만 논리적인 문제 해결능력은 사춘기 이후가 되었을 때 더욱 더 현저하게 향상된다. 이러한 부분 때문에 아동을 연령별로 나누어 교육하는 것이 중요하며, 아동의 특성에 따라 나누어 관리하는 것이 필요하다.

(4) 발달에는 개인차가 있다.

모든 사람은 보편적인 순서에 따라 성장 발달해 간다. 그러나 개개인의 발달을 자세히 살펴보면 개인차가 있다. 모든 영아가 앉고 서는 순서를 따르기는 하지만, 그것을 하는 시기는 사람마다 차이가 난다. 또한 신장의 발달을 예로 들어보면 어떤 사람은 중학교 때 성장이 멈춘 사람이 있는 반면 어떤 사람은 고등학교 때 갑자기 크기 시작하여 대학시기까지 성장하는 경우도 있다. 이와 같이 발달은 일정한 보편적 틀을 밟으면서도 개인차를 나타낸다.

(5) 발달에는 민감기가 있다.

발달은 인간의 전 생애에 걸쳐 일어나지만 발달영역에 따라 발달이 보다 용이하고 최적의 발달이 이루어질 수 있는 민감기가 존재한다. 예를 들면 애착형성은 생의 초기에 민감하게 이루어지며, 초기에 형성된 애착은 이후 성인기 인간관계에도 영향을 미친다. 그러므로 민감기를 놓치게 되면 이후의 발달에 부정적인 영향을 미칠 수 있으므로 모든 발달에 민감기를 놓치지 말아야 한다.

많은 아동발달 전문가들이 미래의 성공을 위한 학령전기의 중요성을 강조하면서, 인생의 초기 5세~6세까지가 신체적, 지각적, 언어적, 인지적, 정의적으로 가장 성장의 잠재력이 높은 시기라고 하였다. 이러한 발달의 원리들은 영유아기는 한경변화에 대한 가변성이 가장 높고, 후기의 발달의 기초를 이룩하는 시기이며, 특히 발달은 불가역적이기 때문에 이 시기의 영양, 지적경험, 애정의 결핍은 후일에는 보상될 수 없고, 초기의 결함은 계속적인 손실을 가져오게 된다는 점을 강조하고 있다. 따라서 발달의 원리를 감안할 때 초기에 결함에 대한 대처를 함으로써 장애의 누적을 방지해야 할 필요성이 대두되는 것이다.

(6) 발달의 각 영역은 상호 연관성이 있다.

과거에는 인지적 발달, 언어적 발달, 정서적 발달, 지적 발달, 신체적 발달이 각각 독립적으로 이루어지는 것이라 생각했다. 그러나 최근 많은 연구는 이들 각 측면의 발달이 서로 밀접히 연관되어 있음을 밝히고 있다. 언어표현이 우수한 아동은 자신의 의사표현을 명확히 하며 타인과 교류하기 때문에 사회적 관계를 맺는데 유리하며, 지적인 개념의 습득도 발달한다. 반대로 언어표현이 지체된 경우 언어표현의 결함으로 인하여 자신의 의사를 행동화하는 비율이 높아지면서 문제행동이 발생하며 이러한 아동의 행동은 사회성의 발달을 저해함은 물론, 언어와 연관된 사고발달 등의 광범위한 인지적 문제를 수반한다.

2. 발달의 논쟁점

발달이 이루어지는 과정과 관련하여 여러 쟁점들이 제기되고 있는데, 이들 중 유전-환경, 성숙-학습, 연속성-불연속성, 결정적 시기의 유무, 초기경험-후기경험 등에 관한 쟁점들이 논의가 되고 있다. 이 내용들을 구체적으로 살펴보면 다음과 같다.

1) 유전과 환경

발달에서 주요 논쟁중의 하나는 발달이 '유전'에 의한 것인가, 아니면 '환경'에 의한 것인가에 관한 것이다. 유전론을 주장한 학자들은 인간이 태어날 때 이미 발달의 완전한 형상이 내재해 있다고 믿으며, 수정 시에는 오로지 제한된 양적 변화만 일어나고 후천적인 환경은 발달의 결과에 거의 영향을 미치지 않는 것으로 생각한다. 반면, 후천적인 영향을 강조한 대표 인물인 존 로크(John Locke)는 인간이 태어날 당시를 '백지상태'(tabular rasa)로 비유하였으며, 인간의 발달에 미치는 환경적인 영향의 중요성을 강조하였다.

이러한 논쟁은 오랜 기간에 걸쳐 이루어져 왔는데 현재는 환경적 요인과 유전적 요인 중 어느 것이 더 우세한가라는 논제보다는 두 가지가 어떻게 상호작용을 하는지에 대한 문제에 더 많은 관심을 갖게 되었다.

일반적으로 발달은 유전과 환경의 상호작용의 결과라고 할 수 있다. 유전과 환경은 서로 상호작용하며 영유아의 발달에 영향을 미치게 되므로 개인마다 발달 양상은 다르다. 영유아가 성장하기 좋은 최고의 환경적 조건이 갖추어지면 영유아의 유전적인 잠재력이 최대한 발휘될 것이다(Salkind, 1985). 환경의 영향은 유전적 잠재력 범위 내에서 이루어지고, 동시에 같은 유전적 가능성을 가지고 태어났더라도 환경의 영향에 다라 유전적 발달 가능성은 달라진다. 예를 들어 키, 체질 같은 생리적 특성, 지능, 예술적 재능 같은 특성은 유전으로 대략 한계 내에서 결정된다. 그러나 적절한 영양섭취와 건강관리, 환경적인 자극에 따라 키는 유전적인 한계 내에서 더 자랄 수도 있고, 지능이나 예술적 재능과 같은 요인도 자신의 유전적인 잠재력을 최대한 발휘할 수 있는 최적의 환경적 조건과 상황을 조성해 주었을 때 발달의 극대화를 이룰 수 있다. 즉, 선천적 특성들이 잠재적 변화의 한계를 정하지만, 이러한 한계는 적절한 환경이 뒷받침된 상태라야만 충분히 실현될 수 있다. 따라서 부모나 교사들은 개개인의 유전적 잠재력이 최대한으로 발휘될 수 있는 대상 아동에게 적절한 최적의 환경적 자극과 상황을 마련해 주는 것이 중요하다고 할 수 있다.

2) 성숙과 학습

인간의 발달과 관련하여 제기되는 또 다른 쟁점은 성숙과 학습의 역할에 관한 것이다. 성숙과 학습에 관한 논쟁은 어떤 기제와 과정을 통해서 변화가 일어나는가 하는 문제에 초점을 맞춘 것이라고 할 수 있다.

먼저, 성숙은 유전적 요인에 의해 발달적 변화들이 이루어지는 생물학적 과정을 말한다. 영유아기의 성장속도가 일생에서 가장 빠르게 나타나는 현상, 사춘기의 2차 성징과 같은 변화 등은 성숙에 기인하는 것으로 특별한 연습이나 훈련의 결과가 아니라 생물학적인 과정에 의해 이루어지는 것이다. 성숙론자들은 기본적으로 발달은 성숙에 의존한다고 믿는다.

반면, 학습론자들은 발달에서 경험의 중요성을 강조하고 있으며, 직접적인 또는 간접적인 경험의 산물이라고 할 수 있다. 즉, 학습은 훈련이나 연습 또는 경험에 기인하는 발달적 변화를 말하며, 그 경과는 매우 개별적이고 특수하게 이루어진다. 예를 들면, 언어의 습득이나 운동능력의 습득은 매우 특정한 훈련에 의존하는 학습된 행동이라고 할 수 있다. 따라서 행동주의자들은 발달에 있어 경험의 중요성을 매우 강조한다.

3) 연속성과 비연속성

발달에 있어 학습과 경험의 역할을 강조하는 학습이론가들은 발달이 반복적인 훈련과 경험으로 인해 점진적이고 누적적인 과정으로 이루어진다고 본다. 어떤 변화가 조금씩 일어나면서 발달하고, 그 결과들이 비슷하여 앞선 결과들과 질적으로 다르지 않으며, 그리고 동일한 일반법칙이 발달의 연속선상에 있는 모든 과정에 적용된다면 발달은 연속적인 과정으로 이루어진다고 볼 수 있다. 발달의 연속성을 주장하는 학자들은 발달을 수정에서 죽음에 이르기까지 연속적이고 점진적인 변화로 본다. 아이가 뒤뚱거리며 걷기를 하다가 점차 잘 걷게 되는 과정은 걷기라는 대근육 행동이 훈련과 경험에 의해 점진적으로 발달해가는 연속적인 과정이다. 처음 혼자서 걷게 될 때 이것은 갑작스럽고 불연속적인 것으로 보이지만, 연속적인 관점에서 보면 이것은 몇 주 또는 몇 달에 걸친 발달의 결과이다.

반면, 인지발달이론가나 정신분석이론가들은 단계이론을 제시하였다. 이는 발달이 일련의 독립적이며 질적으로 다른 단계들에 의해 이루어진다고 믿는 것이며, 변화가 비약적으로 일어나고 특정의 변화가 앞서 나타난 특징들과 질적으로 다르기 때문에 발달적 변화에 대해 비연속적인 과정으로 이루어진다고 주장하였다. 즉, 발달의 비연속성을 강조하는 학자들은 발달이 양적인 것이 아니라 질적으로 서로 다른 단계들을 통해 진행된다고 주장한다.

4) 초기경험과 후기경험

아동이 생애 초기에 극단적인 환경적인 결핍상태에서 자라게 되어 정신적 외상을 경험하게 되었다면 이후 성장하는 과정에서 환경을 개선해주면 큰 어려움 없이 외상을 극복하고 정상적인 발달을 할 수 있을 것인지 아니면 너무나 큰 충격으로 인해 회복이 불가능할 것인지에 대한 문제는 발달의 논쟁중의 하나이다.

초기경험의 중요성을 강조한 대표적인 인물은 애착론자들이다. Bowlby (1969)에 의하면 생의 초기에 안정된 애착을 형성하지 못한 영아는 성인이 되어서도 대인간의 관계에서 친밀한 관계를 맺기 어렵다고 하였다. 또한 Freud 역시 초기경험을 강조한 대표적인 학자이다. 그는 5세까지의 부모자녀 관계가 전 생애에 영향을 미친다는 심리결정론을 주장하면서 영유아기 경험의 중요성을 강조하였다. 이처럼 초기경험의 중요성을 강조하는 입장은 인간의 발달은 생의 초기에 어떠한 경험을 하였는가를 확인해 보면 알 수 있다는 신념에 기인한다.

반면, 후기경험의 중요성을 주창하는 학자들은 인간발달이 유아기 때의 변화 이후 불변하는 것이 아니라, 끊임없이 변화한다고 주장한다. 그들은 아동이나 청소년의 발달에 있어 후기경험도 초기경험만큼 강력한 영향을 미칠 수 있다고 주장하였다. Erikson의 경우 전 생애발달을 제시한 대표적인 학자인데 발달은 생의 초기경험도 중요하지만 전 생애에 걸쳐서 이루어지기 때문에 후기경험의 중요성 또한 간과해서는 안 된다는 것을 주장하였다.

3. 발달의 이론

1) 정신분석이론

지그문트 프로이트에 의해 창시되었으며, 정신병리, 성격, 인간발달 및 심리치료에 관한 포괄적인 이론을 발전시켰다. 인간의 행동양식을 심리 내적인 욕구의 충돌 및 조화의 요구를 위한 표출로 판단한 것으로, 이러한 심리 내적 욕구와 외부의 사회적 요구가 조화될 때에는 문제가 없지만 조화되지 않을 때에는 정신적 질환으로 나타난다고 간주한다. 인간의 모든 행동은 자신이 의식하지 못하며 통제밖에 있는 무의식적인 힘에 의해 동기 유발된다고 보았으며, 생의 초기 부모로부터 받은 양육경험이 일생동안 지속적으로 인간에게 영향을 친다고 보았다. 인간이 가진 욕구를 프로이트는 성적인 것으로 주로 이해하였지만 모든 정신분석학자들이 이에 동의하지는 않았으며, 학자에 따라서 다양한 방식으로 분석한다.

(1) 프로이트의 심리성적 이론(Psychosexual Theory)

프로이트는 빈 대학교의 의과 대학에 입학하여 다윈주의자였던 카를 클라우스 교수 밑에서 공부하였다. 이후 1885년 파리 살페트리에르 병원장 샤르코 밑에서 장학생으로 약 5개월간 연구하면서 히스테리와 최면술에

프로이트(1856 - 1939)

특히 관심을 가졌는데, 이것은 장차 정신분석학을 창안하는데 매우 중요한 동기가 되었다. 프로이트는 신경계 환자들에게 최면 기법을 실험하였으나 많은 대상자들에게 최면이 쓸모없는 것으로 드러나자 이 치료 방식을 포기하였으며, 환자와 본인의 문제에 대해 대화를 나누는 치료법을 썼다. 현재 '대화 치료'로서 발전하여 알려져 있는 자유 연상과 꿈분석을 통해 신경증 환자를 치료하고 이러한 임상경험을 토대로 정신분석이론을 발전시켰다.

① 성격의 구조

프로이트는 인간의 정신세계를 의식, 전의식, 무의식으로 구분하고, 인간의 성격을 원초아, 자아, 초자아로 구조화하였다. 그는 인간발달이 인간의 성적에너지인 리비도(libido)가 일정한 순서에 따라 신체부위에 집중되면서 각 단계별 특징을 가지고 발달한다고 설명하였다.

인간의 정신세계는 빙산에 비유될 수 있는데 물의 표면에 떠 있는 작은 부분을 의식(consciousness), 물속에 깊이 잠겨 있는 부분을 무의식(unconsciousness), 그리고 물표면에 나타났다 잠겼다 하는 부분을 전의식(preconsciousness)이라 칭하였다.

의식이란 주의를 기울이면 곧 알아차릴 수 있는 정신작용의 부분을 말하며, 개인이 주의를 기울이는 순간 바로 알아차릴 수 있는 정신세계를 말한다. 의식 자체는 정신생활의 극히 작고 제한된 부분만을 포함한다.

전의식은 평소에는 무의식에 존재하며 의식하지 못하지만 주의를 집중하고 노력하면 의식이 될 수 있는 정신세계를 말한다. 전의식은 기억, 회상, 사고의 과정을 거쳐 의식으로 상기할 수 있게 된다.

무의식은 개인이 전혀 의식하지 못하는 정신작용의 부분이며, 의지력으로 쉽게 의식될 수 없는 경험과 정보를 포함한다. 프로이트는 특히 무의식을 강조하여 억압된 기억, 욕망, 갈등, 충동 등의 영역으로 보았다.

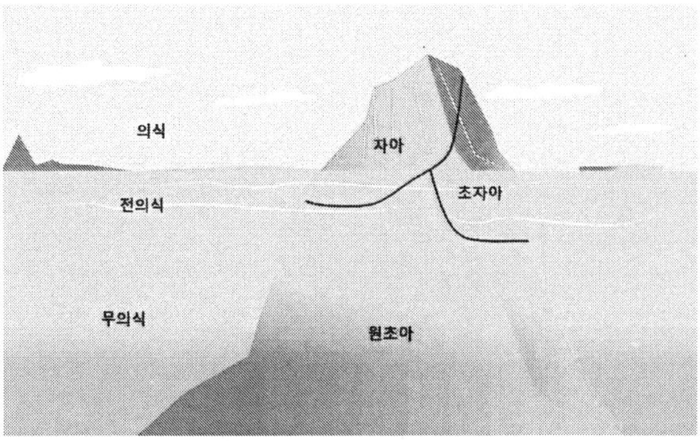

[그림 3-2] 성격의 구조

프로이트에 의하면 성격은 원초아(id), 자아(ego), 초자아(superego)로 구성되어 있다.

❶ 원초아(id)

성격의 가장 원시적인 부분으로서 즉각적이 만족과 긴장 감소를 목적으로 하는 선천적이고 생물학적인 구조이다. 음식, 물, 배설, 성적쾌락 과 같은 생물적 충동 모두를 포함하며, 본능은 모든 행동의 원인이 되는 생리적, 심리적 표현이기 때문에 일차적 과정(primary process)이라고 한다.

원초아는 '쾌락원리'를 따르기 때문에 항상 비이성적이고 즉각적인 만족을 추구하려 한다. 원초아는 현실적 제한이나 미래의 결과를 고려하지 않고 현재의 욕구 충족만을 원하며, 억압된 원초아의 욕구들은 무의식 속에 숨겨진 채로사람들의 삶에 영향을 미친다.

❷ 자아(ego)

자아는 출생 후 발달하기 시작하며, 성격의 조직적이고 합리적 측면을 담당한다. 자아는 원초아의 '현실원리'에 따라 본능적 욕구들과 외적인 현실세계를 중재하며, 또한 원초아와 초자아 사이를 중재하는 중재자의 역할을 한다. 자아는 원초아의 욕구나 긴장, 충동 등을 현실적으로 합당하게 해소할 수 있는 여건을 고려하기 때문에 이차적 과정(secondary process)이라고도 한다. 우리가 즉각적인 욕구를 충족하고 싶지만 원하는 대로 하는 것이 아니라 현실적으로 수용 가능한 방법을 선택하는 것은 자아의 역할 때문이라고 할 수 있다.

본능적 원초아와 이를 억제하려는 초자아 간에는 긴장이 발생하게 되는데, 현실적인 여건을 고려해서 이 갈등을 이성적이고 합리적으로 중재해 주는 것이 자아이다. 그런데 자아가 약해서 조절기능을 잘 하지 못하게 되면 갈등이 생기는데 이것이 불쾌감정이다. 불쾌감정은 매우 고통스럽기 때문에 이러한 감정을 방어하고자 하는데 이때 사용하는 기제가 방어기제이다. 따라서 방어기제는 적절하게 사용하면 정신건강에 도움이 되지만, 너무 오래 지속되거나 상황에 부적합하게 사용된다면 문제가 될 수 있다. 이러한 방어기제는 다음과 같다.

〈표 3-1〉 방어기제의 종류

억압 (Repression)	의식에서 용납하기 어려운 생각, 욕망, 충동 등을 무의식 속에서만 머물도록 눌러 놓아 의식화하는 것을 막아준다. 죄책감, 수치심 또는 자존심을 상하게 하는 경험일수록 억압의 대상이 된다.
반동형성 (Reaction Formation)	무의식 속의 받아들일 수 없는 생각, 소원, 충동 등을 정반대의 것으로 표현하여 의식화하지 못하게 하는 작용한다. 예) 원수를 사랑하라, 미운 놈 떡 하나 더 준다.
동일시 (Identification)	주로 부모, 형, 주위의 중요한 인물들의 태도와 행동을 닮는 것으로서 불안을 없애기 위해서 불안의 원인이 되는 그 대상이나 사람과 같이 되려는 것을 말한다.
부정(denial)	의식화되면 감당할 수 없는 생각이나 욕구를 무의식적으로 부정하는 것을 말하며 존재하는 위험이나 불쾌한 현실을 부정하여 불안을 회피하는 것이다. 예) 말기암 환자가 명랑하게 미래를 계획하는 것

투사 (Projection)	받아들일 수 없는 충동이나 욕망 등을 타인의 탓으로 돌리거나 자신의 실패를 남의 탓으로 돌리는 것을 말한다. 예) 선생님 자신을 싫어한다고 불평하는 학생은 사실 자신이 상대방을 좋아하지 않는 것이다.
내면화 (Introjection)	투사와 반대되는 개념으로 외부의 대상을 자기 내면의 자아체계로 받아들이는 방어기제이다. 외부대상에 대한 적대적이거나 부정적인 감정을 자신에게로 향하게 한다는 점에서 내면화는 우울증을 야기하는 중요한 기제.
전치 (Displacement, 전위)	불만이나 적개심을 갖고 있을 때 그것을 야기한 사람과는 전혀 상관이 없는 다른 어떤 사람에게 감정을 노출하는 것을 말한다. 예) 회사에서 스트레스 받은 남편이 집에 와서 아내에게 화를 내는 경우
퇴행 (Regression)	심한 스트레스나 좌절을 당했을 때, 현재의 발달단계보다 더 이전의 발달단계로 후퇴하는 것을 말한다. 퇴행한 시점에서 장기간 벗어나지 못하고 머물러 버리게 되면 고착(fixation)이라고 한다. 예) 동생을 본 아이가 아기처럼 행동하는 경우
합리화 (Rationalization)	해야 할 일을 못하거나 정당하지 못한 행동을 했을 때 생기는 불편한 마음을 감추기 위해 진짜 이유나 동기는 숨기고 그럴듯한 다른 이유를 드는 것을 말한다. 예) 핑계 없는 무덤 없다.
승화 (Sublimation)	본능적인 성적, 공격적 에너지를 개인적으로나 사회적으로 용납되는 다른 형태로 유용하게 돌려쓰는 것을 말한다. 예) 강한 공격적 욕구를 가진 자가 격투기 선수되는 것

❸ 초자아(superego)

초자아는 성격의 도덕적인 부분을 담당하며, 현실적인 목표보다는 이상적인 목표를 추구하게 한다. 아동이 성장하면서 부모규칙과 훈계, 사회의 가치가 내면화 된 것이다. 개인의 내면화된 도덕률은 부모와의 동일시 과정과 부모의 선악의 기준을 따르며 발달한다. 우리가 사회의 가치에 위반되는 행동을 하면 양심의 가책을 느끼고, 바람직한 행동을 하면 자긍심과 만족을 느끼는 것은 초자아에 의한 것이다.

② 프로이트의 심리성적 발달단계(psychosexual developmental stage)

프로이트는 5-6세 이전의 초기경험이 성격 형성에 결정적인 영향을 미친다고 하였으며, 성적욕구인 리비도(삶의 에너지)가 신체의 어느 부위를 통하여 만족하는가에 따라 발달단계가 달라진다고 주장하였다. 어느 한 발달단계에서 성적욕구가 지나치게 만족하거나 좌절되면 고착현상을 나타내게 된다고 보았다.

❶ 구강기(oral stage)

출생에서 1세까지의 시기를 말하며 다른 사람(주로 어머니)에게 의존하여 자신의 욕구를 충족한다. 먹기, 빨기, 삼키기, 물어뜯기 등 구강을 통한 만족을 추구한다. 구강기 고착성격은 의존적, 흡연, 음주, 손가락 깨물기, 남을 비꼬는 성격 등을 들 수 있다.

❷ 항문기(anal stage)

항문기는 만 1세에서 3세까지의 시기를 말하며 성에너지인 리비도가 항문부위에 있어 배설물을 보유하거나 방출함으로써 쾌감을 얻게 된다. 이 시기는 배변훈련이 중요하며 그 과정에서 욕구조절의 능력을 얻고 만족을 경험한다. 항문기에 배변훈련을 할 때 부모가 억압적이거나 조급하게 훈련을 시키면 항문기 고착성격이 형성될 수 있다. 배변 훈련시 지나치게 청결을 강조하면 결벽증적 성격이나 완고하고 인색한 사람이 될 수 있으며, 반대로 지나치게 관대하면 지저분하고 무절제한 사람이 될 수도 있다.

❸ 남근기(phallic stage)

남근기는 3세에서 5세까지의 시기로 성 에너지인 리비도가 성기로 이동한다. 이 시기 유아는 남녀의 신체 차이를 지각하며 출산에도 관심을 보인다. 남근기에 남아는 오이디푸스 콤플렉스를 여아는 엘렉트라 콤플렉스를 경험한다.

오이디푸스 콤플렉스는 아들이 어머니를 사랑하게 되면서 아버지를 경쟁자로 여기며 강한 반항심을 품고 있지만, 아버지가 근친에 분노하여 자신의 성기를 거세할지도 모른다는 '거세불안'을 느끼고 두려움을 느끼게 된다는 것이다. 이러한 두려움에서 벗어나기 위해 남아는 방어기제를 사용하게 되는데 이때 사용하는 방어기제는 '동일시'이다. 즉, 아버지로부터의 거세불안을 감소시키기 위해 아버지의 태도, 신념, 가치 등을 자신의 것으로 내면화하게 되는 것이다.

엘렉트라 콤플렉스는 아버지에게 애정을 가지며 어머니를 적대시하는 현상이다. 자신에게 남근이 없다는 것을 알게 된 여아는 이를 어머니 탓으로 돌리며 어머니를 원망하고 남근에 대한 선망을 하게 된다. '남근선망'은 아버지에 대한 애착을 강화하고 어머니를 거부하게 하지만 이러한 상황을 극복할 수 없게 된 것을 알게 되면서 여아는 어머니를 동일시하게 된다. 프로이트는 여성의 열등의식이 여기에서 시작되었다고 주장하였는데 이는 프로이드가 여성주의자들에게 비판받는 지점이 되기도 하였다.

❹ 잠복기(latency stage)

잠복기는 6세에서 12세까지의 시기로 성적에너지인 리비도의 힘은 잠복상태가 되며 이 시기 아동은 성적인 욕구가 억압되고 겉으로는 평온해 보이는 시기이다. 초등학교 시기에 아동은 학교생활에 몰두하며 활동적이고 문화가치와 사회적 기술을 학습하게 되는 시기이다.

❺ 생식기(genital stage)

생식기는 12세 이후인 청소년기에 해당하며 2차 성징의 출현으로 성적인 본능이 다시 활발해진다. 이 시기에는 호르몬의 영향으로 성적성숙이 이루어지며, 이성에 대한 호기심이 증가하며 사랑하게 되는 시기이다. 생식기를 원만하게 지낼 경우 성숙하고 이타적인 성격을 보이지만, 그렇지 못할 경우 이성과 관계를 맺기 어렵거나 비행 행동을 보이기도 한다.

(2) 에릭슨의 심리사회적 이론(Psychosocial Theory)

에릭 에릭슨(1902 - 1994)

프랑크푸르트에서 덴마크인 부모에게서 태어난 에릭슨은 어린 시절부터 평생에 걸쳐 정체감에 대한 심리학에 관심을 가졌다. 어린 유대교 가정에서 자란 푸른 눈을 가진 금발의 소년이었고, 사원 학교에서는 노르만인이라며 괴롭힘을 당했고, 문법학교에서는 유대인이라며 놀림을 당했다. 이런 성장과정으로 인해 자신의 정체감에 대한 의문과 회의를 가지게 되었다.

에릭슨의 가장 뛰어난 발견은 프로이트가 주장한 심리성적 발달의 다섯 단계를 부인하고 여덟 단계를 주장한 것이다. 에릭슨은 모든 인간이 태어나서 죽기까지 인간이 겪게 되는 8단계를 이론화하였다.

① 에릭슨의 심리사회적이론의 주요 특징

에릭슨은 성격이 개인을 둘러싸고 있는 타인과의 관계 및 사회에 의해서 더 큰 영향을 받는다고 생각하였으며, 인생주기 전체를 통해서 계속 변화 하고 발달한다는 전 생애 발달적 접근을 주장하였다. 또한 인간은 자기와 타인과의 관계에 따라 발달하게 되며, 각 발달 단계마다 도전과 위기가 존재하는 발달과업이 발생하게 된다고 하였다.

② 에릭슨의 심리사회적 발달단계

에릭슨의 심리사회적 발달단계의 구체적인 특징은 다음과 같다.

〈표 3-2〉 에릭슨의 심리사회적 발달 단계

단계		연령	내용
1단계	기본적 신뢰감 vs 불신감	0-1세	· 프로이트의 구강기에 해당함 · 양육자에게 의존적이고 영아의 심리사회적 욕구에 민감하고 적절하게 충족시키는 것이 중요 · 신체적 접촉과 욕구에 대한 부모의 민감하고 반응적인 행동은 영아로 하여금 신뢰성을 갖게 함 · 적절한 애정과 관심의 부족은 불신감 형성의 원인
2단계	자율성 vs 수치	1-3세	· 프로이트의 항문기에 해당함 · 배변훈련이 시작되는 시기 · 배변훈련시 부모의 허용과 격려는 자율성을 획득하게 하지만 부모가 엄격하고 처벌을 하면 수치심이 형성됨
3단계	주도성 vs 죄의식	3-6세	· 프로이트의 남근기에 해당함 · 지적 호기심이 활발해지고 도전적인 탐색을 하기 시작함 · 주도적이고 책임의식이 확대됨 · 유아의 활동을 억압하면 위축과 죄의식을 갖게 됨
4단계	근면성 vs 열등감	6-11세	· 프로이트의 잠복기에 해당함 · 초등학생으로 인지적 기술과 또래간 사회적 기술을 습득함 · 학교에서의 성공과 성취가 근면성을 발달시킴 · 교사와 친구의 영향력이 중요 · 목표를 달성하지 못하면 열등감 형성
5단계	자아 정체감 vs 역할	청소년기	· 프로이트의 생식기에 해당함 · 정체감에 대한 고민이 시작되며, 정체감 형성의 중요한 시기 · 정체감에 혼란이 생기면 청소년 비행이나 문제행동으로 연결
6단계	친밀감 vs 고립감	성인 전기	· 우정, 애정, 직업선택을 통한 사회생활에 적응하고 배우자를 선택하는 시기 · 연애와 결혼을 통해 친밀감의 결실을 맺게 됨 · 대인관계에서 어려움에 빠지면 고립감을 느낌
7단계	생산성 vs 침체성	성인기	· 직업, 가족, 사회활동에서 생산적이고 왕성한 업적을 이루는 시기 · 자녀세대에 대한 애정과 걱정, 미래의 발전과 행복에 관심을 가짐 · 자기의 편안함과 이익에만 신경 쓰면 성취감을 얻지 못하고 침체감에 빠짐

단계		연령	내용
8단계	자아통합 vs 절망감	노년기	· 인생을 돌아보게 되는 시기 · 자신의 일생이 가치 있고 최선을 다했다고 생각하는 사람은 통합감을 이루고, 죽음을 겸허하게 받아들임 · 지나온 삶이 무가치하고 너무 늦었다고 생각이 드는 경우 절망에 빠짐

2) 행동주의이론

인간발달단계에서 단계를 설정하지 않는 행동주의 이론은 학습에 의해 점진적인 발달과 변화가 일어난다고 보았다. 행동주의이론에서는 인간에 대한 외부환경의 영향력을 강조하였고, 인간의 행동을 중요시 여기므로, 인간의 내면보다는 직접관찰 가능하고 측정할 수 있는 인간의 행동을 중요하게 생각하였다.

(1) 고전적 조건형성(Classical Conditioning)

이반 파블로프
(1849-1936)

파블로프는 러시아의 생리학자이며, 상트페테르부르크 대학교에서 화학과 생리학을 전공하였고 상트페테르부르크의 임피리얼 의학 아카데미에서 의사 자격증을 취득하여 1890년부터 1924년까지 생리학 교수로 재직하였다.

1902년에 타액이 입 밖으로 나오도록 수술한 개로 침샘을 연구하던 중, 사육사의 발소리로 개가 침을 흘리고 있던 것을 발견한 것을 계기로 고전적 조건화 실험을 실시했다. 하지만 개를 이용한 실험 때문에 동물학대를 했다는 비평을 받기도 하였다.

파블로프는 인간의 다양한 행동이 어떻게 학습되고 유지되며 수정될 수 있는지 와 관련된 학습이론에 관심을 갖고 실험을 통해 알아보고자 하였으며, 개가 침을 흘리는 원리를 통해 입증하였다. 그는 소화 및 침 분비기능에 관한실험에서 무조건 자극(Unconditioned Stimulus)인 음식을 보면 무조건반응(Unconditioned Response)인 침이 분비되는 현상을 보고 전혀 관계가 없는 자극과 연결하였을 때도 같은 반응을 나타내는지를 알아보고자 하였다. 이를 위하여 〈그림 3-3〉처럼 무조건 자극인 음식을 주기에 앞서 종소리를 들려주는 조건화단계를 만들고 이후 음식을 제거하고 종소리만을 들려주었을 때에도 개가 침을 흘리는지를 알아보고자 하였다. 그 결과 개는 종소리만 들어도 침을 흘렸는데 파블로프는 종소리를 조건 자극(Conditioned Stimulus)이라 명칭 짓고 무조건 자극과 연결 지어 제시됨으로써 무조건 반응을 일으키는 자극이라 정의하였다. 또한 조건반응에 의해 유발된 반응 즉 침 흘리는 행위를 조건반응(Conditioned Response)이라고 명명하였다.

고전적 조건형성이란 이처럼 중성적 자극이 반사적 반응을 일으키는 다른 자극과 체계적으로 연합해서 조건반응을 유발하는 것을 말한다.

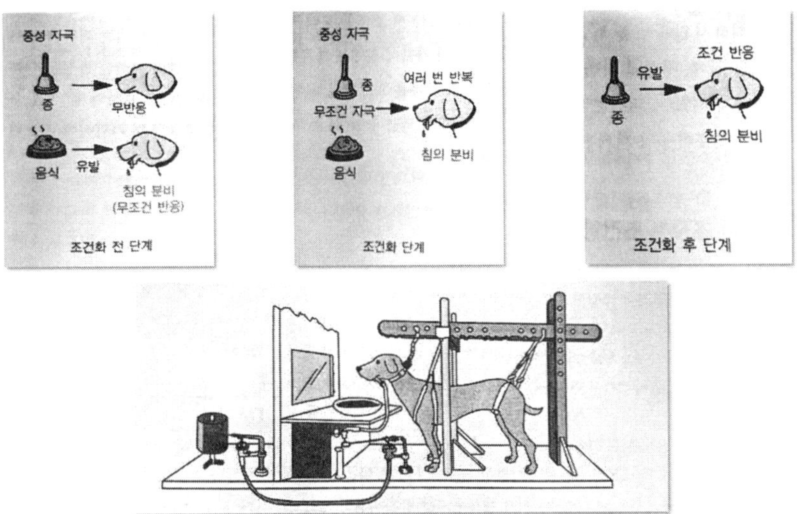

[그림 3-3] 파블로프의 고전적 조건형성 실험

(2) 조작적 조건형성(Operant conditioning)

버러스 프레더릭 스키너
(1904-1990)

미국 펜실베니아주에서 태어난 스키너는 영문학으로 학사학위를 받았으나 이후 하버드 대학의 심리학과에서 대학원을 졸업하였다. 행동주의 심리학자로 교육과 심리학에 많은 영향을 끼쳤다. 하버드 대학교에서 1958년부터 1974년 은퇴할 때까지 심리학과의 교수였으며, "스키너의 상자"로 불리는 조작적 조건화 상자를 만들었다. 행동의 실험적 분석을 목적으로 하는 실험 연구 학과를 창시했으며 심리학에 있어 연관된 변수에 의한 반응률에 대한 연구를 발전시켰다.

인간의 행동은 외부자극에 의해 유발되는가 아니면 스스로 일어나는가로 나눌 수 있다. 스키너는 고전적 조건화에서 사용된 반응과 같이 자극에 의해 직접적으로 유발된 반응으로 침을 흘리는 행동이나 동공의 수축, 무릎 반사 등의 행동을 반응행동(respondent behavior)이라 하였다. 반면에 어떤 자극에 의해 일어나는 것이 아니라 스스로 일어나는 행동, 어떤 행동이 야기하는 결과에 의해 행동의 발생율이 달라지는 행동을 조작행동(operant behavior)이라 하였다. 스키너는 외부적 자극에 초점을 맞춘 고전적 조건화를 S(Stimulus)형 조건화라고 칭하면서 조작행동에 관심을 가진 조작적 조건화를 R(Response)형 조건화라고 구분하기도 했다.

즉, 조작행동은 어떤 유기체가 능동적으로 환경에 작용을 가하는 행동을 말한다. 조작행동으로 형성되는 조건을 조작적 조건화라고 하는데, 유기체가 행하는 조작행동은 결과에 따라 증가하기도 하고 감소하기도 한다. 이를 통해 어떤 반응을 증가시키거나 감소시키는 것이 조작적 조건화인 것이다.

조작적 조건형성(Operant Conditioning)는 어떤 반응에 대해 선택적으로 보상함으로써 그 반응이 일어날 확률을 증가시키거나 감소시키는 방법을 말한다. 여기서 선택적 보상이란 강화와 벌을 의미한다. 조작적 조건화는 작동적 조건화, 도구적 조건화(Instrumental condition-ing)라고도 한다. 조작적 조건형성은 스키너 상자를 통해 실험되고 증명되었다. 스키너 상자는 빈 상자 안에 지렛대가 하나 들어 있으며, 이 지렛대는 먹이통과 연결되어 있어 지렛대를 누르면 먹이가 나오도록 되어 있다. 이 실험에서 흰 쥐가 지렛대를 누르는 행동은 먹이에 의해 강화된 것이다. 만약 지렛대를 눌렀을 때 먹이가 나오지 않았다면 지렛대를 누르는 행동을 학습하지 못했을 것이다. 이렇게 어떤 행동을 한 뒤에 유기체가 원하는 것을 제공하는 것을 강화(Reinforcement)라고 한다. 행동은 그 결과에 의해 영향 받게 되는데 어떤 행동에 대해 강화를 받게 되면, 그 행동은 미래에 다시 발생할 확률이 높아지고, 처벌을 받게 되면, 그 행동이 미래에 다시 발생할 확률이 낮아진다는 것이다.

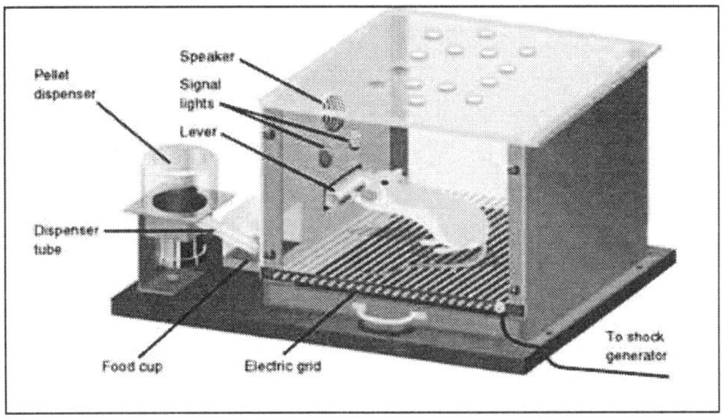

[그림 3-4] 스키너의 조작적 조건형성 실험

(3) 사회학습이론(Social Learning Theory)

캐나다계 미국인이며 아이오와 대학교, 브리티시 컬럼비아 대학교를 거쳐 스탠포드 대학교에서 재직중이다. 보다시피 1925년에 출생하였으며, 현재까지도 많은 영향력을 발휘하고 있다.

알버트 반두라
(1925~)

그의 관찰학습은 기존의 고전적 조건형성 및 도구적 조건형성과 달리 사회적 상황(social setting)을 강조했기 때문에, 학습에 있어서 다른 사람의 행동을 관찰하는 관찰학습을 강조하였다.

사회학습이론에서는 사회적환경과 인지능력이 학습과 발달에 미치는 중요성을 강조하였다. 인간의 모든 학습된 행동이 직접경험과 직접강화의 결과 일수는 없다고 보았으며, 행동에 대해 직접적인 강화 없이도 다른 사람의 행동을 단순히 관찰함으로써 발생하는 관찰학습에 초점을 두었다.

반두라에 의하면 관찰학습은 4단계에 걸쳐 일어난다고 하였다. 첫째, 주의집중과정을 통해 학습자가 관찰하는 행동에 주의를 기울인다. 둘째, 기억과정을 통해 학습자가 모델의 행동을 기억 속에 저장한다. 셋째, 운동재생과정을 통해 머릿속에서 재조직이 끝나면 자기도 한번 행동을 재생해 보고 자기의 성과를 잘 관찰한 후에 자신의 행동을 수정한다. 넷째, 동기유발 과정은 어떤 행동의 결과에 따라 그 행동의 빈도가 증가하거나 감소하는 것을 말한다.

3) 인지발달이론(Cognitive Theory)

피아제는 1896년 스위스에서 출생하였으며, 동물학을 전공하고 21세에 박사학위를 받은 후 취리히와 파리에서 심리학을 연구하였다.

연령에 따른 인지과정의 질적 차이에 대해 주목하면서 임상적인 연구방법을 통해 이를 규명하고자 하였다. 인지발달 4단계를 제시하였으며, 피아제의 이론은 특히 유아교육 및 아동관련 분야에서 핵심적인 이론이 되고 있다.

장 피아제(1896~1980)

피아제는 인간이 환경과의 능동적인 상호작용을 하면서 세계에 대한 지식을 확장시킨다고 보았다. 즉, 인지구조에 따라 경험내용을 해석하고 추론하며 거기서 논리적 법칙을 찾아내어 문제해결을 하는 동안에 기존의 인지구조에 질적 변화가 일어나고 새로운 인지구조를 형성한다는 것이다. 인지발달이란 이처럼 인지구조의 계속적인 질적 변화의 과정이라 할 수 있다.

피아제에 의하면 인지발달에는 단계가 있고, 동화와 조절 그리고 그에 따른 도식(Schema, 스키마)의 끊임없는 수정으로 발달한다고 하였다. 여기에서 도식이란 마음속에서 새로운 경험을 분류, 정리할 수 있는 능력을 의미하는 것으로 동화와 조절에 의해서 형성된다. 동화는 개인의 기존 도식에 새로운 사물을 통합하는 것을 말하며, 조절이란 개인의 도식을 변화시켜 새로운 사물을 이해하는 것을 말한다.

인간이 적응한다는 것은 환경과의 직접적인 상호작용을 통해 도식이 변화 하는 과정이라 할 수 있는데, 도식의 유지 · 변경을 통해서 자신의 환경에 적응하게 되는 것으로 인지발달이란 도식의 확장과정이라 할 수 있다.

피아제는 인지발달단계를 다음의 4단계로 제시하였다.

첫째, 감각운동기이다. 감각운동기는 0세에서 2세까지의 시기를 말하며, 이 시기의 영아들은 감각경험과 운동경험에 의존하여 세상을 이해한다. 기본적 반사가 나타나고, 울기, 먹기, 빨기 등을 통해 자신을 표시하며, 눈과 손의 협응이 이루어지기 시작한다. 이시기에는 대상영속성을 획득하게 되는데 이는 물건이 눈앞에서 사라져도 그 대상이 계속 존재한다는 것을 아는 것이다. 외부 세계에 대한 영아의 반응은 거의 전부 감각적 또는 운동적이며, 영아는 자극이 가해지면 즉각적으로 반응한다.

둘째, 전조작기이다. 전조작기는 2세에서 7세에 해당하며, 상징적 사고가 발달하지만 아직까지는 개념적 조작능력이 불충분한 시기이다. 자아중심적 사고를 하는 시기이기 때문에 자신의 조망과 타인의 조망을 구별하지 못하는데 대표적으로 공간조망 과제에서 유아는 자신이 보는 위치에서 타인도 보게 될 것이라 생각한다. 또한 물활론적 사고를 하여 생물과 무생물의 구별이 불확실하다. 물활론적 사고는 이 세상에 존재하는 모든 물체에는 생명이 있다고 믿는 것을 의미한다. 전조작기 유아는 모든 물체는 인간과 마찬가지로 숨쉬고, 아프고, 생각하는 존재라고 믿는 것이다. 또한 직관적 판단에 의존하고 수, 양의 보존개념이 아직까지 형성되지 않는 단계이다. 즉 구슬을 가까이 세 개를 놓은 것과 멀리 떨어뜨려 세 개를 놓은 후 어느 것이 많냐고 물어보면 멀리 떨어진 구슬이 더 많다고 얘기하는 것이다.

셋째, 구체적 조작기이다. 이 시기는 7세에서 12세에 해당하며, 탈중심화가 이루어져 다른 사람의 관점에서 생각하고 조망하는 것이 가능해지는 단계이다. 전조작기에는 불가능했던 보존개념을 획득하게 되어 다차원을 고려하여 판단하는 것이 가능해진다. 모양이 넓은 같은 모양의 컵에 같은 양의 우유를 보여준 뒤, 한 컵의 우유를 모양이 다른 긴 컵에 부어도 긴 컵과 넓은 컵의 우유의 양은 같다는 것을 이해하는 것이다. 또한 연역적인 사고가 가능해지며, 분류 및 서열 등 집합적인 관계에서뿐 아니라 공간적이거나 인과적인 관계를 이해하게 된다.

넷째, 형식적 조작기이다. 이 시기는 12세 이후에 해당하게 되는데 추론이 가능하고, 추상적인 사고능력, 논쟁이나 형식적 논리전개를 좋아하게 된다. 주어진 자료를 분석하여 과학적으로 추리하며, 가설을 세우고 체계적으로 검증할 수 있는 가설, 연역적 사고를 하는 시기이다. 또한 과학적 사고를 통해 주어진 문제를 해결하기 위하여 사전에 일련의 계획을 세우고 체계적으로 시험하면서 해결책을 찾을 수 있게 된다.

4) 생태학이론(Ecological Theory)

유리 브론펜브레너
(1917~2005)

브론펜브레너 1917년 모스크바에서 태어났으며, 6세에 미국으로 이주한 러시아계 미국인이다. 미국인 발달심리학자로서 아동발달의 생태학적 심리이론으로 유명하다. 그의 연구와 이론은 아동 발달에 있어서 지대한 환경적 사회적 영향에 주목하게 함으로써 발달 심리학의 관점을 바꾸는 핵심이 되었다.

브론펜브레너는 발달은 인간과 환경의 역동적 상호작용의 산물이라고 보았다. 그는 인간이 생물학적으로 지니고 있는 유전적 특성들과 환경적인 힘이 상호작용하여 발달을 이룬다고 본다. 또한 발달은 아동의 내적 기질이나 환경에 의해 통제되는 것이 아니라 아동의 특성과 환경이 상호의존적인 연결망을 형성하여 서로에게 영향을 주고받는 가운데 발달이 진행된다고 보았다. 그리고 자연생태 즉 환경은 발달의 중요한 원천이 된다고 하였는데, 이는 인위적으로 만들어 놓은 실험실 환경이 아니라 인간이 살아가고 있는 자연생태가 인간의 발달과정에 있어 중요한 원천이라는 것이다. 그리고 자연생태는 여러 체계로 구성되어 있으며 이 체계 각각은 나머지 체계와 상호작용하고, 또한 아동과 상호작용하여 발달에 영향을 미친다.

브론펜브레너가 제시한 5개의 체계는 다음과 같다.

첫째, 미시체계(microsystem)이다. 미시체계는 가장 안쪽의 환경 층에 해당되는 것으로, 아동과 아주 가까운 주변에서 일어나는 관계 및 활동과 상호작용을 의미한다. 미시체계 내에서의 관계들은 상호적이어서, 각 개인은 그 체계 안에 있는 모든 다른 사람에게 영향을 주고 또 영향을 받는 진정한 역동적 맥락을 이루게 된다.

둘째, 중간체계(mesosystem)이다. 중간체계는 가족 구성원들이 서로 상호작용을 하거나 교사들과 상호작용을 하는 것과 같은 미시체계의 모든 요소들 간의 상호작용들과 관계들의 집합이다. 여기서의 관계 또한 상호작용적이어서 교사는 부모들에 영향을 미치고 부모들은 교사에 영향을 미치며, 이러한 상호작용들은 아동에게 영향을 미치게 된다.

셋째, 외체계(exosystem)이다. 외부체계는 아동을 포함하지 않지만 아동들의 경험과 발달에 영향을 주는 사회적 환경들, 예를 들어 부모의 직장, 종교기관, 지역사회, 교육체계, 부모의 사회적인 네트워크 등을 말한다.

넷째, 거시체계(macrosystem)이다. 거시체계는 사회의 문화, 법률, 규범이나 전통에서 제공하는 가치체계들로 구성된다. 거시체계는 아동이 어떻게 다루어져야 하는지, 아동에게 무엇을 가르쳐야 하는지, 아동이 추구해야 하는 목표가 무엇인지를 규정하여 아동의 경험에 영향을 미친다.

다섯째, 시간체계(chronosystem)이다. 이것은 전 생애에 걸쳐 일어나는 변화와 사회역사적인 환경을 포함한다. 예를 들면 여성의 역할에 대한 생각이 과거 20여 년 전에 비해 현재는 많이 바뀌었으며, 이러한 사회문화적인 변화는 가족과 아동의 삶에도 막대한 영향을 미친다.

제4장

아동복지대상과 아동복지정책

1. 아동복지대상

아동복지의 대상은 아동복지법 제3조에 근거하여 '18세 미만의 아동'은 모두 아동복지의 대상자가 된다. 즉, 18세 미만의 모든 아동과 그 부모 및 가정이 아동복지의 대상이라 할 수 있다. 부모 및 가족은 아동의 건강한 성장과 발달에 가장 중요한 영향을 미치는 대상이기 때문이다. 따라서 아동복지 서비스는 아동뿐 아니라 부모 및 가족까지도 대상에 포함되어야 하며, 개별 아동을 대상으로 한 아동복지서비스 외에도 가족의 복지를 고려하는 가족친화적인 서비스로 제공되어야 한다.

아동복지법에서는 제3조에서 제4항 보호대상아동과 제 5항 지원대상아동을 구분하여 정의하고 있다. 아동복지법에 따른 아동복지의 대상을 구분하여 설명하면 다음과 같다.

1) 보호대상아동

아동복지법 제3조 제4항에 의하면 보호대상 아동은 '보호자가 없거나 보호자로부터 이탈된 아동 또는 보호자가 아동을 학대하는 경우 등 그 보호자가 아동을 양육하기에 적당하지 아니하거나 양육할 능력이 없는 경우의 아동'으로 규정하고 있다. 즉, 보호대상 아동이란 아동의 기본적인 욕구를 충족시키거나 문제를 해결할 가정이 부재한 경우, 개별 가정의 능력으로는 아동의 기본적인 양육의 욕구를 해결할 수 없는 상황에 처한 아동이라 할 수 있다.

아동복지법 제52조에 따른 아동복지시설 중 보호대상 아동을 위한 시설의 종류를 살펴보면 다음과 같다.

(1) 아동양육시설

- 보호대상아동을 입소시켜 보호, 양육 및 취업훈련, 자립지원 서비스 등을 제공하는 것을 목적으로 하는 시설

(2) 아동일시보호시설

- 보호대상아동을 일시보호하고 아동에 대한 향후의 양육대책수립 및 보호조치를 행하는 것을 목적으로 하는 시설

(3) 아동보호치료시설

- 아동에게 보호 및 치료 서비스를 제공하는 시설

(4) 공동생활가정 (Group Home)

- 보호대상아동에게 가정과 같은 주거여건과 보호, 양육, 자립지원 서비스를 제공하는 것을 목적으로 하는 시설

(5) 자립지원시설

- 아동복지시설에서 퇴소한 사람에게 취업준비기간 또는 취업 후 일정 기간동안 보호함으로써 자립을 지원하는 것을 목적으로 하는 시설

2) 지원대상아동

아동복지법 제3조 제5항에 의하면 지원대상 아동은 '아동이 조화롭고 건강하게 성장하는 데에 필요한 기초적인 조건이 갖추어지지 아니하여 사회적 · 경제적 · 정서적 지원이 필요한 아동'을 의미한다. 이러한 지원대

상 아동의 개념은 제4조 국가와 지방자치단체의 책무, 제37조 드림스타트 취약계층 아동 통합서비스의 지원대상 선정 근거, 제41조 자립지원정책의 대상 규정에서 사용되고 있다(류정희, 2022).

그런데 실제 적용과정에서 지원대상아동의 개념이 명확하지 않아 혼란을 주는 경우가 발생하고 있다. 아동복지법 제37조(취약계층 아동에 대한 통합서비스 지원)에서는 아동의 성장 및 복지 여건이 취약한 가정의 위기아동을 지원대상으로 규정하고 있으며, 제41조(아동자립지원추진협의회)에서 규정하고 있는 지원대상아동은 보호가 종료된 아동을 의미한다. 이처럼 아동복지법상에서는 보호대상과 지원대상을 구분하여 정의하고 있으나, 개념 및 대상의 구분이 모호하여 실제 복지실천현장에서는 지원대상아동의 개념이 거의 사용되지 않고 있다.

3) 일반아동

일반아동이란 아동이 속한 가정에서 제공되는 보호 이외의 다른 특별한 보호를 받지 않고 생활할 수 있는 아동들을 의미한다. 일반아동의 경우 현재 심각한 문제가 없다는 개념이 앞으로도 문제를 경험할 가능성이 전혀 없다는 것을 의미하는 것은 아니다. 일반아동은 단지 현재 뚜렷한 문제를 지니지 않고 있다는 것이지 그들의 기본적인 욕구와 현재보다 더 나은 상태를 위한 욕구를 가지고 있으므로, 아동복지 서비스가 이러한 다양한 욕구를 충족시켜 주어야 하는 것이다. 뿐만 아니라 요보호 아동이 경험하는 문제를 예방하는 차원에서 아동복지 서비스가 접근되어야 하는 필요성이 있는 것이다. 따라서 아동의 기본적인 욕구를 충족시키고, 아동의 건강한 발달과 성장을 위해 모든 가족에게 제공되어야 할 다양한 아동복지 서비스의 대상은 바로 일반 아동들이라 할 수 있다.

2. 아동복지 서비스 유형

아동복지에 있어서 가장 중요한 것은 아동의 욕구가 무엇인지 파악하여 욕구를 충족시킬 수 있는 아동복지 서비스를 제공하는 것이라 할 수 있다. 아동과 아동을 포함한 가정의 욕구를 충족시키기 위한 아동복지 서비스는 대상이나 장소, 기능에 따라 다양하게 분류할 수 있다.

1) 서비스 기능에 따른 분류

아동이 가정에서 양육될 수 있도록 부모역할을 지지해 주는 서비스냐, 부족하거나 부적절한 부모역할을 보충해 주는 서비스냐, 아동의 필요에 따라 부모양육을 일시적 혹은 영구적으로 대행, 대리하여 보호해 주는 서비스냐에 따라 Kadushin(1998)이 제시한 지지적 서비스(Supportive Service)와 보완적 서비스(Supplementary Service), 그리고 대리적 서비스(Substitute Service)로 나뉠 수 있으며 구체적으로 나누어 설명하면 다음과 같다

(1) 지지적 서비스(Supportive Service)

지지적 서비스는 부모와 자녀가 자신들의 책임성을 효율적으로 수행할 수 있도록 그들의 능력을 지원하고 강화시켜 주는 서비스로 아동이 자신의 가정에 머물면서 받을 수 있는 서비스이다. 이와 관련한 서비스기관은 부모나 아동의 역할기능을 대행해 주는 것이 아니라, 외부에서 사회적 기능 수행을 원조해 주는 기능을 담당한다. 이는 부모가 자녀양육에 곤란함을 느끼거나 부모의 역할을 하지 못하는 경우, 부모형제와의 갈등으로 양육이나 교육에 문제가 있는 경우 등에 제공될 수 있다.

이 서비스는 다른 서비스와는 달리 아동이 가정에 머물면서 받을 수 있

는 서비스로, 부모나 아동의 역할을 대신해 주는 것이 아니라 가족의 구조를 침해하지 않고 외부에서 가족 내부의 역할기능이 제대로 수행될 수 있도록 원조해 주는 역할을 하는 것이다. 지지적 서비스에는 개별상담, 집단상담, 가족치료, 지역사회조직 등의 방법이 제공되어 활용될 수 있으며, 그 기관으로는 아동복지관, 아동상담소, 가정상담소, 지역사회 정신건강상담소 등이 있다.

(2) 보조적 서비스(Supplementary Service)

보조적 서비스는 지지적 서비스에 비해 내부적 서비스 제공이라고 말할 수 있는 것으로 상호 중복되는 측면이 있다. 보조적 서비스는 가정 내에서 이루어지는 서비스의 형태로, 부적절하거나 제한된 부모역할의 일부를 보조하거나 대행하는 서비스이다. 보조적 서비스는 부모가 부족하거나 부적절한 부모의 역할을 보충해주는 것이므로 역할의 보조를 통해 부모는 다른 역할을 더 충실하게 수행할 수 있으므로 부모의 역할이 일시적 혹은 영구적으로 충족되지 못할 때 필요하게 된다.

보조적 서비스에는 자녀양육이라는 가족기능의 일부를 전문적 사회제도가 맡아주는 탁아보호서비스, 소득보장 프로그램, 아동이 유기, 학대, 착취당하는 경우 전문기관에 의해 수행되는 아동학대예방서비스, 훈련받은 종사원이 가사 전반을 돌보는 서비스를 제공하는 홈메이커 서비스가 있다.

(3) 대리적 서비스(Substitute Service)

대리적 서비스는 아동이 가족을 떠나 타인에 의해 양육 보호되는 경우에 아동의 필요에 따라 부모양육을 일시적 또는 영구적으로 대리해 보호하는 서비스를 말한다. 대리적 서비스는 부모가 아닌 제3자가 부모 역할의 전부를 떠맡는 경우이다. 부모의 사망, 이혼, 심한 장애, 유기 등으로

부모-자녀 관계가 해체되어 아동이 다른 체계에 의해서 보호받는 서비스를 말하는 것으로 입양, 가정위탁보호, 시설보호 서비스 등이 포함된다.

2) 서비스 제공의 장에 따른 분류

(1) 재가 서비스

기초생활보장 수급자나 차상위계층 및 저소득층 가정 아동이 다른 가족 구성원과 함께 생활하면서 필요한 서비스를 제공받는 경우이다. 재가서비스에는 밑반찬서비스, 이동목욕서비스, 사랑의 빨래방, 사례관리 서비스 등이 제공된다.

(2) 가정 외 서비스

아동이 가정을 떠나서 시설이나 다른 가정에 거주하면서 양육이나 서비스를 제공받는 경우이다. 가정위탁보호, 입양, 시설보호 서비스 등이 해당된다.

3. 아동복지 정책

1) 우리나라 아동복지 정책의 연혁

우리나라는 1960년대 이전에는 전쟁고아 중심의 해외 해외원조에 기반한 시설보호, 해외입양 위주로 아동보호체계 형성하였다. 국가보훈처에서 추정한 결과에 다르면 전쟁고아가 10만 명 정도에 이르는 것으로 추정되었다. 따라서 당시 아동복지의 주요 영역은 수용보호시설 중심의 보호였으며, 해외입양이 중심이 되었다.

1962년에는 「아동복리법」을 제정하였으나, 민간 중심 아동복지체계 유지하였고, 1970년대와 1980년대에는 눈부신 경제성장을 이루었다. 이 당시에는 선별주의에 입각한 국가개입이 이루어졌으며, 아동복지의 주요 영역은 시설보호 중심의 대리적 서비스와 해외입양이 강조되었다.

또한 1982년에 「아동복지법」이 제정되어 보편주의 복지의 이념이 도입되었으며, 복지에서 국가의 책임이 강조되었다. 그러나 이러한 변화에도 불구하고 여전히 최대 규모의 해외 입양을 기록하였다. 미국무부 보고에 따르면 한국은 1960년도에서 1980년도에 이르기까지 미국에 가장 많은 아동을 입양한 송출국인 것으로 조사되었다.

1990년대에는 「영유아보육법 제정」으로 대대적인 보육시설 확충 시작되었으며, 「아동권리에 관한 국제 협약」비준(1991)에도 불구하고 아동에 대한 투자는 여전히 취약한 편이었다. 2000년대는 「아동복지법」 개정(2000)으로 '아동 최선의 이익' 등 아동권리협약의 정신을 다수 반영하였으며, 참여정부에서 희망스타트(2007), 아동발달계좌(20 07) 등 도입하면서 저소득층 아동의 동등한 출발 기회 보장을 위한 정책을 시작하였다.

시대별 아동복지정책의 변화를 살펴보면 다음과 같다(표 4-1참조).

〈표 4-1〉 아동복지정책의 변화 발전단계별 특성

구분	사회구호단계 (45~50년대)	선별적 아동보호단계 (60~70년대)	보편적 아동복지 지향단계 (80~90년대)	보편적 아동복지 실시단계 (2000년 이후~)
정책이념	응급 구호 제공 치중	선별주의에 입각한 국가 개입 천명	보편주의 도입과 국가책임 강조	보편적 아동권리 이행 중시
정책과제	전쟁고아와 기아, 미아의 수용·보호	사회구호와 요보호아동의 복지증진	요보호아동과 일반아동의 복지증진	보편적 복지와 CRC 이행을 위한 아동복지법 전면 개정

구분	사회구호단계 (45~50년대)	선별적 아동보호단계 (60~70년대)	보편적 아동복지 지향단계 (80~90년대)	보편적 아동복지 실시단계 (2000년 이후~)
주요영역	수용보호시설 중심의 보호 해외입양	시설보호 중심의 대리서비스, 해외입양	시설보호, 해외입양, 가정과 지역사회 보호	아동권리, 안전·학 대 대책 강화, 시설 의 다기능화
주요법령 제정		아동복리법, 사회보장법, 사회복지사업법, 모자보건법, 입양특례법	아동복지법, 유아교육진흥법, 영유아보육법, 청소년육성법, 청소년기본법	아동복지법 개정, 실종아동 등의 보호 와 지원에 관한 법

출처: 조용남(2014). 아동복지정책의 효과성에 관한 연구: 드림스타트 사업을 중심으로. p.30.

아동복지의 정책은 집권한 정부에 따라 강조점이 다소 다르게 나타난다. 지난 20년간에 걸쳐 이어온 집권 정부에 따른 아동복지 정책의 변화와 한계를 살펴보면 다음과 같다.

첫째, 취약계층 아동의 보호를 강화해 오다가 무상보육의 실시로 아동에 대한 서비스의 발전을 이루어 왔으나, 여전히 아동을 중심으로 한 권리인식은 부족하고 요보호 아동에 대한 국가 책임은 미흡한 편이었다.

둘째, 2008에서 2012년에 희망스타트 사업을 이어받은 드림스타트 사업 확대하였으며, 입양 시 가정법원 허가제도를 도입하였고, 영유아 건강검진을 시작하였다.

셋째, 2013에서 2017년에 무상보육을 실시하였고, 드림스타트 사업을 전국으로 확대하였으며, 아동학대처벌특례법을 제정하였다.

넷째, 2017년 5월부터 권리주체로서 아동을 강조하는 보편적 아동수당의 도입 등으로 아동에 대한 대대적인 투자를 시작하였다.

구체적인 아동복지분야의 정책의 변화는 〈표 4-2〉와 같다.

〈표 4-2〉 아동복지정책의 변화 발전단계별 특성

정부별 대통령	국민의 정부 김대중 1998~2002	참여정부 노무현 2003~2007	이명박정부 이명박 2008~2012	박근혜정부 박근혜 2013~2017	문재인정부 문재인 2017~2022
정책 기조	생산적 복지	참여복지	능동적 복지	맞춤형 고용·복지	포용적 복지국가
주요 영역 및 법령 개정	국민기초생활보장 제도(2000) 전국민 국민연금 기반구축(1999) 장애인복지 5개년 계획(1998)	저출산 고령사회기본법 (2005) 보육확대(2004) 차상위계층지원 (2004) 장애인차별금지법 (2007)	5세 누리과정 0~2세 무상보육(2012) 장애인연금 (2010) －정부조직법 개정으로 아동/청소년 업무분리	무상보육, 무상교육 실현과 내실화(2013), 사회보장기본법 전부개정 시행(2013)	부양의무자 기준단계별 폐지 (2018) 아동수당 시행 (2018)
아동 분야 국정 과제	제6절 사회·문화분과위 원회 9. 미래지향적 청소년 육성방안	국정과제 자. 참여복지와 삶의 질 향상 －비전2030 '사람이 희망이다'	국정과제 47. 아동과 청소년의 건강한 성장을 뒷받침하겠습니다 .	국정과제 66. 안심하고 양육할 수 있는 여건 조성 국정과제 87. 아동인권보호 강화 및 건강한 성장발달 지원	국정과제 42. 국민의 기본생활을 보장하는 맞춤형 사회보장
아동 분야 세부 정책 과제	미래주역인 청소년 건전육성방안 마련 －청소년 수련시설 확충, 청소년 수련활동 전문화, 비행청소년 선도활동 등	방과후 보육을 방과후 아동복지서비스로 확대 개편하는 등 종합적인 아동보호체계 구축 －희망스타트 시작	<1> 저소득층 자녀지원을 위해 희망스타트를 드림스타트로 바꾸고, 국정과제로 선정	<4> 돌봄서비스 확대 －국정과제 선정 －드림스타트센터 확대 －아동인권보호 및 아동안전 강화 －입양아동의 안전·권익 보호	－0~6세 아동을 대상으로 아동수당 월 10만원 지급 －아동돌봄서비스 강화 －저소득층 학생에게 부교재비, 학용품비 등 지원 －초등돌봄서비스 확충

2) 아동복지정책의 개념

아동복지정책은 아동의 신체적, 심리적 욕구를 파악하고 충족시키기 위해 마련된 정부의 보호 장치와 서비스 제공을 위해 조직화 된 정부의 노력이라고 할 수 있으며, 아동과 아동이 속해 있는 가족에게 관련 서비스를 제공하기 위한 종합적인 정책이라고 할 수 있다. 또한 정책과 사회복지정책의 정의를 보았을 때 아동복지정책은 아동과 아동을 포함하는 가족을 위한 국가, 공공기관, 민간단체 및 관련 기관의 행동계획이라고 할 수 있다. 아동복지정책에 관한 개념을 표로 나타내면 〈표 4-3〉과 같다.

〈표 4-3〉 아동복지정책의 개념

학자	아동복지정책의 개념
Kamerman, Kahn, & Kingston(1985)	아동을 포함하는 가정의 복지지향, 아동과 가족복지정책으로 개선
Kadushin & Martin(1988)	아동에게 영향을 주는 정책과 활동
공계순 등(2013)	정부가 아동의 복지를 위해 갖고 있는 원칙, 조직화된 노력
이미자(2013)	아동과 아동을 포함하는 가족을 위한 국가, 공공기관, 민간단체 및 관련기관의 행동계획

3) 아동을 위한 사회보장정책

(1) 사회보험

사회 보험(social insurance)은 사회 보장을 목적으로 건강, 노후 및 사망, 실업, 산업재해의 사고를 대비한 강제보험을 말한다. 우리나라의 사회보험은 국민연금, 건강보험, 산업재해보상보험, 고용보험에 이어 2008년 7월부터 노인장기요양보험을 건강보험과는 별도의 제도로 도입하여 운영하고 있다. 사회보험은 아동만을 대상으로 해서 부과되는 것은 아니지만 가족의 소득과 건강에 직·간접적인 영향을 준다고 할 수 있다. 사회보험의 구체적인 내용은 다음과 같다.

① 국민연금

대한민국에서 보험의 원리를 도입하여 만든 사회보험의 일종으로 가입자, 사용자 및 국가로부터 일정액의 보험료를 받고 이를 재원으로 노령으로 인한 근로소득 상실을 보전하기 위한 노령연금, 주소득자의 사망에 따른 소득상실을 보전하기 위한 유족연금, 질병 또는 사고로 인한 장기근로능력 상실에 따른 소득상실을 보전하기 위한 장애연금 등을 지급함으로써 국민의 생활안정과 복지증진을 도모하는 사회보장제도의 하나이다.

② 건강보험

건강보험이란 의료비용을 지불해주는 보험의 한 형태이다. 좀 더 넓은 의미로도 사용되는데 장애, 장기 요양 및 관리를 포함하기도 한다. 정부가 지원하는 사회보험을 통해 제공될 수도 있고, 집단적으로 가입할 수도 있으며(예: 기업이 종업원에게 보험을 들어 줌), 개인적으로 가입할 수도 있다. 각 경우 가입자 개인이나 단체는 보험료 또는 세금을 내어 불시에 닥친 높은 의료비로부터 자신을 지킬 수 있다. 비슷한 효과를 정부가 제공하는 사회복지를 통해 실현할 수도 있다.

③ 고용보험

고용보험제는 국가가 실직자에게 실업보험금을 지급하고, 근로자의 능력을 수시로 파악해 산업현장에 재배치하는 제도로 그 비용은 노동자, 사용자, 정부가 부담한다. 대한민국은 1995년 도입하였다.

④ 산업재해보상보험

산업재해보상보험은 공업화 진전과 더불어 발생하는 산업재해 노동자를 보호하기 위하여 마련된 사회보험이다.

⑤ 노인장기요양보험

우리나라 노인장기요양보험제도는 건강보험제도와는 별개의 제도로 도입·운영되고 있는 한편으로, 제도운영의 효율성을 도모하기 위하여 보험자 및 관리운영기관을 국민건강보험공단으로 일원화하고 있다. 또한 국고지원이 가미된 사회보험방식을 채택하고 있고 수급대상자에는 65세 미만의 장애인이 제외되어 노인을 중심으로 운영되고 있다. 건강보험 가입자는 장기요양보험의 가입자가 된다. 이는 건강보험의 적용에서와 같이 법률상 가입이 강제되어 있다. 또한 공공부조의 영역에 속하는 의료급여 수급권자의 경우 건강보험과 장기요양보험의 가입자에서는 제외되지만, 국가 및 지방자치단체의 부담으로 장기요양보험의 적용대상으로 하고 있다.

(2) 공공부조

공공부조는 국민기초생활보장법에 의해 보호시설아동, 소년소녀 가정의 아동, 기초생활수급자의 소득인정액이 최저생계비 이하의 빈곤가정에 있는 아동을 대상으로 지원을 하며, 자산조사에 의한 개인욕구의 측정과 확인을 통해 급여기준을 설정하는 제도이다. 공공부조의 지원 중 아동과 직접적으로 관련이 있는 급여에는 생계급여와 교육급여가 포함된다. 공공부조의 자세한 내용은 다음과 같다.

① 생계급여

생계급여는 수급자에게 의복, 음식물 및 연료비와 그 밖에 일상생활에 기본적으로 필요한 금품을 지급하여 그 생계를 유지하게 하는 것으로 한다.

② 주거급여

주거급여는 수급자에게 주거 안정에 필요한 임차료, 수선유지비, 그 밖의 수급품을 지급하는 것으로 한다.

③ 의료급여

의료급여는 수급자에게 건강한 생활을 유지하는 데 필요한 각종 검사 및 치료 등을 지급하는 것으로 한다.

④ 교육급여

교육급여는 수급자에게 입학금, 수업료, 학용품비, 그 밖의 수급품을 지급하는 것으로 하되, 학교의 종류 · 범위 등에 관하여 필요한 사항은 대통령령으로 정한다.

⑤ 해산급여

해산급여는 조산(助産), 분만 전과 분만 후에 필요한 조치와 보호를 위하여 지급한다.

⑥ 장제급여

장제급여는 급여를 받는 수급자가 사망한 경우 사체의 검안(檢案) · 운반 · 화장 또는 매장, 그 밖의 장제조치를 하는 것으로 한다.

⑦ 자활급여

자활급여는 수급자의 자활을 돕기 위하여 급여를 실시하는 것이다. 지원의 내용은 자활에 필요한 금품의 지급 또는 대여, 자활에 필요한 근로능력의 향상 및 기능습득의 지원, 취업알선 등 정보의 제공, 자활을 위한 근로기회의 제공, 자활에 필요한 시설 및 장비의 대여, 창업교육, 기능훈련 및 기술 · 경영지도 등 창업지원, 자활에 필요한 자산형성 지원, 그 밖에 대통령령으로 정하는 자활을 위한 각종 지원 등의 경우를 의미한다.

(3) 아동을 대상으로 하는 아동복지서비스

아동복지서비스에 관한 정책은 아동복지법, 영유아보육법, 입양촉진 및 절차에 관한 특례법, 모·부자 복지법, 건강가정기본법에 의거하여 실시되고 있다.

이상에서 살펴본 바와 아동과 관련된 사회보장정책은 사회보험, 공공부조, 사회복지서비스의 형태로 지원되고 있다. 아동관련 사회보장 정책의 체계를 간략하게 정리하면 〈표 4-4〉와 같다.

〈표 4-4〉 아동관련 사회보장 정책의 체계

아동관련 사회보장 정책	내용
사회보험	가족의 소득보장－연금보험, 산재보험, 고용보험
	가족의 건강보장－건강보험, 산재보험, 장기요양보험
공공부조	가족의 소득보장－생계급여
	가족의 건강보장－의료급여
사회복지서비스	입양, 가정위탁서비스, 소년소녀가정 지원사업, 아동학대예방센터, 아동 급식지원, 지역아동센터 지원, 보육서비스, 방과후 아동지도사업

출처: 한성심, 송주미(2013). 아동복지론. p.127.에서 발췌.

4) 아동복지 전달체계

현재 우리나라의 아동복지 전달체계는 공공전달체계와 민간전달체계로 구분할 수 있다. 공공전달체계는 보건복지부에서 지방자치단체를 통해 서비스를 제공하는 것이고 민간전달체계는 보건복지부에서 민간위탁이나 민간기관에 예산을 지원해 서비스를 제공하는 것이다.

(1) 공공전달체계: 아동권리보장원의 설립

공공전달체계는 중앙정부와 지방정부의 시·도, 시·군·구에서 지역의 아동복지시설로 이어지는 구조이다. 중앙정부는 전체 아동복지 예산의 배정과 지도 감독, 행정상의 지도감독권이 있으며, 시·도와 시· 군·구 등 기초자치단체는 중앙정부의 업무지침에 따라 아동복지사업을 시행하고 지역 내 시설에 운영비 지원하고 감독하는 역할을 한다.

그동안 아동복지정책을 시행함에 있어 지속적으로 문제제기 되었던 부분은 아동과 관련된 정책이 각 부서마다 나뉘어져 있어 유사한 사업이 중복해서 실시되거나 부서간의 협력이 부족하여 효율적인 지원이 이루어지지 않는다는 것이었다. 정부에서는 이러한 부분을 개선하기 위하여 2019년 7월 16일에 아동권리보장원을 설립하였다. 본 장에서는 아동권리보장원의 역할에 대해 좀 더 자세히 기술하고자 한다.

① 아동권리보장원의 설립목적

아동권리보장원은 아동복지법 제10조의2에 따라 보건복지부 장관이 아동정책에 대한 종합적인 수행과 아동복지 관련 사업의 효과적인 추진을 위하여 필요한 정책의 수립을 지원하고 사업평가 등의 업무를 수행하기 위해 설립된 기관이다.

② 아동권리보장원의 추진경과

아동권리보장원은 2018년 12월 27일에 '아동권리보장원' 설립에 대한 「아동복지법」 국회 통과를 한 후 2019년 1월 15일에 '아동권리보장원' 설립내용의 「아동복지법」 개정법률이 공포되었다. 이후 2019년 7월 16일에 드림스타트사업지원단, 아동자립지원단, 중앙입양원, 실종아동전문기관의 4개 기관을 통합하여 출범하였으며, 2020년 1월 1일부터 디딤씨앗사업지원단, 중앙가정위탁지원센터, 중앙아동보호전문기관, 지역아동센터중

양지원단의 4개 기관을 추가로 통합할 예정에 있다.

③ 아동권리보장원의 조직

아동권리보장원은 〈그림 4 - 1〉과 같이 원장, 부원장, 기획조정국, 통합돌봄국, 아동자립국, 입양지원국, 실종아동전문기관으로 구성된다. 보건복지부 장관은 보장원을 대표하고 그 업무를 총괄하기 위하여 원장을 임면하고, 보장원의 설립 · 운영에 필요한 비용을 지원할 수 있다.

출처: 아동권리보장원 홈페이지(https://www.ncrc.or.kr). 2024. 2.14 출력

[그림 4 - 1] 아동권리보장원의 조직도

④ 아동권리보장원의 업무

〈표 4-5〉 아동권리보장원 담당업무

사업분류	주요내용	세부내용
아동정책 연구 · 지원	아동정책수립 · 평가지원	아동정책 기본계획 수립 · 평가지원
		아동정책 시행계획 수립 · 평가지원
		아동정책 수립을 위한 현안대응 연구수행 및 성과 확산
	아동정책 영향평가	아동정책영향평가
		아동정책영향평가 전문평가 수행 및 지원
		아동정책영향평가 자체평가 지원
	아동통계 DB구축 및 운영	아동보호통합패널 구축 · 운영
		아동 관련 국가승인통계 및 행정데이터 연계 · 활용
		아동 분야 기초통계자료(통계연보) 생산
아동성장 · 돌봄	지역아동센터 지원	지역아동센터 사업
	다함께돌봄센터 지원	다함께돌봄센터 사업
	아동통합서비스 지원 (드림스타트)	드림스타트 사업
아동보호	아동학대 예방 및 보호	아동학대예방사업
	실종아동 등 보호 지원	실종아동등 보호지원 사업
입양	입양사업	친생부모 입양상담
		입양인 · 가족(입양부모, 친생부모) 지원
가정형보호	가정위탁사업 활성화	가정위탁사업
아동자립	아동자립지원	보호아동 자립지원
	아동자산형성 (디딤씨앗통장)	디딤씨앗통장은 취약계층 아동이 사회에 진출할 때 필요한 초기비용 마련을 지원하고자, 정부에서 운영하는 유일한 아동자산형성지원사업

사업분류	주요내용	세부내용
아동권리 증진	유엔아동권리협약 이행 지원	아동권리 관련교육・홍보・행사 등의 사업을 수행
	지역사회 중심의 놀이혁신 확산	지역여건에 맞는 놀이환경 구축
	대한민국 아동총회	아동이 권리의 주체로서 자신과 관련된 사회적 문제에와 정책에 대해 의견 개진
	아동위원회	아동권리보장원 아동위원 모임

출처: 출처: 아동권리보장원 홈페이지(https://www.ncrc.or.kr)의 사업내용 정리. 2024. 02.14 출력

(2) 민간전달체계

민간전달체계는 아동복지사업을 수행하는 사회복지법인이나 재단법인, 사단법인, 종교단체, 기타 특수법인, 등록단체 등의 기관을 말한다. 이들은 아동복지시설(생활시설, 이용시설), 어린이집, 아동보호전문기관, 실종아동전문기관 등이 설치되어 각 영역의 전문 아동서비스를 제공하고 있다. 또한 아동보호서비스를 제공하는 민간기관은 아동에 대한 일시대리보호서비스를 제공하는 기관과 영구대리보호서비스인 입양 관련 사업을 수행하는 입양기관, 가정위탁을 담당하는 가정위탁지원센터 등이 있다. 이러한 기관은 사업의 특성에 따라 보건복지부 위탁으로 운영하거나 예산을 지원받아 운영한다.

아동복지의 민간조직은 〈표 4-6〉과 같다.

〈표 4-6〉 아동복지 민간조직

아동복지 민간조직		시설의 종류/내용
아동복지 시설	생활시설	아동양육시설, 아동일시보호시설, 아동보호치료시설, 자립지원시설, 공동생활가정
	이용시설	아동상담소, 아동전용시설, 지역아동센터
어린이집		국·공립 어린이집, 사회복지법인 어린이집, 법인·단체 등 어린이집, 직장어린이집, 가정어린이집, 부모협동 어린이집, 민간어린이집
아동보호전문기관		중앙보호전문기관, 지방보호전문기관(시·도 또는 소규모 단위)
입양기관		국외입양기관, 국내입양기관
가정위탁지원센터		중앙 가정위탁지원센터, 지방 가정위탁지원센터(시·도 또는 소규모 단위)
실종아동전문기관		실종아동전문기관(어린이재단 위탁 운영)

출처: 오정수, 정익중(2014). 아동복지론.

제5장

아동보육서비스

1. 아동보육서비스의 개념 및 보육의 필요성

1) 아동보육서비스의 개념

아동보육의 목적은 영유아의 건강한 발달을 도모함과 동시에 보호자의 복지를 증진시키는데 있다. 우리나라 초기의 보육은 빈민구제사업의 일환으로 부모가 맡긴 자녀를 보호한다는 탁아의 의미가 강했으며, 탁아의 대상은 요보호가정의 요보호아동이라는 선별적 개념이었다. 탁아는 적절한 양육을 기본 전제로 하는 양육자의 능력을 강화하거나 지지하는 차원이 아니라 양육자의 근로시간 동안 사회 · 경제적 지위가 낮은 대상의 가정을 대신하는 보완적인 역할로서 국가에서 제공하는 선별주의적 성격이 강했다. 그러나 최근의 보육사업은 보다 보편주의적 관점에서 일반가정의 아동까지를 포함하는 것으로 발전해 왔다.

우리나라 영유아 보육관련 제도 및 정책적 변화 속에서 보육개념의 역사적 변천을 살펴보면 1960년 이전의 시기에는 요보호아동의 단순한 구빈을 목적으로 하는 구빈이 중심이었으며, 1961년 아동복리법이 제정 · 공포됨으로써 비로소 구빈사업적 성격을 벗어나 아동의 복리를 증진시키기 위한 사업으로 그 성격이 변모하게 되었다(보건복지가족부, 2009). 보육이 보육서비스의 성격을 가지게 된 것은 1982년 유아교육진흥법과1991년 영유아보육법이 제정 · 공포되면서 부터이다. 그동안 산발적으로 실시되어 오던 '탁아사업'의 개념을 정리하여 단순히 보호의 기능에 그쳤던 탁아사업의 개념을 교육기능까지 포괄하는 '보육사업'으로 대처하여 사업을 추진하기 시작하였다.

우리나라 「영유아보육법」 제2조에서는 보육을 영유아를 건강하고 안전하게 보호 · 양육하고 영유아의 발달 특성에 맞는 교육을 제공하는 어린이집 및 가정양육 지원에 관한 사회복지서비스라고 정의하고 있다. 최근의 보육 관점은 특수한 상황에 처한 아동에 대한 치료적 서비스가 아니라 보편적 관점에서 예방적 차원으로 다루어지고 있으므로 보육을 필요로 하는 모든 아동을 대상으로 성장과 발달을 촉진시키는 최적의 보호, 교육 그리고 사회 심리적인 서비스를 포함한 포괄적인 보육서비스가 제공되어야 하며, 이를 위해 사회사업, 교사, 의사를 비롯한 전문가들의 협조적 접근이 필요하다. 종합해 보면, 보육이란 보육아동의 성장에 필요한 보호서비스와 교육서비스를 제공하고 개별적인 특성에 필요한 보육아동에 대한 서비스와 가족서비스를 제공하며, 보육시설의 인적·물적 자원을 활용하여 보육아동 및 지역사회에 필요한 서비스를 포함하여 제공하는 것이라고 할 수 있다.

2) 보육의 필요성

핵가족화가 두드러진 우리나라의 현 가족 형태에서 부모가 취업을 하거나 아동이 장애를 가진 경우, 이혼이나 사별 등으로 한부모 가족이 된 경우 등 아동 양육에 기본적 욕구충족을 만족시키기 어려운 상황이 발생한다. 아동의 보육은 이처럼 가정 내에서 부모의 역할을 대리할 상황에서 가장 필요하지만 조부모나 형제자매, 기타 아동양육에 도움을 줄 수 있는 친·인척들 간의 관계성이 예전보다 훨씬 줄어든 것도 보육사업의 필요성이 증가하는 요인이다. 본 장에서는 보육이 필요한 다양한 상황에 대해 알아보고자 한다.

(1) 가족형태의 다양화 및 가치관의 변화

우리나라의 가족유형은 이미 2000년에 들어서면서 82%가 핵가족형태이며 확대가족은 6.8%가량으로 줄어들었다(신은주 외, 2003). 핵가족 형태도 그 구성이 배우 다양한데 여기에는 1인 가구, 여성가장가족, 한부모 가족, 기타 가족형태 등 다양한 가족의 형태를 보이고 있다. 점차 확산되고 있는 다양한 가족 유형들의 등장과 그로 인한 보육정책을 위시한 사회정책적 욕구를 가족정책적 차원에서 새롭게 조망해야 할 시점임을 시사한다. 특히 한부모가족 같은 경우 양부모가 분담하던 경제활동과 가사활동을 한 부모가 수행해야 하기 때문에 보육의 문제는 생존과 직결되는 시급한 문제가 된다. 다양해진 가족 형태 못지않게 가치관의 변화도 보이고 있는데 과거 자녀를 위해 평생을 헌신하고 봉사하던 삶이 당연시 되던 전통적 부모 역할은 한 개인으로서 자아실현을 하고자 하는 부모의 욕구와 상충될 때 양육은 큰 갈등요인이 되고 있다.

(2) 여성의 경제활동 참여 증가

현대 여성들은 교육수준의 향상과 경제적 자립에 대한 욕구가 강해져 결혼 후에도 계속적으로 직업을 통해 자아실현을 하려는 여성들이 늘고 있다. 통계청의 조사에 따르면 2016년~2018년간 자녀와 동거하고 있는 여성의 취업률은 56.7%인 것으로 조사되었다(통계청 홈페이지, http://www.kosis.kr). 미국 여성의 경제활동 참여율이 65.7%인 것과 비교하면 다소 낮은 수준이기는 하지만, 여성의 경제 참여욕구는 점점 커지고 있기 때문에 이는 아동양육 상황의 변화를 가져오고 있다. 하지만 여성들의 경제활동 여부와는 상관없이 육아는 여성들의 주요 책임이며, 의무라고 하는 생각이 더욱더 여성들을 힘들게 하고 있으며 이는 결혼을 미루거나 결혼하더라도 자녀 출산 자체를 거부하는 사회적 현상으로 번지고 있다. 따라서 다양한 산업현장에서 일하고 있는 취업모들이 마음 놓고 경제 활동과 자녀양육을 할 수 있도록 취업모의 여건을 고려한 수요자 중심의 보육제공 또한 보육에서 해결해야 할 과제이다.

(3) 아동양육 및 교육의 전문화 경향

생의 초기 경험의 중요성에 대한 사실들이 보고되면서 보육의 필요성 및 중요성이 부각되고 있다. 영유아기는 발달의 기초성, 누적성, 적기성, 불가역성의 이유로 인하여 이 시기에 적절한 보호와 교육적 경험은 전인 발달, 기본 생활습관 형성과 인성 형성에 중요한 영향을 미친다. 이러한 영유아기 보호와 교육의 중요성은 인간 발달의 초기경험이 이후 발달에 많은 영향을 미치게 되고, 이 결정적인 시기를 놓치면 회복이 어려울 뿐만 아니라 유아기에 학습해야 할 호기심과 지적 탐색능력의 개발에 부정적인 영향을 줄 수 있으므로 생의 초기 발달적 욕구를 보장해 주기 위해 영유아기의 보육적 경험은 매우 중요하다.

(4) 권리주체로서의 아동

1989년 11월 20일 체결된 유엔아동권리협약(Convention on the Rights of the Child)에 근거한 아동의 권리로서 아동의 생존과 보호, 발달, 참여의 권리 등 아동의 인권과 관련된 모든 권리를 규정하고 아동을 권리의 주체로서 명문화하였다. 이것은 장애아동이나 결손 가정 또는 저소득층 아동뿐 아니라 정상적으로 성장하는 모든 아동에게도 해당하는 것으로 가족 이외에 아동의 성장을 지원할 수 있는 보육의 중요성이 강조된다. 또한 아동이 건전하게 발달되기 위해서 성장과정에서 다른 아동과 집중적인 상호작용을 할 수 있어야 하지만 한 자녀만 출산하는 가정의 증가로 가족 내 또래집단이 점차 소멸되고 있다는 점 역시 아동이 보육을 통해서 또래집단과 상호 작용할 수 있는 기회를 제공받을 필요성이 요구된다. 아동의 입장에서 볼 때 모든 아동은 출생 시부터 부모나 사회로부터 존중되고 보살핌을 받고 건강하게 성장 발달할 권리를 갖고 있으므로 보육정책이 필요하게 되었다.

2. 보육제도의 변화

1) 민간중심의 탁아사업 시기(1982년 이전)

우리나라의 보육사업은 1921년 태화기독교사회관이 탁아프로그램을 개발하면서 시작되었으며 1950년대까지 임시구호적인 성격의 프로그램이 운영되었다. 탁아소는 대부분 종교단체의 부속기관으로 극빈자 자녀를 위한 구빈적 성격을 띤 보호를 제공했고, 보육정책이 따로 없었다.

이러한 탁아사업은 1961년 「아동복리법」이 제정·공포되면서 되면서 본격적인 보육사업이 실시되었다. 이 법에서 '탁아소'를 법정 아동복지시설로 인정하고 보육시설의 설치기준, 종사자 배치기준, 보육시간, 보호내용 등이 구체적으로 규정되었다.

1968년 아동복리법 시행령에 근거한 미인가 탁아시설 임시조치령을 공포하여 민간시설의 설치가 용이하게 되었다. 이를 계기로 종전에 법인체만이 설치할 수 있었던 보육시설의 운영주체가 대폭 완화되어 많은 시설이 생겨났고, '탁아소'라는 명칭도 '어린이집'으로 바뀌게 되었다. '어린이집'은 어린이가 자기 집처럼 생활하는 곳이며 생활을 통해 배우고 연마하는 곳임을 강조하고 있어 탁아시설의 보육기능이 부각되기 시작했고 시설의 설치비, 운영비, 인건비 등을 지원하였다(김재환, 최진원, 곽미정, 2018).

또한 1978년에 정부는 탁아시설 운영개선안을 마련하여 보육시설을 일반 아동에게도 개방하는 대신 이들에게 보육료를 받을 수 있도록 하였다. 이에 따라 저소득층이 아닌 아동들도 어린이집을 이용할 수 있게 되었다. 그리고 1981년에 아동복리법이 아동복지법으로 개정됨에 따라 무료 탁아시설은 법인 이외의 자도 신고만으로 시설을 설치·운영할 수 있게 되었다.

2) 새마을유아원 시기(1982년~1990년)

1982년 아동복지법 시행령을 개정하여 보육시설의 설치근거를 삭제하고 내무부가 주관부서가 되어 1982년 '유아교육진흥 종합계획'이 수립되었다. 정부는 유아교육진흥법을 제정하여 기존에 보건복지부에서 관장하던 691개소의 어린이집, 농촌진흥청에서 관장하던 382개소의 농번기 탁아소, 1,980개소의 민간유아원 등을 통합하여 새마을유아원을 설치하였다. 새마을유아원은 시설의 설치와 운영은 내무부가 교육목표의 설정과 장학지도, 교사양성, 교재개발 등은 문교부, 급식 및 보건 · 의료지원은 보건복지부에서 각각 맡도록 하였다.

1982년 2월 탁아시설 운영부서가 보건사회부에서 내무부로 흡수 · 이관됨에 따라 우리나라에서는 공인된 보육시설은 없어지고 유치원과 새마을유아원만이 보육기관으로 존재하게 되었다. 하지만 새마을유아원은 교육의 성격이 강하여 양적 확대에도 불구하고 늘어나는 보육 욕구를 충족시키기에는 시설의 수가 부족하였고, 실제 운영은 종일제가 아닌 반일제로 운영되어 근로자의 보육부담을 덜어주는 데에는 한계가 있었다. 따라서 취업여성의 자녀양육의 문제로 큰 사회적 문제로 등장하게 되었다.

이에 따라 1987년 12월 노동부에서는 직장탁아제도를 도입하였고, 1989년 9월부터 보건복지부가 주관이 되어서 보육사업을 실시하였다. 1982년 유아교육진흥법이 제정되면서 삭제된 아동복지법의 탁아시설 설치 · 운영에 관한 근거조항을 1989년 아동복지법시행령을 개정하여 부활시키고, 1990년 1월에 동법 시행규칙을 개정하여 「탁아시설의 설치 · 운영기준」을 마련하였다. 그러나 아동복지법 시행령은 시설 설치의 주체가 법인으로 한정되었고 보육사업의 관장부서가 보건복지부, 내무부, 노동부 등으로 다원화되어 있어 예산의 중복 투자, 시설과 종사자 기준의 상이 등 많은 제약요인이 있었다.

3) 보육시설 양적팽창기(1991년~2003)

영유아보육에 관련된 사업이 여러 부처에서 제각기 독자적으로 관리·운영됨에 따라 정부재정의 비효율적 투자는 물론 체계적이고 효율적인 영유아보육을 실시하는데 어려움이 노출되었다. 이에 정부는 1991년 1월 「영유아보육법」을 제정·공포하고 분산되어 있던 법체계와 주관부서를 통합·일원화하고, 이어서 동법 시행령 및 시행규칙이 제정함으로써 보육정책은 새로운 발전 기회를 맞이하였다. 「영유아보육법」을 통해 이전까지 아동복지법상 사회복지법인 등 비영리법인만이 설치할 수 있도록 되어 있는 설치요건을 완하여 개인, 기업, 단체까지도 일정한 요건을 갖추면 보육사업에 참여할 수 있도록 함으로써 부족한 보육시설의 활성화를 도모하였다.

영유아보육법과 시행령은 제정 이후 세 차례의 개정을 거쳤는데 개정내용을 보면 주로 절대적으로 부족한 상태에 있던 보육시설의 양적 확충을 도모하기 위해 시설 설치 및 종사자의 자격기준을 완화시키는 데 개정의 방향이 맞추어져 왔다. 특히 1998년에는 보육시설에 대한 인가제를 신고제로 전환함으로써 보육사업에의 진입장벽이 제거됨에 따라 보육시설 설치를 원하는 자는 누구나 일정 자격만 갖추면 보육시장에 진입할 수 있도록 통로가 전면적으로 개방되기에 이르렀다. 몇 년간에 걸쳐 시행된 이러한 일련의 법 개정 조치들은 긍정적인 측면에서는 급격하게 증가된 보육수요에 대한 정부의 적극적인 반응이었다고 볼 수 있다. 그 결과 약 9년 사이에 보육시설이 13배 이상 증가하게 되었다. 그러나 다른 한편으로는 양적 확충에 급급한 나머지 보육 공급 구조를 민간위주로 고착시키는 결과를 낳았다는 비판을 면하기 어렵다(보건복지가족부, 2009). 이러한 문제점을 개선하고 보육의 질적 수준을 제고하기 위해 1998년 이후부터 보육사업의 목표를 보육사업의 질 개선 및 보육서비스 향상에 두고 종사자의 자질향상, 우수 프로그램 개발 보급, 보육시설 운영 개선, 다양한 보육서

비스 제공 등을 계획하고 추진하였다

4) 보육정책 발전기(2004~2007)

참여정부의 육아지원정책으로 2004년 6월 고령화 및 미래사회위원회에서 "보육 및 육아교육 지원의 공공성 확대(공약사항)"에 대한 대책 발표하였다. 제1차 육아지원정책은 육아부담을 부모의 소득수준에 따라 50% 경감하며, 1년간 육아휴직, 보육시설 평가인증제 도입, 보육교사 국가자격제도 시행을 발표하였다. 2005년 제2차 육아지원정책은 고령화 및 미래사회위원회에서 "출산율 제고 및 여성경제활동 참가"에 대한 대책을 발표하였으며, 구체적으로 보육시설 표준보육료 산정, 보육시설 영아 기본보조금 제도를 도입하였다. 2006년 7월에 여성가족부에서 공보육 강화를 위한 제1차 중 장기보육계획인 새싹플랜(2006~2010년)을 발표하였다. 새싹플랜은 '보육의 공공성 강화와 양질의 보육서비스 제공'을 목표로 국공립 보육시설을 2010년까지 보육시설 이용 아동의 30% 수준까지 확충하며, 보육시설 차등 보육료 평균 소득 130%이하까지 확대 등 목표를 달성하기 위해 다섯 가지 정책과제(공보육 기반조성, 부모의 육아부담 경감, 다양한 보육서비스 제공, 아동 중심의 보육환경 조성, 보육서비스 관리 체계 강화)를 제시하였다(여성가족부, 2006).

5) 보육정책 확대기(2008년 이후~2012년)

2008년 3월에 「정부조직법」 개편으로 보육업무를 여성가족부의 보육정책국이 보건복지부의 보육정책관으로 이관되었다. 보건복지부는 정책의 방향을 보육정책 질적 수준을 향상시키며, 수요자 중심의 보육 정책으로 전환시켰다. 2009년 제1차 중장기 보육계획(새싹플랜 2006 ~2010년)을 보완 · 수정하여 보육에 대한 국가 책임을 강화하며, 수요자 중심의 보육정책으로 개편하는 아이사랑플랜을 수립하며 시행하였다(2009~2012년). 아이사랑플랜의 구체적인 내용은 어린이집 이용자에 대한 보육료 지원 확대, 시설 미 이용 가구에 대한 양육수당 도입, 어린이집 평가인증 활성화, 보육전자바우처(아이사랑카드) 도입, 보육서비스 품질 제고(보육프로그램, 아동의 건강 · 영양 · 안전 등), 5세 누리과정 도입, 공공형 어린이집사업 도입 등이다.

6) 보육정책 변혁기(2013년~현재)

(1) 박근혜 정부

2013년에 들어서면서 보육료 · 양육수당 지원이 만 0~5세로 확대되었다. 어린이집을 이용하는 영유아에 대한 보육료(연령별 정부 지원 단가의 전액)를 지원하며, 누리과정의 대상이 만3~5세로 확대되었고, 어린이집과 유치원을 이용하지 않는 영유아에 대해 가정양육수당을 지원하였다(보건복지부, 2015).

무상보육을 통해 아동양육이 개별가정의 책임뿐만 아니라 국가와 사회가 함께 책임져야 할 공적인 영역, 즉 공보육 개념을 통해 국가예산 확대로 영유아 보육 대상을 보호자의 근로 질병 등으로 보호하기 어려운 영유아로 제한하지 않고 조건 없이 '모든 영유아'로 보편화 시켰다. 따라서 무상보육은 보육의 '국가책임론강화' 정책을 실현한 것이라 할 수 있으며, 이로서 보육료지원이 저소득층, 장애아, 농어촌 자녀, 다자녀, 다문화가정 자녀 등을 대상으로 한 선별적 지원에서 보편적으로 혜택을 받는 지원정책으로 발전되었다(이현미, 2014).

또한 누리과정의 도입은 이원화되어 있는 표준보육과정과 유치원 교육과정을 일원화하여 유아기에 필요한 기본 소양과 능력을 배양하여 공통의 교육과정을 받게 되므로 공교육에 대한 격차를 줄인다는 점에서 의미가 있다. 이는 보육과 교육을 통합하는 것으로 교육에 대한 질적 수준의 확대를 모색할 수 있기 때문이다. 그러나 무엇보다도 영유아에 대한 보육료 지원이 가구의 소득과 관계없이 늘어나기 때문에 가정의 경제적인 부담을 절감시켜 줄 수 있는 정책이라고 볼 수 있다. 즉, 국내의 보육 정책은 새로운 시기를 맞이하게 되었다.

(2) 문재인 정부

문재인 정부는 제3차 중장기보육 기본계획(2018 - 2022)공공성 강화를 위해 무엇보다 국공립어린이집과 유치원을 확충하는데에 집중하였다. 보육시설에 대한 수요자의 요구중에서 가장 독보적으로 높았던 것은 '국공립'시설의 증설에 대한 수요자의 요구에 따른 것이다(이정원, 2018).

제3차 중장기보육 기본계획(2018 - 2022)에서는 보육의 공공성 강화, 보육체계 개편, 보육서비스 품질 향상, 부모 양육지원 확대의 4개 목표와 국공립 이용률 확대, 표준보육비용 산정 및 적정 보육료 지원, 보육교사 전문성 강화 및 적정 처우 보장 보육환경 개선, 시간제 보육 서비스 확대 및 취약보육 개선 등의 14개 전략을 수립하였다.

(3) 윤석열 정부

윤석열 정부는 제4차 중장기보육 기본계획(2023 - 2027)을 통해 영유아 성장 발달 시기별 최적의 국가 지원을 강화하고, 보육환경의 질적 개선, 모든 영유아에게 격차없는 평등한 출발선을 보장하는 것을 목표로 하였다. 보육정책의 기본 방향은 성장 발달의 시기를 고려하여 영아기에는 부모급여 도입과 함께 종합적 양육지원을 하며, 유아기에는 교사의 전문역량을 강화하고 품질관리 체계 개편으로 돌봄과 교육기능을 강화하였다(보건복지부, 2022).

이처럼 우리나라의 보육정책은 초반에는 특정 계층의 영유아를 구호하고 보호하는 단순한 탁아사업이었다. 1990년대에는 보육 시설을 획기적으로 확충해 왔고, 2000년대에는 보육비 지원정책의 확대 과정이었다. 이러한 과정에서 보육서비스의 이용 욕구는 저소득층 아동 지원의 성격이 강하였다. 하지만 점차 관련 법령을 제정하면서 보육서비스의 질적 수준을 제고하였고 내실화를 기하면서 재정적인 지원이 확대됨에 따라 선별적인 정책에서 나아가 점차 자녀를 양육하는 모든 가정을 대상으로 지원하는 보편적인 정책으로 변화하고 있음을 알 수 있다.

3. 보육의 운영실태

1) 보육현황

어린이집의 이용대상은 보육이 필요한 영유아를 원칙으로 하는데, 이때 영유아는 만 6세 미만의 취학 전 아동을 말한다. 다만, 필요한 경우 어린이집의 원장은 만 12세까지 연장하여 보육할 수 있다. 보육서비스를 제공할 때 국가나 지방자치단체, 사회복지법인, 그 밖의 비영리법인이 설치한 어린이집과 대통령령으로 정하는 어린이집의 원장은 대기 순서에 따라 입소를 결정하여야 하나 다음에 해당하는 경우 우선적으로 어린이집을 이용할 수 있도록 하여야 한다.

〈표 5-1〉 어린이집의 입소 우선순위(2023년 기준)

○ 1순위(법 제28조, 시행령 제21조의4, 시행규칙 제29조)
- 국민기초생활보장법에 따른 수급자
- 한부모가족지원법 제5조의 규정에 의한 보호대상자의 자녀
- 국민기초생활보장법 제24조의 규정에 의한 차상위계층의 자녀
- 장애인복지법 제2조의 규정에 의한 장애인 중 보건복지부령이 정하는 장애등급 이상에 해당하는 자(장애부모*)의 자녀
- 아동복지시설에서 생활중인 영유아
- 부모가 모두 취업 중이거나 취업을 준비 중인 영유아
- 다문화가족의 영유아
- 국가유공자 중 전몰자, 순직자, 상이자로서 보건복지부령으로 정하는 자*의 자녀
- 자녀가 3명 이상인 가구 또는 만 8세이하 또는 초등학교 2학년 이하인 자녀가 2명 이상인 가구의 영유아
- 임신부의 자녀인 영유아
- 제1형 당뇨를 가진 경우로서 의학적 조치가 용이하고 일상생활이 가능하여 보육에 지장이 없는 영유아
- 산업단지 입주기업체 및 지원기관 근로자의 자녀로서 산업단지에 설치된 어린이집을 이용하는 영유아

○ 2순위
- 기타 「한부모가족지원법」에 따른 한부모 가족 및 조손 가족
- 가정위탁 보호아동 및 입양된 영유아
- 동일 어린이집 재원 중인 아동의 형제·자매

*예외기준은 삭제함

출처: 중앙육아종합센터 홈페이지(https://central.childcare.go.kr). 2024. 02.14 출력.

2022년 12월 말 기준으로 우리나라의 전체 보육시설은 30,923개소로 조사되었으며 2013년을 기점으로 전체 보육시설의 숫자는 감소되고 있는 것으로 나타났다. 이는 우리나라의 저출산으로 인한 수요의 감소로 인하여 불가피한 현상이라 볼 수 있다. 보육시설의 유형별로 보면 2022년에 국·

공립 보육시설이 이전 년도에 비해 대폭 증가하기는 하였으나 여전히 가장 많은 비중을 차지하고 있는 것은 민간어린이집과 가정어린이집의 비율이 전체 보육시설의 71%를 차지하고 있으며, 국·공립 어린이집은 19%인 것으로 조사되었다.

2022년 12월 말 기준으로 보육시설을 이용하는 아동은 총 1,095,456명이다. 보육아동은 국공립어린이집 25.3%, 사회복지법인 어린이집 5.9%, 법인·단체 등 어린이집 2.5%, 민간어린이집 43.6%, 가정어린이집 16.8%, 부모협동어린이집 0.3%, 직장어린이집 5.6%이다. 국공립어린이집 이용자 수는 2021년에 비해 국·공립 어린이집 이용자 수만 89,266명이 증가하였고, 나머지 보육시설의 유형은 전년도에 비해 이용인원이 감소한 것으로 나타났다. 이것은 2022년에 국·공립 어린이집은 364개소를 신축한 반면 민간어린이집은 877개소, 가정어린이집은 1,782개소가 감소하였기 때문에 상대적으로 이용인원이 증가했다고 할 수 있다. 그러나 여전히 국·공립 어린이집의 수요에 비해 수용인원은 전체 보육시설의 19% 수준이기 때문에 공보육실현을 위한 보육예산의 증액이 요구된다고 할 수 있다. 보육시설에 종사하고 있는 보육교직원의 수는 2022년 12월말 기준으로 311,996명이 종사하고 있는 것으로 조사되었다. 저출산 문제를 해결하려면 반드시 동반되어야 하는 것이 육아문제이며 부모들이 안심하고 자녀를 맡기기 위해서는 보육시설에서 종사하고 있는 종사자들의 자질과 근무안정성이 보장되어야 할 것이다.

〈표 5-2〉 어린이집 연도별 설치 · 운영 현황

(단위 : 개소)

구 분	계	국 · 공립 어린이집	사회복지 법인 어린이집	법인 · 단체 등 어린이집	민간 어린이집	가정 어린이집	협동 어린이집	직장 어린이집
2022	30,923	5,801	1,254	610	9,726	12,109	132	1,291
2021	33,246	5,437	1,285	640	10,603	13,891	142	1,248
2020	35,352	4,958	1,316	671	11,510	15,529	152	1,216
2019	37,371	4,324	1,343	707	12,568	17,117	159	1,153
2018	39,171	3,602	1,377	748	13,518	18,651	164	1,111
2017	40,238	3,157	1,392	771	14,045	19,656	164	1,053
2016	41,084	2,859	1,402	804	14,316	20,598	157	948
2015	42,517	2,629	1,414	834	14,626	22,074	155	785

출처: 보건복지부(2023). 2022년 보육통계.

〈표 5-3〉 어린이집 연도별 보육아동 현황

(단위 : 명)

구 분		계	국 · 공립 어린이집	사회복지 법인 어린이집	법인 · 단체등 어린이집	민간 어린이집	가정 어린이집	협동 어린이집	직장 어린이집
2022	계	1,095,450	276,670	64,503	27,743	477,628	184,053	3,203	61,650
	남	567,995	143,794	34,075	14,463	247,414	94,644	1,786	31,819
	녀	527,455	132,876	30,428	13,280	230,214	89,409	1,417	29,831
2021	계	1,184,716	268,967	72,085	30,998	535,428	208,842	3,465	64,931
	남	613,695	139,664	38,046	16,150	277,125	107,330	1,873	33,507
	녀	571,021	129,303	34,039	14,848	258,303	101,512	1,592	31,424
2020	계	1,244,396	253,251	78,322	34,066	578,196	230,444	3,716	66,401
	남	644,496	131,303	41,100	17,710	299,290	118,878	2,010	34,205
	녀	599,900	121,948	37,222	16,356	278,906	111,566	1,706	32,196
2019	계	1,365,085	232,123	86,775	38,538	664,106	273,399	4,121	66,023
	남	705,867	119,993	45,411	20,101	343,060	140,965	2,205	34,132
	녀	659,218	112,130	41,364	18,437	321,046	132,434	1,916	31,891

출처: 보건복지부(2023). 2022년 보육통계.

〈표 5-4〉 어린이집 연도별 보육교직원 현황

(단위 : 명)

구분		계	국·공립 어린이집	사회복지 법인 어린이집	법인· 단체등 어린이집	민간 어린이집	가정 어린이집	협동 어린이집	직장 어린이집
2022	계	311,996	73,511	16,975	7,027	116,442	76,144	953	20,944
	남	10,502	1,346	1,670	551	5,931	771	27	206
	녀	301,494	72,165	15,305	6,476	110,511	75,373	926	20,738
2021	계	321,116	67,191	17,673	7,351	123,655	83,758	1,009	20,479
	남	11,261	1,305	1,754	579	6,511	880	22	210
	녀	309,855	65,886	15,919	6,772	117,144	82,878	987	20,269
2020	계	325,669	59,974	18,313	7,695	129,306	89,552	1,030	19,799
	남	11,598	1,207	1,797	610	6,845	914	23	202
	녀	314,071	58,767	16,516	7,085	122,461	88,638	1,007	19,597

출처: 보건복지부(2023). 2022년 보육통계.

2) 보육예산

보건복지부의 2023년과 2024년도의 예산을 비교해 보면 보육서비스에 있어 영유아 인구의 감소에도 불구하고, 윤석열 정부의 국정과제인 부모급여 100만원 공약이행으로 인하여 보육예산은 크게 증가하였다.

2024년 보건복지부의 보육지원강화 예산의 규모별 세부사업은 순서대로 부모급여(2조 8,887억 원), 영유아보육료 지원(2조 6,731억 원), 보육교직원 인건비 및 운영지원(1조 8,691억 원), 가정양육수당 지원사업(1,081억 원), 어린이집 확충(417억 원)으로 구성된다. 전년도 본예산과 비교하여 14.5% 증가했으며 구조도 변화했다. 보육지원강화 사업 중 어린이집 확충 그리고 기능보강사업은 일반회계에서 지역균형발전특별회계로 회계가 이전되었다. 이는 국고보조사업 재정개편의 방안으로 특별회계의 안정적 운용이 이루어지지 않는 상태에서 지방이양을 통한 부담 떠넘기기라는 위험성을 지니고 있다(참여연대 홈페이지, http://www. peoplepower21.org).

〈표 5-5〉 2024년 보건복지부 보육분야 예산안

(단위 : 백만원)

구분	2023년 본예산(A)	2024년		증감	
		요구안	정부안(B)	증감(B-A)	증감률
(총계) (1)+(2)	6,676,033	7,678,277	7,640,632	964,599	14.4
일반회계 (1)	6,623,390	7,628,983	7,591,338	967,948	14.6
부모급여(영아수당)지원	1,621,454	2,895,813	2,888,694	1,267,240	78.2
영유아보육료 지원	3,025,145	2,673,100	2,673,100	△352,045	△11.6
보육교직원 인건비 및 운영지원	1,750,362	1,891,723	1,869,081	118,719	6.8
가정양육수당 지원사업	175,854	108,075	108,075	△67,779	△38.5
시간제보육 지원	20,413	25,916	25,005	4,592	22.5
보육진흥원 운영지원	23,615	25,441	21,729	△1,886	△8.0
보육사업관리	4,655	6,295	3,650	△1,005	△21.6
어린이집 교원 양성 지원	1,892	1,909	1,314	△578	△30.5
보육실태조사	-	711	690	690	-
지역균형발전특별회계(2)	52,643	49,294	49,294	-3,349	△6.36
어린이집확충	49,170	41,654	41,654	△7,516	△15.3
어린이집기능보강[1]	3,473	7,640	7,640	4,167	120.0

출처: 보건복지부(2024). 2024년도 예산안 및 기금운용계획안 사업자료.

3) 보육료 지원 현황

보육료 지원은 1999년에 도입되었으며, 법정 저소득층을 중심으로 지원하던 시설 보육료 지원은 저출산 문제 해결을 위한 자녀 양육부담 감면의 목적으로 지원 대상을 확대하여 왔다. 2011년, 만 0~5세 영유아를 대상으로 소득하위 70%까지 대상 범위를 확대하였으며, 2012년부터는 만 0~2세 영유아와 만 5세 유아에 대해 무상보육을 실시하였다. 2013년에 만 3~4세 누리과정까지 도입되어 만 0~5세에 대한 정부의 보육 · 교육료 지원이 전 계층으로 확대되어 만 0~5세 자녀를 둔 부모는 자녀를 어린이집이나 유치원에 보내는 경우, 소득에 상관없이 보육료를 지원받고 있다.

2024년도 보육료 지원 금액은 〈표 5-6〉과 같이 만 0세는 540천원, 만 1세에는 475천원, 만 2세는 394천원을 지원받고, 누리과정 대상인 만 3~5세는 280천원을 매월 지원 받고 있다. 2013년을 기준으로 영유아 보육료 지원정책은 지원 대상에 따라 만 0~5세 보육료, 장애아 보육료, 다문화보육료, 방과 후 보육료, 시간연장형 보육료 등이다. 보육료지원액은 정부가 정한 연령별 보육료 지원 단가를 지원 대상 부모가 아이사랑 카드로 보육료를 결제하면 해당 어린이집으로 입금되는 방식으로 진행되고 있다.

〈표 5-6〉 2024년 보육료 지원 단가

(단위 : 원)

자격 구분	지원 대상	지원 비율	연령(적용시기)	24시
영유아	영유아 전(全)계층	100%	0세반(24.1.1~)	540,000
			1세반(24.1.1~)	475,000
			2세반(24.1.1~)	394,500
			3-5세반(24.1.1~2.29)	280,000
			3-5세반(24.3.1~)	280,000

출처: 보건복지부(2024). 2024년 보육사업안내. p.92.

4. 아동보육시설의 유형

1) 보육시설 설립주체에 따른 유형

「영유아보육법」 제2조 3항에 따르면 보호자의 위탁을 받아 영유아를 보육하는 기관을 "어린이집"이라고 정의하였으며, 제10조에서 어린이집의 종류를 규정하였다. 어린이집은 설립주체, 운영주체, 규모에 따라 다음과 같이 분류될 수 있다.

① 국공립어린이집

국가나 지방자치단체가 설치 · 운영하는 어린이집으로 상시 영유아 11인 이상을 보육할 수 있는 시설을 말한다. 국공립어린이집은 영유아보육법」 제12조에 따라 도시 저소득주민 밀집 주거지역 및 농어촌지역 등 취약지역, 산업단지 지역, 「주택법」에 따른 공동주택 중 대통령령으로 정하는 일정 세대 이상의 공통주택을 건설하는 주택단지 지역에 우선적으로 설치하여야 한다.

② 사회복지법인어린이집

「사회복지사업법」에 따른 사회복지법인이 설치 · 운영하는 어린이집으로 상시 영유아 21인 이상을 보육할 수 있는 시설을 갖추어야 한다.

③ 법인 · 단체 등 어린이집

각종 법인(사회복지법인을 제외한 비영리법인)이나 단체 등이 설치 · 운영하는 어린이집으로서 대통령령으로 정하는 어린이집으로 상시 영유아 21인 이상을 보육할 수 있는 시설을 갖추어야 한다.

④ 직장어린이집

사업주가 사업장의 근로자를 위하여 설치 · 운영하는 어린이집으로 국가나 지방자치단체의 장이 소속 공무원 및 비공무원 근로자를 대상으로 설치 · 운영하는 시설을 포함한다. 상시 5인 이상을 보육할 수 있어야 하며, "상시 여성근로자 300명 이상 또는 근로자 500명 이상을 고용하고 있는 사업장"의 사업주는 직장어린이집을 설치하여야 한다. 의무사업장의 사업주가 직장어린이집을 단독으로 설치하기 어려운 경우에는 사업주 공동으로 직장어린이집을 설치 · 운영하거나, 지역의 어린이집과 위탁 계약을 체결하여 근로자 자녀의 보육을 지원하여야 하며, 시 · 도지사 또는 시 · 군 · 구청장은 직장어린이집 설치의무 미이행사업장에 대하여 이행명령, 이행

강제금을 부과할 수 있다.

⑤ 가정어린이집

개인이 가정이나 그에 준하는 곳에 설치·운영하는 어린이집을 말하며, 상시 영유아 5인 이상 20인 이하를 보육할 수 있는 시설을 말한다. 공공임대아파트 단지 내 가정어린이집은 해당 공공주택사업자와 협의하여 인가 가능하며, 상가 등을 주택으로 용도변경하고 가정어린이집으로 인가 신청하는 경우, 내부 구조가 가정 또는 이에 준하는 곳으로 인정되는 경우에 인가를 신청할 수 있다.

⑥ 협동어린이집

보호자 또는 보호자와 보육교직원 11인 이상이 조합(영리를 목적으로 하지 아니하는 조합에 한정함)을 결성하여 설치·운영하는 어린이집으로 상시 영유아 11인 이상을 보육할 수 있는 시설을 말한다. 어린이집 대표자는 조합원 중에서 선임하고, 시설 운영에 관한 통상 사무는 원장이 전임하며, 주요사항은 조합원 과반수 이상의 찬성으로 결정하는데, 원장은 조합원이 아닌 사람 중에서도 선임이 가능하다.

⑦ 민간어린이집

국공립·사회복지법인·법인단체등·직장·가정·협동 어린이집이 아닌 어린이집으로 상시 영유아 21인 이상을 보육할 수 있는 시설이다.

〈표 5-7〉 보육시설의 유형

구분	설립주체	규모	명칭	설치방법
국공립어린이집	국가・지방단체	11인 이상	어린이집	신고
사회복지법인 어린이집	사회복지법인	21인 이상	어린이집	인가
법인단체등 어린이집	법인단체등	21인 이상	어린이집	인가
민간어린이집	법인, 단체, 개인	21인 이상	어린이집	인가
직장어린이집	사업주	5인 이상	어린이집	인가
가정어린이집	개인	5~20인 이하	어린이집	인가
협동어린이집	조합	11인 이상	어린이집	인가

출처: 이덕희, 윤춘모, 조경자 외(2018). 아동권리와 복지. 서울: 동문사, p.68.

2) 특수보육을 필요로 하는 어린이집 유형

① 장애아전문어린이집

「장애아동복지지원법」 제32조에 따라 요건을 갖추고, 상시 12명 이상의 장애아(단, 미취학장애아 9명 이상 포함)를 보육하는 시설 중 시장・군수・구청장이 장애아전문 어린이집으로 지정한 시설로서 시・도지사를 거쳐 보건복지부 장관이 인건비 지원을 승인한 시설을 말한다. 장애아의 연령, 장애의 종류 및 정도를 함께 고려하여 반을 편성・운영하고, 12세까지 입소가 가능하다. 통합보육을 위하여 정원 범위 내에서 40%까지 비장애아를 보육할 수 있다.

② 장애아통합어린이집

정원의 20% 이내에서 장애아종일반을 편성 운영하거나 장애아종일반을 별도로 편성하지 않은 채 미취학장애아를 3명 이상 통합보육하고 있는 어린이집(종일반 기준임)을 말한다. 장애아와 비장애아를 통합하여 보육하되

교사는 장애전담교사, 일반 보육교사 각각 1인씩 배치하도록 한다. 장애아의 교사대 아동비율은 1:3이 원칙이나, 장애아동의 빈번한 입·퇴소 등을 감안하여 3개반 당 1개반에서 반당 1인의 탄력편성 가능하다.

③ 영아전담어린이집

만 3세 미만의 영아만을 20인 이상 보육하는 어린이집을 말한다. 영아전담어린이집은 영아를 전담하여 보육하여야 하나 예외적으로 시설 정원 범위 내 40%까지 유아를 보육할 수 있다. 영아전담어린이집에서 유아를 보육하는 경우에는 영아반을 우선 편성하여야 하며, 유아보육현원이 9명 미만으로서 시장·군수·구청장이 지역 내 수급상황(인근지역 여유 정원이 없는 경우 등), 학부모의 요구(형제 등 동반입소)등 불가피한 사유가 있다고 인정하여 승인한 경우에는 예외적으로 2세반과 유아반 혼합 보육이 가능하다.

④ 시간연장형어린이집

기준보육시간(07:30~19:30)을 경과하여 최대 24:00까지 시간을 연장하여 보육하는 시설을 말한다. 국공립 및 정부지원 비영리법인시설의 경우 부모의 취업 등으로 1명 이상이 보육시간 연장을 필요로 할 경우에는 시간연장 보육을 의무적으로 실시(위반시 과태료 부과 대상)해야 한다. 시간연장 보육의 교사대 아동비율은 매일 1:5를 원칙으로 하되, 장애아, 0세아는 보육교직원의 업무량을 고려하여 일부 달리 적용할 수 있으며, 유아로만 편성된 경우 1:7까지 조정할 수 있다.

⑤ 24시간어린이집

24시간 동안(07:30~익일07:30) 보육서비스를 제공하는 시설을 말하며 야간보육과 24시간 보육의 형태로 운영될 수 있다. 2019년 10월 3일부터는 24시간 지정 어린이집에서만 야간보육과 24시간 보육이 가능하게 되었다. 야간 및 24시간 보육아동의 교사대 아동비율은 1:5를 원칙으로 하지만 장애아, 0세아는 보육교직원의 업무량을 고려하여 일부 달리 적용할 수 있다(종일반 편성시는 연령에 따라 반편성).

- 야간보육 : 야간(19:30~익일07:30)에 이루어지는 보육형태
- 24시간 보육 : 부모의 야간경제활동, 한부모 또는 조손가정 등의 사유로 불가피하게 주간보육(07:30~19:30)과 야간보육(19:30~익일 07:30)을 모두 이용하는 보육 형태

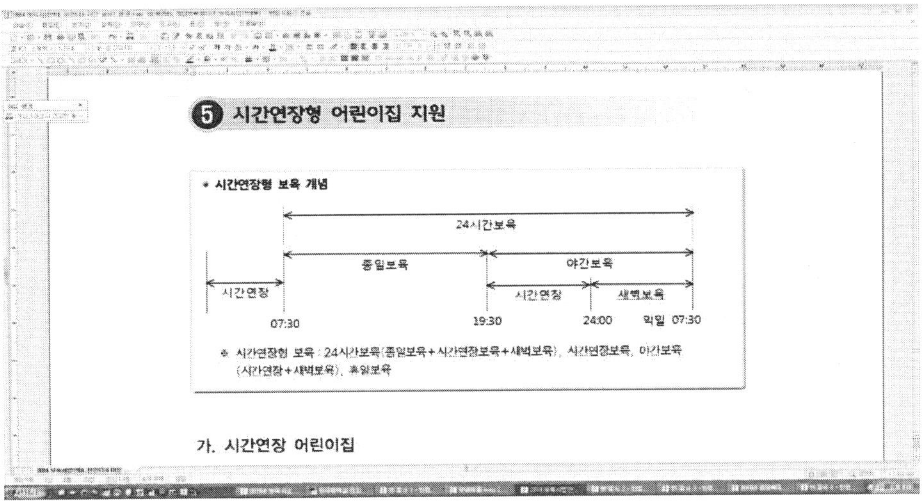

출처: 보건복지부(2019). 2019년 보육사업안내, p.383.

⑥ 휴일어린이집

일요일 및 공휴일에 보육하는 시설로 휴일 어린이집은 공휴일에 보육하는 시설이므로 원래 시설 정원과는 별도로 휴일 보육정원을 책정할 수 있다. 휴일 보육의 교사대 아동비율은 1:5를 원칙으로 하되, 장애아, 0세아는 보육교직원의 업무량을 고려하여 일부 달리 적용할 수 있으며, 유아로만 편성된 경우 1:7까지 조정할 수 있다.

⑦ 방과후어린이집

초등학생을 대상으로 방과후 보육서비스를 제공하는 시설로 방과후 보육서비스 제공은 4시간 이상(~19:30분까지) 지원한다. 방과후 어린이집은 영유아보육의 연계선상에서 초등학생 저학년을 우선 대상으로 하는 것으로 맞벌이부부 등 아동을 맡길 곳이 없는 가정을 우선적으로 하여 시설 정원 범위 내에서 20%까지 보육할 수 있다.

5. 아동보육서비스의 과제

1) 아동보육서비스의 공공성 강화

2022년 보육시설의 유형별 통계조사를 보면 이전에 평균 5%정도였던 국·공립 보육시설이 25.3%정도로 대폭 증가하기는 하였으나 여전히 민간어린이집과 가정어린이집의 비율이 전체 보육시설의 60.4%를 차지하고 있는 것으로 나타났다. 누리과정의 시행으로 전계층 보육료의 전면지원이 이루어져 보육재정의 공공성은 상당히 확보되었지만 전달체계의 공공성은 여전히 부족한 수준이다.

국·공립 어린이집의 적극적인 확충정책에도 불구하고 국·공립 어린이집이 설치되지 않은 곳이 여전히 많고 입소대기의 문제역시 여전하다. 보육시설은 설치시 제12조에 따라 도시 저소득주민 밀집 주거지역 및 농어촌지역 등 취약지역, 산업단지 지역, 공동주택에 따라 설치하는 규정을 두고 있다. 보육시설의 설치시 저소득층 밀집주거지역 및 농어촌 지역 등 취약지역에 우선적으로 설치하여야 한다는 규정은 국공립보육시설의 역할을 취약계층으로 축소시키는 것이라고도 볼 수 있다. 시·군·구 공무원들은 민간보육시설의 반대로 인하여 국공립보육시설을 설치하는데 어려움을 겪는 경우가 다수 발생하므로 정부가 필요하다고 인정할 경우에는 국공립시설을 설치할 수 있도록 수급계획 관련 조항이 개정되어야 한다고 제안한 바 있는데(서문희 외, 2009), 보육의 공공성 확보를 위하여 필요한 경우 법적인 제도 정비가 필요하다고 할 수 있다.

2) 수요자 중심의 다양한 아동보육서비스 제공

국내의 보육지원은 시설보육서비스를 중심으로, 시설보육서비스의 대체적 또는 보완적 성격으로 가정양육서비스를 지원하는 체계를 가지고 있다. 양육 공백이 발생하는 경우 시설보육서비스와 적절한 가정양육지원 서비스를 통해 양육 공백을 해소할 수 있도록 하는 것이다. 가정양육지원 부분에서도 양육수당 이외의 서비스 지원으로 시간제 보육, 아이돌봄서비스 등이 있다(김은정, 이지혜, 2017).

자녀양육과 일의 양립을 위해서는 시설보육서비스 이용의 유연성뿐만 아니라, 가정 내에서 유연성(긴급보육이 필요한 경우, 부모가 일하는 동안 대신 돌봐줄 사람이 있는 정도)과 직장에서의 유연성(육아를 위해 근무 일정을 조정할 수 있는 정도)이 함께 확보되어야 할 필요가 있다. 국내 노동환경을 고려할 때, 직장에서의 유연성은 그리 높다고 볼 수 없기에 가정과 시설에서 제공받을 수 있는 서비스 유연성이 무엇보다도 중요하다고 볼 수 있다. 중앙정부의 공적 가정양육지원 서비스인 아이돌봄서비스 공급과 시간제 보육서비스 제공 체계는 매우 제한적이다. 뿐만 아니라, 시간연장형서비스(시간연장, 24시간, 휴일보육 서비스)의 경우 수요와 공급의 불일치에 따라 서비스 공급이 제한되는 등 수요에 기반한 체계적인 서비스 공급이 적절히 이루어지지 못하고 있는 상황이다(김은정, 이지혜, 2017).

어린이집을 이용 중인 보호자의 경우, 52.3%가 선택할 수 있는 어린이집이 충분하지 않다고 인식하고 있었고, 특히 영아기 자녀를 둔 부모는 이러한 인식이 더 강하였다. 영아기 자녀를 둔 부모는 유아기 부모에 비해서 시간제 보육, 시간연장형 보육, 그리고 휴일 보육의 필요성을 매우 높게 지각하는 것으로 보고하고 있고 이외에도 가정보육교사제 등과 같은 현행 보육 유형 외의 새로운 대안적 서비스가 개발되기를 희망하고 있다(이재연 외, 2017).

보육의 획일적인 운영형태를 벗어나기 위해 '보육형태의 다양화'는 수요자, 정책입안자 모두에게서 해결해야 할 보육의 과제이다. 대상별 차별화된 서비스 제공을 목표로 맞춤형 보육제도가 도입되었듯이 정부는 대상별 수요에 따른 서비스 제공을 정책 방향으로 삼고 있다고 볼 수 있다. 이러한 상황에서 서비스 수요에 대한 세분화된 욕구 분석과 그에 따른 서비스 제공 방안 마련은 매우 중요한 과제라 볼 수 있다.

3) 보육교사의 전문성 강화

영유아보육법에서는 보육의 기본방향을 영유아의 안전과 보호가 주된 역할임을 명시하고, 보육교사는 영유아를 보육하고 불가피한 상황일 때 원장 직무를 대신할 수 있다고 제시되어 있다. 최근의 연구에서는 선행연구와 사례연구의 일기기록법과 면담내용을 분석하여 어린이집 교사의 직무를 교수학습 준비, 교수학습 실제, 교수학습 평가, 전문성신장, 영유아보호 관련 업무, 학부모관련 업무, 행사관련 업무, 사무관련 업무, 시설설비관련 업무, 대인관계 및 사회적인 업무의 10개 영역과 35개의 직무구분, 177개의 직무내용으로 분석한다(김은영, 권미경 조혜주, 2012).

연구에 따르면 업무과중이 63.5%로 가장 높았으며, 그 다음은 업무수행 어려움 16.4%, 기타 12.9%, 역할분담 7.2%순으로 나타났다(김은영, 2013). 교사의 전문성을 높이고, 교사가 본연의 업무에 충실하도록 하여 보육의 질을 제고하기 위해서는 교사를 지원함과 동시에 교사양성과정을 내실화하여 어린이집교사가 자신의 직무를 전문성을 가지고 보다 수원하게 수행하도록 지원할 필요가 있다.

교사지원 측면에서는 교사의 업무 부담 감소를 위한 보조 인력 지원, 교사의 전문성 향상을 위한 기회 제공, 초과 근무 수당 지급 및 교사 처우 개선교사양성측면에서는 보육교사로서의 역할 정립을 위한 과목 강화할 필요가 있다. 유보통합에서도 가장 문제가 되었던 것은 교사로서의 자격기준의 차이가 크다는 것이다. 유아교사는 사범계열에게 공통으로 적용되는 교원양성기관의 평가에 맞춰 교원의 자격을 이수하게 되지만 현재 누리과정을 운영하는 교사를 포함하여 많은 보육교사들이 교직과목을 이수하지 않은 상황으로 향후 보육교사 양성교육과정에 교직과목을 추가하여 편성함으로서 이러한 국제 기준에 맞출 필요가 있다.

4) 평가인증제도의 내실화

어린이집 평가인증은 어린이집의 질적 수준을 향상시키고 지속적인 관리와 유지를 위한 우리나라의 주요한 보육정책 중 하나이다. 생애초기인 영유아의 성장발달을 도모하는 어린이집의 질적 수준에 대한 체계적 관리의 필요성이 제기됨에 따라 정부에서는 2003년 '어린이집 평가인증제 모형' 개발을 시작으로 2004년 영유아보육법 제 30조에 의해 '어린이집 평가인증'의 법적 근거를 마련하였다. 이에 2005년에 시범 운영을 거쳐 지난 2006년부터 본격적으로 평가인증 제도를 시행하여 2018년 1월 말 기준으로 31,491개소가 평가인증을 거쳤으며, 이는 전체 어린이집 39,181개소 대비하여 80.4%에 해당한다(한국보육진흥원, 2018). 또한, 2017년 1월부터는 제 3차 통합지표 개발을 통해 새로운 시스템을 구축해가고 있다

그러나 어린이집 평가인증이 지향하려고 했던 주요 목표와는 달리 보육현장에서는 여러 가지 부정적인 결과가 나타나기도 하였다. 평가인증의 문

제점으로 실질적 보육의 질적 수준 향상 여부, 시설의 경제적 부담, 교사의 업무 부담, 인증 과정의 신뢰성, 평가 항목의 타당성, 그리고 어린이집 선택 시 객관적인 기준이 될 수 있는지 등의 문제점이 지적되었다. 그 중 평가인증 준비 과정에서 가장 큰 문제점으로는 교사의 과중한 업무로 인한 스트레스가 가장 높게 나타났으며, 과열된 평가 준비로 교사의 사기 저하와 신체적 피로, 심리적 위축의 대한 우려의 목소리도 야기되고 있다. 이처럼 교사의 경우 평가인증을 하는 동안 시간 외 초과 근무로 인한 어려움을 많이 나타냈으며, 원장들은 재정적인 면에서의 비용 발생 부담을 큰 문제로 들었다

2019년 들어 가장 큰 변화는 개정 영유아보육법 시행에 따라 6월12일부터 어린이집 평가인증이 '의무화'됐으며, 어린이집이 부담하던 평가 비용(25만~45만원)을 국가가 부담하는 대신 평가를 거부할 경우 시정명령 뒤 운영정지 등 행정 처분을 하게 되는 것이다.

평가인증은 어린이집의 질적 수준의 향상을 위한 제도이나 이를 좀 더 실제적이고 내실 있게 운영하기 위해서는 평가인증에서 어린이집의 지역적인 특성을 고려해야 하거나, 평가 모형의 다양화를 통해 획일화된 평가 지표와의 부적합성 문제와 일관되지 못한 해석으로 인한 어린이집 운영 혼선을 개선해야 한다는 주장을 고려해 볼 필요가 있다.

제6장

장애아동복지서비스

1. 장애의 개념

장애아동을 이해하기 위해서는 우선 장애에 대한 개념을 이해해야 한다. 장애는 시대의 흐름이나 사회적 발전 수준에 따라 변화하고, 한 국가의 사회문화적·경제적·정치적 상황에 따라 달라지므로, 보편적인 정의를 내리기가 쉽지 않다.

장애인권리선언 제1조에서는 장애인을 '선천적으로나 후천적으로나 신체적 능력이나 정신적 능력에 결함이 발생함으로써, 자신 스스로 개인생활이나 사회생활을 정상적으로 영위할 수 있는 필요조건을 전혀 갖출 수 없거나 부분적으로 갖출 수밖에 없는 모든 사람'을 의미한다. 우리나라 「장애인복지법」 제2조에서는 장애인을 '신체적·정신적 장애로 오랫동안 일상생활이나 사회생활에서 상당한 제약을 받는 자'로 규정하고 있다. 여기에서 신체적 장애란 주요 외부 신체 기능의 장애, 내부기관의 장애 등을 말하며, 정신적 장애란 발달장애 또는 정신 질환으로 발생하는 장애를 말한다. 장애인복지법은 1989년 제정당시에는 신체·정신상의 일차적 장애만 국한하다가 최근에는 신장, 심장, 간질환 등 내부기관장애와 안면기형, 뇌전증, 등을 추가하면서 사회적 활동까지의 장애까지 포함하는 개념으로 장애의 범주를 확대하고 있다.

이장에서는 장애에 대한 「장애인복지법」과 「장애인 등에 대한 특수교육법」(이하 특수교육법), 세계보건기구의 국제장애분류 기준에 대해 살펴보고자 한다.

1) 「장애인복지법」에 의한 정의

「장애인복지법」은 장애인의 복지에 관한 사항을 종합적으로 추진하기 위한 법률로, 장애인의 인간다운 삶과 권리의 보장을 위한 국가와 지방자치단체 등의 책임을 명백히 하며, 장애발생의 예방과 장애인의 의료, 교육, 직업재활, 생활환경 개선 등에 관한 사업을 규정하고 있다.

이 법에서는 장애인을 지체장애, 시각장애, 청각장애, 언어장애 등 장애로 인하여 장기간에 걸쳐 일상생활이나 사회생활에 상당히 제약을 받는 대상을 15가지 유형으로 정하였다.

〈표 6-1〉「장애인복지법」에 따른 장애 유형 분류

<table>
<tr><th>대분류</th><th>중분류</th><th>소분류</th><th>세분류</th></tr>
<tr><td rowspan="12">신체적 장애</td><td rowspan="6">외부 신체 기능의 장애</td><td>지체장애</td><td>절단장애, 관절장애, 지체기능장애, 변형장애 등</td></tr>
<tr><td>뇌병변장애</td><td>중추신경의 손상으로 인한 복합적인 장애</td></tr>
<tr><td>시각장애</td><td>시력장애, 시야결손장애</td></tr>
<tr><td>청각장애</td><td>청력장애, 평형기능장애</td></tr>
<tr><td>언어장애</td><td>언어장애, 음성장애, 구어장애</td></tr>
<tr><td>안면장애</td><td>안면부의 추상, 함몰, 비후 등 변형으로 인한 장애</td></tr>
<tr><td rowspan="6">내부 기관의 장애</td><td>신장장애</td><td>투석치료 중이거나 신장을 이식받은 경우</td></tr>
<tr><td>심장장애</td><td>일상생활이 현저히 제약받는 심장기능 이상</td></tr>
<tr><td>간장애</td><td>일상생활이 현저히 제약받는 만성·중증 간 기능 이상</td></tr>
<tr><td>호흡기장애</td><td>일상생활이 현저히 제약받는 만성·중증 호흡기 기능 이상</td></tr>
<tr><td>장루·요루장애</td><td>일상생활이 현저히 제약받는 장루·요루</td></tr>
<tr><td>간질장애</td><td>일상생활이 현저히 제약받는 만성·중증 간질</td></tr>
<tr><td rowspan="3">정신적 장애</td><td colspan="2">정신지체</td><td>지능지수가 70이하인 경우</td></tr>
<tr><td colspan="2">정신장애</td><td>정신분열증, 분열형 정동장애, 양극성 정동장애,
반복성 우울장애</td></tr>
<tr><td colspan="2">자폐성장애</td><td>소아자폐 등 자폐성 장애</td></tr>
</table>

출처: 국가법령정보센터 홈페이지(www.law.go.kr).

장애인복지법상의 장애범주는 2000년 1월 이전까지는 5개 범주(지체, 시각, 청각, 언어장애, 정신지체)였다가 2000년 1월 「장애인복지법」 개정에 따른 장애범주 1단계 확대로 10가지 범주(뇌병변장애, 발달장애(자폐), 정신장애, 신장장애, 심장장애 추가)로 확대되었다. 그리고 2003년 7월 1일 장애범주 2단계 확대로 현재는 15가지 범주(호흡기장애, 간장애, 안면장애, 장루·요루장애, 간질장애 추가)를 유지하고 있다. 장애범주 2단계 확대에는 인구의 노령화, 산업재해 및 교통사고 증가, 완치 및 기능회복이 어려운 질병 증가, 수술 후 여러 장애를 남기는 질병 증가 등의 배경이 작용한 것이라 할 수 있다. 그럼에도 불구하고 우리나라 장애인복지법상의 장애범위는 서구 선진국에 비해 여전히 협소하여 향후 지속적으로 장애범주를 확대할 필요가 아직도 남아 있다(변용찬 등, 한국보건사회연구원 정책보고서 2006-61: 3단계 장애범주 확대방안 연구인용).

현대 사회에서 장애란 특정 개인의 문제가 아니라 개인과 사회와의 상호작용에 의한 문제이다. 뿐만 아니라 이제 장애는 심신의 손상만이 아니라 개인의 기능적 제한이나 사회적으로 불리를 가져오는 요인들까지도 모두 장애에 포함하고 있기 때문에 사회적 관점에서 장애를 어떻게 극복하고 지원해야 하는지를 검토해야 하는 문제이다.

2) 「장애인 등에 대한 특수교육법」의 특수교육대상자 분류기준

「장애인 등에 대한 특수교육법」(이하 특수교육법)에 따르면 특수아동을 시각장애, 청각장애, 지적장애, 지체장애, 정서·행동장애, 자폐성 장애, 의사소통장애, 학습장애, 건강장애, 발달지체, 그 밖에 대통령령으로 정하는 장애로 규정하고 있다.

〈표 6-2〉 특수교육법상의 특수교육대상자 분류기준

장애범주	정의
1.시각장애	시각계의 손상이 심하여 시각기능을 전혀 이용하지 못하거나 보조공학기기의 지원을 받아야 시각적 과제를 수행할 수 있는 사람으로서 시각에 의한 학습이 곤란하여 특정의 광학기구・학습매체 등을 통하여 학습하거나 촉각 또는 청각을 학습의 주요 수단으로 사용하는 사람
2.청각장애	청력 손실이 심하여 보청기를 착용해도 청각을 통한 의사소통이 불가능 또는 곤란한 상태이거나, 청력이 남아 있어도 보청기를 착용해야 청각을 통한 의사소통이 가능하여 청각에 의한 교육적 성취가 어려운 사람
3.지적장애	지적 기능과 적응행동상의 어려움이 함께 존재하여 교육적 성취에 어려움이 있는 사람
4.지체장애	기능・형태상 장애를 가지고 있거나 몸통을 지탱하거나 팔다리의 움직임 등에 어려움을 겪는 신체적 조건이나 상태로 인해 교육적 성취에 어려움이 있는 사람
5.정서・행동장애	장기간에 걸쳐 다음 각 목의 어느 하나에 해당하여, 특별한 교육적 조치가 필요한 사람 가. 지적・감각적・건강상의 이유로 설명할 수 없는 학습상의 어려움을 지닌 사람 나. 또래나 교사와의 대인관계에 어려움이 있어 학습에 어려움을 겪는 사람 다. 일반적인 상황에서 부적절한 행동이나 감정을 나타내어 학습에 어려움이 있는 사람 라. 전반적인 불행감이나 우울증을 나타내어 학습에 어려움이 있는 사람 마. 학교나 개인 문제에 관련된 신체적인 통증이나 공포를 나타내어 학습에 어려움이 있는 사람
6.자폐성 장애	사회적 상호작용과 의사소통에 결함이 있고, 제한적이고 반복적인 관심과 활동을 보임으로써 교육적 성취 및 일상생활 적응에 도움이 필요한 사람
7.의사소통장애	다음 각 목의 어느 하나에 해당하여 특별한 교육적 조치가 필요한 사람 가. 언어의 수용 및 표현 능력이 인지능력에 비하여 현저하게 부족한 사람 나. 조음능력이 현저히 부족하여 의사소통이 어려운 사람 다. 말 유창성이 현저히 부족하여 의사소통이 어려운 사람 라. 기능적 음성장애가 있어 의사소통이 어려운 사람

장애범주	정의
8.학습장애	개인의 내적 요인으로 인하여 듣기, 말하기, 주의집중, 지각(知覺), 기억, 문제 해결 등의 학습기능이나 읽기, 쓰기, 수학 등 학업 성취 영역에서 현저하게 어려움이 있는 사람
9.건강장애	만성질환으로 인하여 3개월 이상의 장기입원 또는 통원치료 등 계속적인 의료적 지원이 필요하여 학교생활 및 학업 수행에 어려움이 있는 사람
10.발달지체	신체, 인지, 의사소통, 사회·정서, 적응행동 중 하나 이상의 발달이 또래에 비하여 현저하게 지체되어 특별한 교육적 조치가 필요한 영아 및 9세 미만의 아동
11.그 밖에 대통령령으로 정하는 장애	위에 해당하지 않지만 대통령령에 의해 특수교육이 필요한 아동

출처: 국가법령정보센터 홈페이지(www.law.go.kr).

특수교육법은 3~17세 특수교육대상 학생에 대한 의무교육, 고등학교 이후 단계인 전공과 교육과 3세 미만 장애영아에 대한 무상교육, 고등교육과 평생교육에 이르기까지 장애인의 생애주기별 요구에 부합하는 교육을 보장하기 위한 근간을 제공하고 있다.

기존 특수교육진흥법의 한계를 뛰어넘어 장애학생과 보호자의 권리와 참여를 강화하고, 장애인의 교육 기회 보장과 교육의 질 향상에 필요한 특수교육 및 관련서비스를 구체적으로 명시하고 있다는 점에 의의가 있다.

3) 세계보건기구(WHO)의 장애 개념

세계보건기구(WHO)의 장애에 대한 개념은 처음에는 의료적, 개별적 모델이 주도하였다. 그러나 점차 개인적 영역을 벗어난 사회적 영역에 고려가 필요하다는 문제제기에 직면하게 되어 1980년에 국제장애분류(ICIDH: International classification of impairments, disability, and handicaps)를 발표하게 되었고, 이 분류법의 문제점을 수용하여 1997년에 ICIDH-2 (International classification of impairments, activities, and participation)를 제안하였다. 또한 2001년에는 의료적, 사회적 모델의 총체라 할 수 있는 생물심리사회학적 모델(Biopsychosocial model)에 기초한 ICF(International classification of functioning, disability and health)분류를 발표하였다. 이에 대한 자세한 사항은 다음과 같다.

(1) ICIDH(International classification of impairments, disability, and handicaps, 1980)

이 분류법은 장애를 손상(impairment), 능력장애(disability) 및 사회적 불리(handicaps)의 세 측면으로 본 것이다.

① 손상(impairment): 심리 · 생리해부학적 구조나 기능 상실 혹은 이상을 의미하는 것으로 일시적 또는 영구적인 손실이나 비정상이 특징이며, 사지, 기관, 피부 또는 정신적 기능체계를 포함한 신체 다른 구조의 비정상, 결손 또는 손실의 발생이나 존재를 포함한다.

② 능력장애(disability): 손상으로 인한 기능의 제한이 장기간에 걸쳐 지속될 것이라고 의학적으로 판단되어 정상의 범위 내에서 활동을 수행하는 능력의 제한이나 결여를 말한다. 능력장애는 손상의 직접적 결과로서 일상적으로 기대되는 활동수행 및 행동의 과다 또는 결핍이 특징이다.

③ 사회적 불리(handicaps): 주요 환경적응에 있어서 독립성의 상실이나 사회 · 경제적 개인생활상의 역할수행과 관련된 제한성을 뜻한다. 이것은 사회적 차원에서의 장애의 개념으로 기능장애나 능력장애로부터 야기되는 것이다. 즉 연령, 성, 사회 · 문화적 요인에 따른 정상적인 역할의 수행을 제약하거나 방해하는 개인에 대한 불이익을 의미한다.

그러나 이 분류법은 손상에 따라 기능의 장애가 발생하고 기능의 장애에 따라 사회적 장애가 발생한다는 인과론적 모델이라는 점에서 많은 비난을 받았다. 또한 핸디캡의 기준이 너무 광범위하여 국제적으로 많은 논란이 발생하기 시작하여 1991년 미국의학협회(Institute of Medicine)와 1993년 미국 국립재활의학연구소에서는 핸디캡이란 용어를 사용하지 않기로 결정한 후 각각 서로 다른 장애 분류를 발표하였다.

(2) ICIDH-2(International Classification of Impairments, Disabilities, and Handicaps-2, 1997)

세계보건기구(WHO)는 소극적 의미에서의 장애인에 대한 사회적 불이익을 강조하기보다 적극적으로 장애인의 사회참여를 중심으로 보는 관점을 관철시키기 위한 계속적인 노력을 통해 1997년에 ICIDH-2 (international classification of impairments, activities, and participation)를 제안하였다. ICIDH-2에는 손상(impairments), 활동(activities), 참여(participation), 맥락요인(contextual factors)이라는 개념을 중심으로 장애의 개념을 설명하고 있다.

〈표 6-3〉 ICIDH-2의 장애개념

	손상유형 (impairments)	활동 (activities)	참여 (participation)	상황요인 (contextual factors)
기능의 수준	신체(신체의 부분)	개인 (전체로서의 개인)	사회 (사회와의관계)	환경적 요인(기능상의 외부적 영향) 개인적 요인(기능상의 내부적 영향)
특징	신체기능 신체구조	개인의 일상활동	상황에서의 관련	신체적, 사회적, 태도적 세계의 형태
긍정적 측면	기능적, 구조적 통합	활동	참여	촉진자
부정적 측면	손상	활동제한	참여제한	장벽, 어려움

ICIDH-2에서 제시된 정의에 의하면, 손상(impairments)은 신체 구조나 물리적, 심리적 기능상의 상실이나 비정상성을 의미하는 것으로 이러한 기능상의 제한, 신체 혹은 신체의 부분의 기본적인 기능을 수행하는데 따르는 불능을 말한다. 활동(activity) 개인적 수준에서 기능의 범위와 본질로서 일상생활과 관계된 개인의 활동을 다룬다. 참여(participation)는 손상, 활동, 건강조건, 생활요인과 관련한 생활상황에서 개인의 연관성 정도와 본질로 정의한다. 따라서 참여의 차원은 사회적 현상을 다루며 개인의 참여 정도, 참여를 촉진하거나 방해하는 사회적 반응을 의미한다. 한편, 최근에는 장애를 또 다른 가능성이나 능력(The differently labled)으로 표시하고 장애의 긍정적인 강점을 개발하는 장애개념도 있다.

그러나 장애인정책이 ICIDH의 장애판단체계만으로는 사회정책적 관점에서 유용한 기준을 제시하지 못한다는 문제의식이 제기되었는데 그 내용은 다음과 같은 세 가지로 집약될 있다(황수경, 2004).

첫째, 장애는 장애 그 자체가 문제인 것이 아니라 장애로 인한 인간의 기능적 제약이 근본적인 문제라는 시각이 요구된다. 그리고 기능적 제약은 장애에서 비롯될 수도 있지만 좀 더 포괄적으로는 건강상의 제반 문제에서 비롯될 수도 있다.

둘째, 장애가 무능력을 의미하며 보호를 필욜 하는 것으로 이해되는 부정적 이미지를 벗어야 한다는 것이다. 장애는 지원과 관리를 전제로 사회적인 의미에서 극복될 수 있으며 따라서 좀 더 적극적인 측면에서 장애를 바라볼 필요가 있다.

셋째, 장애의 문제를 특정한 소수자 그룹에 국한되는 문제로 보는 시각에서 벗어나 누구에게나 발생할 수 있는 보편적인 문제의 하나로 볼 필요가 있다. 장애를 특정 그룹에 한정된 소수자 문제로 이해하는 것은 궁극적으로 소수자의 사회적 통합에 저해요소가 될 수 있기 때문이다.

(3) ICF(international classification of functioning, disability and health, 2001)

2001년 확정된 ICF(international classification of functioning, disability and health)분류는 ICIDH-2에 대한 세계 각국의 의견을 종합 정리한 것으로, 상황적 요인이 각 구성요소의 관계뿐 아니라 각각의 구성요소에도 영향을 미치는 것으로 보고 있다. ICF에서는 신체기능과 구조의 결함을 손상(impairment)이라고 하였고, 기존의 장애(dis-ability)는 활동 제한(activity limitation)으로, 핸디캡은 참여 제약(participation restriction)으로 바꾸었다.

ICF는 경쟁적인 큰 두 모델의 결합이다. 하나는 의학적 모델(medi-cal model)로 장애를 주로 개인의 관점으로 바라보는 것으로 장애는 질병, 외상, 혹은 다른 건강상의 문제점의 결과이므로 장애를 극복하기 위해서는 문제가 있는 각 개인을 전문가가 치료를 해야 해결된다는 개념이다. 기존의 ICIDH는 대표적인 의학적 모델로 알려져 있다. 반면에 사회적 모델(social model)에서는 장애는 불편한 사회적 환경에 의한 것이기 때문에 사회적 접근이 우선이라는 개념이다.

ICF의 구성은 제1부는 신체의 기능과 구조, 활동과 참여, 그리고 제2부는 환경요인과 개인요인으로 구성되어 있다. ① 신체 기능이란 신체의 생리적, 심리적 기능을 말하며, ② 신체구조란 장기, 사지 및 구성요소와 신체의 해부학적인 측면을 말한다. 이런 신체기능과 구조에 이상이 생기면 이를 손상(장해)이라고 하였다. ③ 활동이란 개인에 의한 임무 혹은 행동을 의미하며, ④ 참여란 실질적인 생활 상황에 연루되는 것을 말한다. 이런 활동과 참여에 이상이 생기면 활동제한, 참여 제약이라 하였다. ⑤ 배경요인에는 환경요인과 개인요인이 있다. 환경요인은 사람이 삶을 영위하고 있는 물리적, 사회적, 심리적 환경을 말하며 개인요인은 성별, 인종, 연령 등 개인의 특성을 말한다. 그래서 ICF를 의학적 관점, 사회적인 관점을 모두 포함하는 의학, 심리학, 사회학 관점(bio-psycho-social view)의 평가

체계라고 말하고 있다.

이제 건강이란 질병이 없는 상태만을 이야기하는 것이 아니라 선천적 장애, 노화, 외상을 포함하는 넓은 의미의 삶을 말하며 의학적 개념과 더불어 교육, 고용, 사회생활 등과 함께 어우러지면서 개념적인 융합을 통해 중도적이고 포괄적 의미로 정의하고자 하는 것이다(나은우, 정한영, 2009).

〈표 6-4〉 ICF에 의한 장애 개념

구 분	영역1 : 기능과 장애		영역2 : 상황적 요소	
구성요소	신체기능 및 구조	활동과 참여	환경적 요소	개별적 요소
영 역	신체기능 신체구조	생활영역 (과제, 행동 등)	기능과 장애에 영향을 미치는 외적 요소들	기능과 장애에 영향을 미치는 내적 요소들
구성물	신체기능의 변화 (생리학) 신체구조의 변화 (해부학)	표준환경에서의 과제수행 능력 현재 환경에서의 과제수행 정도	물리적, 사회적, 인식적 측면에서 촉진 또는 방해하는 힘	개별 특성에 의한 영향
긍정적 측면	기능적, 구조적 통합성	활동과 참여	촉진 요소들	해당 없음
	기 능			
부정적 측면	손상	활동제한 및 참여제한	장벽/방해물들	해당 없음
	장 애			

2. 장애아동의 현황

한국장애인개발원에서 발표한 장애통계연보는 장애인권리협약(CRPD)의 권리를 기반으로 하고, 생애주기별 복지욕구에 기반한 다양한 통계 및 지표를 수집 및 생산하여 장애인복지정책을 제안하는데 기초자료로서 역할을 목적으로 조사되었다.

본 장에서는 우리나라 2022년 장애통계연보의 주요 결과를 통해 알아보고자 한다.

1) 장애아동의 장애유형별 현황

2021년 우리나라 전체 등록 장애인 수는 약 264만 명으로 2012년부터 감소추세였으나 2016년부터 소폭 상승하였다. 등록 장애인 수를 장애유형별로 살펴보면 지체장애가 45.1%로 가장 높게 나타났으며, 청각장애 15.6%, 시각장애 9.5%, 뇌병변장애 9.4% 순인 것으로 나타났다.

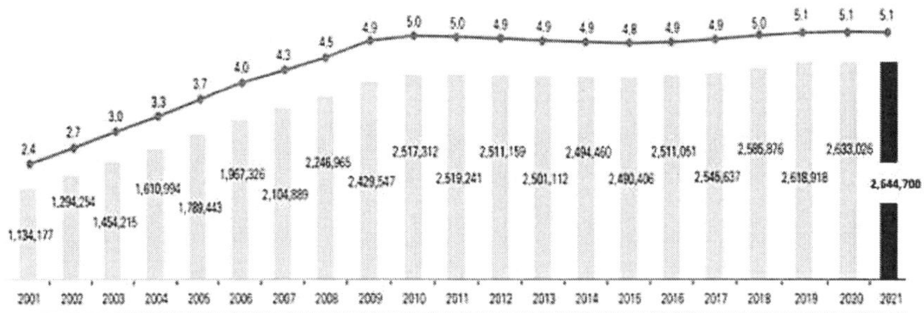

출처: 한국장애인개발원 홈페이지. 2022 장애통계연보.

[그림 6-1] 연도별 등록 장애인 수 및 장애인구 비율

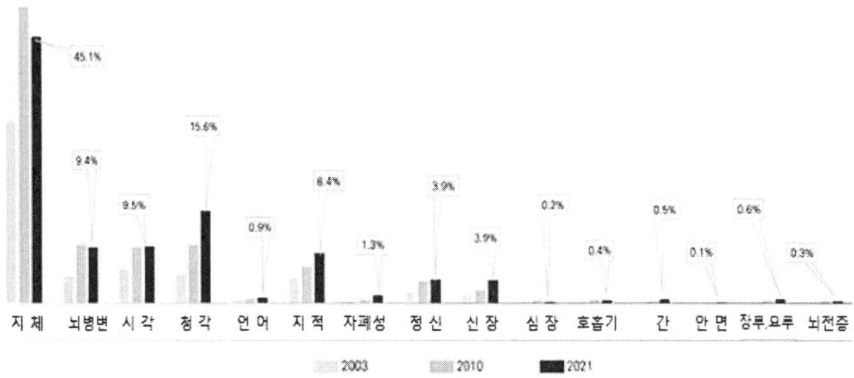

출처: 한국장애인개발원 홈페이지. 2022 장애통계연보.

[그림 6-2] 장애유형별 등록 장애인 수 및 장애인구 비율

2022년 12월 기준 장애아동을 장애유형별로 살펴보면 지적장애가 46.3%로 가장 많았고, 자폐성장애 22.3%, 뇌병변장애 12.5% 순으로 나타났다. 성별로는 남아가 66.6%, 여아가 33.4%로 남아가 더 높은 것으로 나타났다. 연령별로는 아동기에 해당되는 0 - 13세가 70.9%로 청소년기에 해당되는 14 - 17세 29.1%보다 높은 것으로 나타났다.

〈표 6-5〉 장애유형별 장애아동 현황

(단위: 명, %)

구분	전체	지체	뇌병변	시각	청각	언어	지적	자폐성	정신	신장	심장	호흡기	간	안면	장루·요루	뇌전증
계	77.961 (100.0)	2.716 (3.5)	9.748 (12.5)	2.009 (2.6)	3.738 (4.8)	5.015 (6.4)	36.085 (46.3)	17.387 (22.3)	12 (0.0)	185 (0.2)	257 (0.3)	40 (0.1)	365 (0.5)	27 (0.0)	139 (0.2)	238 (0.3)
남	51.904 (66.6)	1.487 (54.7)	5.528 (56.7)	1.154 (57.4)	2.016 (53.9)	3.537 (70.5)	23.367 (64.8)	14.150 (81.4)	5 (41.7)	106 (57.3)	149 (58.0)	29 (72.5)	146 (40.0)	11 (40.7)	78 (56.1)	141 (59.2)
여	26.057 (33.4)	1.229 (45.3)	4.220 (43.3)	855 (42.6)	1.722 (46.1)	1.478 (29.5)	12.718 (35.2)	3.237 (18.6)	7 (58.3)	79 (42.7)	108 (42.0)	11 (27.5)	219 (60.0)	16 (59.3)	61 (43.9)	97 (40.8)
0-13세	55.284 (70.9)	1.467 (54.0)	7.525 (77.2)	1.236 (61.5)	2.709 (72.5)	4.786 (95.4)	22.956 (63.6)	13.817 (79.5)	0 (0.0)	95 (51.4)	157 (61.1)	19 (47.5)	257 (70.4)	13 (48.1)	97 (69.8)	150 (63.0)
14-17세	22.677 (29.1)	1.249 (46.0)	2.223 (22.8)	773 (38.5)	1.029 (27.5)	229 (4.6)	13.129 (36.4)	3.570 (20.5)	12 (100.0)	90 (48.6)	100 (38.9)	21 (52.5)	116 (31.8)	14 (51.9)	42 (30.2)	88 (37.0)

주: 1) 2021년 12월 말 기준

출처: 한국장애인개발원 홈페이지. 2022 장애통계연보. (그림수정하였음)

2) 특수교육 대상자 현황

2021년 특수학교의 수는 187개교로 2011년부터 지속적으로 증가하였다. 설립별로 보면 사립이 92개교로 가장 많으며, 공립 76개교, 국립 5개교의 순이었다. 장애유형별로는 지적장애가 132개교로 가장 많았으며, 지체장애 21개교, 청각장애 14개교 순이었다. 학교과정별로는 중학교가 176개교, 고등학교가 174개교, 초등학교가 172개교였다.

〈표 6-6〉 특수학교의 수

(단위: 교)

구분	계	설립별			장애영역별					학교과정별					
		국립	공립	사립	시각장애	청각장애	지적장애	지체장애	정서장애	영아학급	유치원	초등학교	중학교	고등학교	전공과
2009	150	5	55	90	12	18	94	18	8	–	–	–	–	–	–
2010	150	5	55	90	12	18	95	18	7	18	118	140	139	136	83
2011	155	5	59	91	12	18	100	18	7	23	118	145	145	141	100
2012	156	5	60	91	12	16	102	19	7	23	116	145	146	143	108
2013	162	5	66	91	12	16	107	20	7	25	119	150	152	149	115
2014	166	5	69	92	12	15	112	20	7	22	120	154	157	155	121
2015	167	5	70	92	12	15	113	20	7	23	118	155	158	155	127
2016	170	5	74	91	12	14	119	18	7	24	124	158	161	160	133
2017	173	5	76	92	12	14	121	19	7	21	122	159	162	162	137
2018	175	5	78	92	13	14	121	20	7	26	125	161	164	163	143
2019	177	5	81	91	13	14	122	21	7	28	127	163	166	164	147
2020	182	5	87	90	13	14	126	22	7	28	133	167	170	169	154
2021	187	5	92	90	13	14	132	21	7	29	135	172	176	174	158

출처: 한국장애인개발원 홈페이지. 2022 장애통계연보.

2021년 특수학급 설치 (일반)학교의 수는 8,729개교로 2014년 7,136개교와 비교하면 지속적으로 증가하고 있는 것으로 나타났다. 특수학급 설치 수는 설립별로 보면 공립이 11,725개교로 가장 많았고, 사립 271개교, 국립 46개교 순이었다. 학교과정별로 살펴보면 초등학교가 6,330개교로 가장 많았고 중학교 2,518, 고등학교 1,966개교 순이었다.

〈표 6-7〉 특수학교급 설치 (일반)학교 및 특수학급 수

(단위: 교, 개)

구분	학교수	특수학급수							
		계	설립별			학교과정별			
			국립	공립	사립	유치원	초등학교	중학교	고등학교
2014	7,136	9,617	48	9,363	206	464	5,073	2,353	1,709
2017	7,799	10,325	46	10,036	243	731	5,281	2,364	1,916
2021	8,729	12,042	46	11,725	271	1,228	6,330	2,518	1,966

출처: 한국장애인개발원 홈페이지(www.koddi.or.kr). 2022 장애통계연보.

장애영유아를 위한 보육시설의 기준은 「장애아동 복지지원법」 제 32조에 따라 이에 준한 요건을 갖춘 경우에 운영할 수 있다. 장애아 전문 어린이집의 경우 12명 이상의 장애영유아를 보육할 수 있는 시설을 갖춘 어린이집이며, 장애아 통합 어린이집은 3명 이상의 장애영유아를 보육하는 시설을 말한다. 2008년부터 2021년까지의 변화를 살펴보면 장애아 전문 어린이집은 17개소가 증가하였으며, 장애아 통합 어린이집은 561개소가 증가하는 등 장애아 통합보육이 활성화되고 있음을 알 수 있다.

〈표 6-8〉 장애아 전문 어린이집과 장애아 통합 어린이집의 현황

(단위: 개소)

구분	2008	2010	2012	2014	2016	2018	2021
장애아 전문어린이집	160	168	171	174	177	177	177
장애아 통합 어린이집	756	806	836	872	911	1,000	1,317
계	916	974	1,007	1,046	1,088	1,177	1,494

출처: 보건복지부(2023). 2022 보육통계.

3. 장애아동을 위한 복지서비스

장애아동 및 장애아동 가족의 지원은 「장애인복지법」과 「장애아동복지지원법」 제19조~29조에 근거하여 복지지원서비스의 내용을 명시하고 있다. 복지지원의 내용에는 의료비지원, 보조기구지원, 발달재활서비스지원, 보육지원, 가족지원, 돌봄 및 일시적 휴식지원, 지역사회 전환 서비스, 문화·예술 등 복지지원, 취약가정 복지지원 우선 서비스 등의 항목으로 서비스 대상과 구체적인 지원범위에 대해 규정하고 있다. 보건복지부와 사회보장정보원은 장애아동뿐 아니라 대한민국 국민이라면 누구나 복지서비스를 쉽고 정확하게 확인할 수 있도록 하기 위하여 '복지로(www.bokjoro.go.kr)' 웹사이트를 운

영하고 있으며 이를 통해 생애주기, 가구상황, 관심주제, 지역별로 자신에게 해당하는 복지서비스 내용을 확인할 수 있도록 하고 있다. 장애아동 복지서비스 내용은 크게 소득보장서비스, 교육·보육서비스, 가족양육지원서비스, 거주시설서비스, 지역사회재활서비스, 직업재활서비스 등으로 나누어 볼 수 있다.

1) 장애아동 소득보장서비스

2023년 상반기 장애인경제활동실태조사 결과에 따르면 임금근로자 666,203명 중 비정규직 근로자는 448,223명으로 67.3%라고 응답했으며, 이는 실제 소득조사 결과에서도 전국 가구의 월평균 소득과 비교하면 현저히 낮은 것으로 조사되었다. 이러한 장애인의 생활수준을 고려하여 장애로 인한 추가적 비용을 국가와 사회가 보장해주기 위한 제도에는 장애아동 수당서비스가 있다.

장애아동 수당은 보호자의 경제적 수준 및 장애아동의 장애 정도를 고려하여 매월 일정금액을 수당으로 지급하는 제도이다. 만 18세 미만 장애아동중 기초생활 수급자 및 차상위계층, 보장시설수급자에게 지급하며, 장애의 정도에 따라 차등지급한다. 중증장애인은 장애등급 1~2급 및 3급 중복장애인에 해당하며 경증장애인은 장애등급이 3~6급을 의미하는데, 다음과 같이 차등 지급된다. (표 6-9 참조).

〈표 6-9〉 장애아동 수당

(단위: 만 원)

	기초생활수급자		차상위계층		보장시설수급자	
	중증	경증	중증	경증	중증	경증
지원금(1인/월)	22	11	17	11	9	3

출처: 복지로 홈페이지(https://www.bokjiro.go.kr)에서 발췌 수정

2) 장애아동의 보육 · 교육지원서비스

장애아동을 위한 보육지원은 꾸준히 증가하여 왔는데 2008년부터 2021년까지의 변화를 살펴보면 장애아 전문 어린이집은 2008년에 160개소에서 2021년 177개로 17개소가 증가하였으며, 장애아 통합 어린이집은 2008년에 756개소에서 2021년 1,317개소로 561개소가 증가하였다. 정부에서는 장애아동의 보호와 양육을 지원하기 위하여 무상으로 장애아동을 보육하고 있다. 장애아 보육료 지원대상은 원칙적으로 장애인복지카드(등록증)를 소지한 만12세 이하의 미취학 장애아동으로 한다.

장애아동을 위한 교육지원은 2008년도에 제정된 특수교육법에 의거하여 시행이 되고 있다. 장애아동의 교육지원은 장애인 및 특별한 교육적 요구가 있는 사람에게 통합된 교육환경을 제공하고 생애주기에 따라 장애유형 · 장애정도의 특성을 고려한 교육을 실시하여 이들이 자아실현과 사회통합을 하는데 기여함을 목적으로 한다. 특수교육법에 의해 시행되고 있는 장애아동을 위한 교육적 서비스를 정리하면 다음과 같다.

첫째, 특수교육대상자에 대한 의무교육을 지원한다. 유치원 · 초등학교 · 중학교 및 고등학교 과정의 교육은 의무교육으로 하며, 고등학교 졸업 후 전공과 과정과 만 3세 미만의 장애영아교육은 무상으로 한다. 특히 장애영아의 보호자는 조기교육이 필요한 경우 특수학교의 유치원과정, 영아학급 또는 특수교육지원센터에 배치할 수 있으며, 장애영아가 의료기관, 복지시설 또는 가정 등에 있을 경우에는 특수교육교원 및 특수교육 관련 서비스 담당 인력 등으로 하여금 순회교육을 제공하도록 하였다.

둘째, 장애의 조기발견을 지원하도록 하였다. 영유아의 장애 및 장애 가능성을 조기에 발견하기 위하여 지역주민과 관련 기관을 대상으로 홍보를 실시하고, 해당 지역 내 보건소와 병원 또는 의원(醫院)에서 선별검사를 무상으로 실시하고 있으며, 이를 효율적으로 실시하기 위하여 지방자치단체 및 보건소와 병 · 의원 간에 긴밀한 협조체제를 구축하도록 하였다.

셋째, 장애아동의 통합교육을 강화하였다. 각급학교의 장은 교육에 관한 각종 시책을 시행함에 있어서 통합교육의 이념을 실현하기 위하여 노력하여야 하며, 특수교육대상자를 배치 받은 일반학교의 장은 교육과정의 조정, 보조 인력의 지원, 학습보조기기의 지원, 교원연수 등을 포함한 통합교육계획을 수립하여 시행하도록 하였다.

넷째, 장애아동의 개별화교육을 지원하도록 하였다. 각급학교의 장은 특수교육대상자의 교육적 요구에 적합한 교육을 제공하기 위하여 보호자, 특수교육교원, 일반교육교원, 진로 및 직업교육 담당 교원, 특수교육 관련서비스 담당 인력 등으로 개별화교육지원팀을 구성하며, 개별화교육지원팀은 매 학기마다 특수교육대상자에 대한 개별화교육계획을 작성하게 하였다. 또한 특수교육대상자가 다른 학교로 전학할 경우 또는 상급학교로 진학할 경우에는 전출학교는 전입학교에 개별화교육계획을 14일 이내에 송부하도록 하였다.

다섯째, 진로 및 직업교육의 지원을 강화하였다. 중학교 과정 이상의 각급학교의 장은 특수교육대상자의 특성 및 요구에 따른 진로 및 직업교육을 지원하기 위하여 직업평가 · 직업교육 · 고용지원 · 사후관리 등의 직업재활훈련 및 일상생활적응훈련 · 사회적응훈련 등의 자립생활훈련을 실시하고, 자격이 있는 진로 및 직업교육을 담당 전문 인력을 두도록 하였다. 또한 중학교 과정 이상의 각급학교의 장은 진로 및 직업교육의 실시에 필요한 시설 · 설비를 마련하도록 하였다.

여섯째, 특수교육과 관련된 가족상담과 필요한 경우 물리치료, 작업치료 등 치료지원을 제공하도록 하였다. 특수교육대상자의 교육을 위하여 필요한 장애인용 각종 교구, 각종 학습보조기, 보조공학기기 등의 설비를 제공하여야 하며, 취학 편의를 위하여 통학차량 지원, 통학비 지원, 통학 보조 인력의 지원 등 통학 지원 대책을 마련하도록 하였다.

3) 장애아동의 의료 · 재활치료 지원서비스

장애아동을 위한 의료 및 재활지원은 2012년도에 제정된 장애아동복지지원법에 의거하여 시행이 되고 있다. 의료 · 재활치료 영역의 지원은 생활이 어려운 저소득 장애인에게 의료비와 재활치료 비용 등을 지원하여 생활안정 및 의료보장 등을 일차적인 목적으로 두고 있는 것으로 장애인 의료비 지원, 발달재활서비스, 발달장애인 지원사업 등을 실시하고 있다.

의료비 지원은 의료급여 2종 수급권자인 장애인과 건강보험 차상위 본인부담 경감 대상자에게 제공되며 의료기관 이용 시 발생하는 급여항목 중 본인부담금의 일부 또는 전액을 지원하며 2, 3차 의료기관 진료시 의료급여 수가적용 본인부담 진료비 15% 전액을 지원한다.

발달재활서비스는 만 18세 미만의 뇌병변, 지적, 자폐성, 언어, 청각 시각장애 아동 중 전국가구평균소득 150%이하에 속하는 경우 매월 14만원~22만원의 발달재활서비스 바우처를 지원한다. 재활서비스에는 언어 · 청능, 미술 · 음악, 행동 · 놀이 · 심리, 감각 · 운동 등의 발달재활서비스를 선택하여 이용할 수 있게 하였다. 또한 전국가구평균소득 100%이하에 속하는 만 12세 미만 비장애아동 중 언어발달지연을 보이는 아동을 대상으로 매월 16만원~22만원의 언어재활 등 바우처를 지원하였다. 언어재활서비스에는 언어발달진단서비스, 언어 · 청능 등 언어 재활서비스, 독서지도, 수화지도 등이 포함된다.

4) 발달장애인지원서비스

발달장애인지원서비스는 발달장애인가족을 대상으로 장애아동과 가족을 지원하기 위한 것으로 발달장애인 부모상담 지원사업, 발달장애인 주간활동서비스, 청소년발달장애학생 방과 후 활동서비스 등이 있다.

발달장애인 부모상담 지원사업은 장애 아동·청소년을 양육하는데 많은 어려움을 겪는 부모들을 지원하기 위한 것이다. 장애아동은 비장애아에 비해 더 많은 시간이 소요되며, 이로 인해 부모들은 많은 피로와 활동시간에 제약을 받게 되고, 부적응하는 장애 아동·청소년을 위한 행동관리, 의료비와 교육에 드는 추가비용, 장애아동·청소년의 특수상황을 지원하기 위해 전문서비스를 찾고 관리하는 것, 무엇보다 장애 아동·청소년의 미래에 대한 대비 등 그 부모가 받는 스트레스는 매우 크다. 이에 정부에서는 장애종류 중 발달장애인을 둔 부모에 대한 심리상담 지원사업을 지원하고 있다. 12개월간 지원이 원칙이며 지속적인 지원 필요성이 있다고 판단될 경우 12개월(1회) 연장이 가능하다. 1인당 20만 원 이하(정부바우처 지원액 16만원, 초과금액은 본인부담)로 지원하며 이용자가 매회 서비스 이용 전 제공기관에 사전 납부한다.

발달장애인 주간활동서비스는 만 18세 이상~만 65세 미만의 지적 및 자폐성 장애인이 '의미 있는 하루, 바람직한 하루'를 보낼 수 있도록 하여 삶의 질을 향상시키고자 하는 것이다. 기준단가는 2인 그룹인 경우 12,960원, 3인 그룹 10,360원, 4인 그룹 9,060원으로 이용자 그룹 규모별 차등단가 지급한다. 이용자는 수급자격(제공시간)을 받아 원하는 지역 내 주간활동 제공기관에 등록하여 소그룹을 구성하고, 제공기관 및 외부 협력기관을 통해 주간활동을 이용한다.

청소년발달장애학생 방과 후 활동서비스는 만 12세 이상 18세 미만으로 일반 중·고등학교 및 특수학교 재학 중인 발달장애학생을 대상으로 하며 이용자는 수급자격(제공시간)을 받아 원하는 지역 내 방과후 활동 제공기관에 등록하여 소그룹을 구성하고, 방과 후 활동 서비스를 이용한다. 시간당 기준단가는 발달장애인 주간활동서비스의 지원 단가와 동일하며 이용자 그룹규모별, 제공기관 유형별로 차등단가 지급한다.

5) 장애인 활동지원서비스

장애인 활동지원은 신체적·정신적 사유로 일상생활과 사회생활을 하기 어려운 장애인에게 활동지원서비스를 제공함으로써, 장애인의 자립생활을 지원하고 가족의 부담을 줄여 장애인의 삶의 질 향상을 목적으로 한다.

장애인 활동지원은 만 6세~만 64세의 장애인복지법상 등록 장애인 중 서비스 지원 종합조사 결과에 따라 산출된 종합점수가 42점 이상인 장애인을 대상으로 한다. 2019년 7월 장애등급제 개편이 시행되면서 장애인 활동지원에도 변화가 있었는데 그 내용은 다음과 같다.

〈표 6-10〉 장애등급제 개편 전/후 활동지원사업과의 비교

구분	장애등급제 개편 시행 이전(~'19년 6월)	장애등급제 개편 시행 이후('19년 7월~)
신청자격	장애 1~3급	모든 등록장애인
조사도구	활동지원 인정조사	서비스 지원 종합조사
급여체계	활동지원등급: 1~4등급 추가급여(8종)	활동지원등급: 1~15등급 추가급여(3종)
긴급활동지원	월 94시간	월 120시간
유효기간	2~3년	3년
본인부담금	기본급여(6,9,12,15%)+ 추가급여(2,3,4,5%)	활동지원급여(4,6,8,10%)+ 특별지원급여(면제)
서비스재판정	활동지원 신청 시 공단에서 장애등록 심사 실시	폐지
아동/성인 연령	15세 미만/이상	19세 미만/이상
지원시간	최대 441시간(월)	최대 480시간(월)

출처: 장애인활동지원 홈페이지(www.ableservice.or.kr).

6) 장애아 가족 양육지원서비스

장애아 가족 양육지원은 중증장애아동에 대해 양육자의 질병, 사회활동 등 일시적 돌봄서비스 필요시 일정한 교육과정을 수료한 돌보미를 파견하여 장애아동 보호 및 휴식지원을 목적으로 한다. 대상은 만 18세 미만 중증장애아동으로, 「장애인복지법」에 근거한 장애정도가 심한 장애아동에 해당된다. 또한 가구소득이 기준중위소득 120% 이하인 경우에 지원을 받을 수 있다. 지원의 범위는 아동 한 명당 연 600시간 범위 내 지원이 가능하며 장애아동 보호 및 휴식 지원을 위하여 아동의 가정 또는 돌보미 가정에서 돌봄서비스를 제공한다.

4. 장애아동복지서비스의 문제점 및 과제

1) 통합교육을 위한 제도적 장치의 마련

통합교육은 학교관리자, 특수교사 및 일반교사들, 다른 전문가들, 아동들, 부모들, 지역사회 관련 인사들 사이의 협력을 전제로 한다. 개인 장애아동이 필요로 하는 지원과 서비스는 일반학급 교실에서 제공되며 적합하고 효과적인 통합교육은 적절한 자원을 요구한다. 장애아동을 적절한 지원 없이 일반교육 프로그램에 배정하는 것은 적합한 통합교육이 아니다. 모든 수준에서, 심리적, 인간적, 및 재정적 자원들이 통합교육 프로그램을 책임 있게 실시하는 것을 확실히 하기 위하여 필요하다.

그럼에도 불구하고 장애유아의 교육에 있어 학교현장은 통합교육을 강하게 요구하고 있지만 그 실제는 준비되지 못한 교육 서비스 환경으로 인하여 혼란을 겪고 있다. 통합교육과 분리교육은 그 용어 자체에서 나타나

듯이 화합하기 어려운 양 극단의 입장을 견지한다. 통합교육에 대한 논쟁은 장애유아의 교육에 있어서 통합교육이 더 좋은 것인가 분리교육이 효율적인 것인가의 양자택일의 문제가 아니다. 통합교육은 우리가 실현할 목적과 가치인 동시에 수단임을 인식하고 사회전체가 공동체 사회 실현을 위해 총체적으로 노력해야 할 과제인 것이다(정대영, 2006).

따라서 장애아동의 통합교육을 현실적으로 확대시킬 수 있는 제도적 장치를 정비해야 한다. 장애인에 대한 태도는 사회적 경험을 통해서 학습되는 것이기 때문에 유아기부터 통합교육을 실시하여 장애인에 대한 긍정적인 태도를 갖도록 하는 것이 바람직하다. 다음으로 통합교육이 효과적인 수준에서 제공될 수 있도록 조건을 정비하고 기반을 확장시키는 행정적 노력이 중요하다. 예컨대 특수교사의 확대 배치, 누구나 쉽게 활용할 수 있는 특수교육 교재개발, 통합교육 현장에서 주입식 교육이 아닌 전인교육 차원에서 창조적이면서 상호작용이 활발하게 이루어지는 학생 간 상호교류를 강조하는 교육여건 조성 등이다.

2) 장애아동 가족지원서비스 확대

장애인 가족은 장애아동에 대한 일차적인 보호의 책임을 지게 된다. 따라서 경제적인 부담은 물론이고 심리적 부담 및 신체적 피로를 느끼게 되며 결국 가족 기능에도 부정적인 영향을 미치게 된다. 이러한 문제는 장애가족들의 개별적인 문제인 동시에 사회적 문제로 나타날 수 있는 것이다. 따라서 장애인 가족들에 대한 국가적인 지원정책 및 민간부분의 지원과 함께 장애인 복지 전문 인력의 인식 향상과 처우개선 및 인식개선과 함께 현재 추진하고 있는 복지시책의 문제점과 미비점을 개선·보완하여 장애인가족복지의 내실화를 도모해가는 한편 장애인과 장애인가족의 복지욕구를 정확하게 파악하여 이를 해결할 수 있도록 각종 복지시책을 단계적으로 개발, 확충함으로써 장애인의 사회참여와 평등을 실현할 수 있도록 해야 할 것이다.

장애아동 가족지원을 위하여 부모 상담을 지원해 주는 등 예전보다 제도적인 지원이 증가한 것은 사실이나 아직까지도 장애아동 가족지원에 대한 우리나라의 서비스는 아직 가족에 기본적인 관점이나 서비스 제공 원칙 등이 일관적이지 못하다. 가족의 심리적 부담을 지원하는 부모의 스트레스 대처 훈련, 부모 및 형제를 위한 프로그램 등이 개발되고 있지만 개별화된 가족지원 서비스도 거의 이루어지지 않고 있다. 장애아동 가족에 대한 일관된 정책을 개발해 제도화하는 것이 가장 근본적인 과제라 할 수 있다.

또한 매년 장애아동의 장애종별 및 장애정도에 따라 받을 수 있는 혜택에 대해 일목요연하게 정리되어 있는 책자를 배부하고, 주민자체센터의 사회복지전담 공무원은 동내(洞內) 거주하는 장애아동 및 가족들이 정보 및 혜택에서 소외되는 일이 없도록 할 필요가 있다.

3) 장애예방사업의 강화

장애아동을 위한 정책에서 보다 주안점을 두어야 하는 것은 장애가 발생하기 이전에 장애를 미연에 예방하는 방안을 강화하는 것이다. 왜냐하면 예방이 사후처리적 대책보다 비용 효과를 높일 수 있다. 따라서 장애예방사업을 강화하고 활성하기 위한 노력이 요구되는데 이를 설명하면 다음과 같다.

첫째, 선천적 장애나 출생 시 장애예방을 위한 모자보건사업을 강화해 나가야 할 것이다. 선천적 장애발생 예방측면에서 일반인들에게 모자보건교육에 대한 홍보와 지식이 모자라 사전에 예방할 수 있는 장애를 갖고 태어나는 신생아들이 있다. 모자보건교육은 선천적인 기형 및 발달성 이상의 예방과 조기발견, 조기치료 등을 위해서 모자보건교육이 절실히 필요하나 장애인복지를 담당하는 행정기관과 국민보건을 다루는 기관 사이에 연계가 부족한 문제로 장애예방에 어려움을 주며, 학교 정기검진 또한 형식적이고 명목에 그치고 있어 장애예방의 큰 효과를 기대하기 어려운 실정이라 할 수 있다.

둘째, 출산 후의 장애예방사업으로서 신생아에 대한 선천성 대사 이상 검사를 무상으로 실시하여 이상 유무를 조기에 발견하여 치료하도록 해야 할 것이다. 조기검사로 인하여 장애를 발견하여 치료하고 미숙아나 조숙아, 저소득층 자녀 등과 같이 장애로 발전될 수 있는 가능성이 높은 집단을 대상으로 이를 차단하기 위한 노력이 이루어져야 한다.

셋째, 현대사회에서 장애는 선천적 원인보다 후천적 원인에 의해 더 많이 발생하고 있음을 볼 때, 이를 예방하기 위한 각종 지원 체계를 구축해 나가야 할 것이다. 우리나라의 경우 후천적 장애가 선천적 장애보다 월등하게 높은 점을 감안할 때 후천적 장애를 주도하는 산업재해, 교통사고 등의 방지를 위한 안전대책의 강화는 물론이고 보건체계의 재정비가 시급하다고 할 수 있다.

4) 재활치료 바우처 제도의 개선

현재 사회서비스의 일환으로 시행중인 장애아동, 청소년 대상의 재활치료 바우처 제도는 좋은 취지에도 불구하고 소득기준 때문에 바우처제도의 적용을 받지 못하는 경우가 발생한다. 장애아동을 양육하는 가정에서 가장 큰 부담을 갖는 것 중의 하나가 장애아동을 치료·교육하는데 드는 비용의 부담인데, 부모는 장애아를 전담 양육하기 위해 직장을 다니기 어려운 경우가 많기 때문에 이중의 경제적 어려움을 느끼게 된다.

또한 바우처제도 운영시 충분한 서비스 인프라가 확보되지 않은 상태에서 제공기관의 서비스 질 문제 등도 제기되고 있다. 이는 사회서비스 바우처 사업의 전반적인 문제이기도 하지만 중개기관의 독점적 운영과 전문성 문제가 우선적으로 개선되어야 하며, 이를 위해서는 체계적으로 평가할 수 있는 관리체계가 갖추어져야 할 것이다. 따라서 기존의 재활치료 서비스 방식을 현재의 바우처 방식을 통해 급격하게 변화시키기보다는 일차적으로 수요를 창출하고 서비스 공급기관들을 양성하여야 활성화가 될 것이다. 현재의 재활치료 바우처의 경우 대상자도 협소하고 전문가 인증 교육양성 시스템도 제대로 갖추어져 있지 않으므로 단계적으로 공급기관의 내실화와 서비스 인력의 양성과 관리를 체계화해 나가야 할 것이다.

또한 지역 간 서비스 불균형에 대한 방안을 마련하는 것도 시급한데, 각 시 · 군 · 구마다 최소한 2개 이상의 기관을 선정하여 지역자치단체 차원에서 공급자를 최대한 확대하는 방안을 고려하여 이용자의 필요에 부응할 수 있도록 해야 한다. 결재방식을 비롯한 서비스 이용의 불편함에 대해서는 일련의 표준화된 과정을 마련하여 서비스별로 진단 및 서비스 계획 수립 · 제공 · 평가 등의 과정에 따라 서비스를 제공하는 것이 필요하다. 향후 장애아동 가족지원에 대한 보다 구체적인 계획의 설정이 필요하며, 장애아동가족 상담 기관에 대한 지원이 이루어져야 할 것이다.

제7장

학대아동보호서비스

1. 아동학대의 개념

아동학대는 연구하는 학자나 사회 문화적 배경에 따라 다르게 나타나기 때문에 합의된 개념을 정의하기 쉽지는 않다. 학자들의 정의를 범위에 따라 다양한데 협의의 아동학대는 학대의 범위를 신체적 학대에 한정하는 것으로서 관찰 가능한 상처를 초래한 행위로서 의도성이 강한 행위를 말한다. 광의의 아동학대는 주 양육자인 부모를 비롯해서 조부모, 일가친척, 가정부, 교사 등의 사람들과 아동을 둘러싸고 있는 양육 및 교육환경, 즉 가정환경과 사회 환경 등의 주변 환경이 아이들로 하여금 건강하고 또 건전하게 자라는데 부정적이 영향을 미칠 가능성이 있거나 현재 미치는 환경을 말한다.

아동학대에 대한 개념은 시대와 사회 및 문화적 환경과 관습에 따라 다를 수 있으나, 아동이 누려야 하는 인권적인 권리와 자유를 박탈하는 행위이며, 아동의 적절한 발달을 저해하는 행위를 의미하는 것으로, 그 대상이 아직 미성년이고 자신을 보호할 수 있는 정당한 힘이나 지식 및 인식을 갖추고 있지 않은 상태에서 발생하는 점에서 심각한 문제이다.

「아동복지법」 제3조에 의하면 "아동학대"란 보호자를 포함한 성인이 아동의 건강 또는 복지를 해치거나 정상적 발달을 저해할 수 있는 신체적·정신적·성적 폭력이나 가혹행위를 하는 것과 아동의 보호자가 아동을 유기하거나 방임하는 것을 말한다. 이 법의 해석에 따라 우리나라는 아동학대의 유형에 신체적 학대, 정서적 학대, 성적학대와 같은 적극적인 가해행위 뿐만 아니라 소극적 의미의 방임과 유기까지도 아동학대 행위에 포함시키고 있다. 또한 동법 제17조에서는 아동을 대상으로 해서는 안 되는 금지행위 10가지를 명시하고 있다. 즉, ① 아동을 매매하는 행위, ② 아동에게 음란한 행위를 시키거나 이를 매개하는 행위 또는 아동에게 성적 수치심을 주는 성희롱 등의 성적 학대행위, ③ 아동의 신체에 손상을 주거나 신체의 건강 및 발달을 해치는 신체적 학대행위, ④ 아동의 정신건강 및 발달에 해를 끼치는 정서적 학대행위, ⑤ 자신의 보호·감독을 받는 아동을 유기하거나 의식주를 포함한 기본적 보호·양육·치료 및 교육을 소홀히 하는 방임행위, ⑥ 장애를 가진 아동을 공중에 관람시키는 행위, ⑦ 아동에게 구걸을 시키거나 아동을 이용하여 구걸하는 행위, ⑧ 공중의 오락 또는 흥행을 목적으로 아동의 건강 또는 안전에 유해한 곡예를 시키는 행위 또는 이를 위하여 아동을 제3자에게 인도하는 행위, ⑨ 정당한 권한을 가진 알선기관 외의 자가 아동의 양육을 알선하고 금품을 취득하거나 금품을 요구 또는 약속하는 행위, ⑩ 아동을 위하여 증여 또는 급여된 금품을 그 목적 외의 용도로 사용하는 행위를 말한다.

2. 아동학대의 유형

1) 신체학대(physical abuse)

신체적 학대란 '아동의 신체에 손상을 주거나 신체의 건강 및 발달을 해치는 학대행위'를 말한다(아동복지법 제17조 제3호). 즉, 보호자를 포함한 성인이 아동에게 우발적인 사고가 아닌 상황에서 신체적 손상을 입히거나 또는 신체손상을 입도록 허용한 모든 행위를 말한다. 생후 36개월 이하의 영아에게 가해진 체벌은 어떠한 상황에서도 심각한 신체학대에 해당된다. 학대와 관련된 연구에서 보고된 신체학대 행위를 살펴보면 멍, 화상, 찢김, 골절, 장기파열, 물건을 사용해서 때리는 행위, 흉기나 화학물질 혹은 약물 등을 사용하여 신체에 상해를 입히는 행위, 반복적으로 꼬집는 행위 등이 포함된다.

신체적 학대는 아동의 성장과 발달에 있어 장해요인이 될 수 있다는 점에서 심각하며, 정서적인 학대로 연결될 수 있다는 점에서 많은 문제점을 안고 있다. 우리나라 부모의 경우 훈육을 목적으로 체벌한다는 정서가 만연하기 때문에 이에 대한 세심한 점검과 사회적 인식의 변화가 요구된다.

어머니의 과도한 기대와 신체적 · 정서적인 학대로 인한 충격적인 사건을 소개해 보고자 한다. 2011년 전교 1~2등을 하던 고3 아들이 전국 1등을 바라는 어머니의 지속적인 학대를 견디다 못해 어머니를 살인하고 8개월간 방치한 체 함께 거주한 사건이 발생하였다. 이혼을 하고 홀로 아들을 양육하던 어머니는 아들에게 서울대 법대를 가려면 전국에서 1등을 해야 한다고 강요하였고, 성적이 떨어지면 야구방망이나 골프채로 수백 대를 때렸고 사흘 동안 밥을 굶기고 밤새도록 공부를 시키기도 하였다. 고3 모의고사에서 성적이 떨어져 전국 62등으로 고쳐 어머니께 보여드렸는데, 그것마저도 전국 1등을 하지 못했다고 폭행을 당하자 진실을 알게 되면 본인은 어머니에게 맞아 죽을 수도 있겠다는 두려움에 흉기로 어머니를 찔러 사망케 하였다. 학교에서는 모든 면에서 모범적인 학생으로 평가받았던 가슴 아픈 사연의 이 학생이 친구에게 쓴 편지의 한 구절이 공개돼 또 한 번 많은 사람의 마음을 아프게 하였는데 그 구절은 이러하였다.

> "부모는 멀리 보라고 하지만 학부모는 앞만 보라 한다.
> 부모는 함께 가라 하지만 학부모는 앞서가라 한다.
> 부모는 꿈을 꾸라 하지만 학부모는 꿈꿀 시간을 주지 않는다."

2) 정서학대(emotional abuse)

정서학대란 '아동의 정신건강 및 발달에 해를 끼치는 학대행위'를 말한다(아동복지법 제17조 제5호). 즉, 아동을 심리적으로 언어적, 정서적 위협, 억제, 감금, 기타 가학적 행위, 아동의 인격, 감정이나 기분을 심하게 무시하거나 모욕하는 행위, 삭발시키는 행위, 아동에게 걸려온 전화를 바꿔주지 않은 행위, 좁은 공간에 장시간 혼자 가둬 두는 행위, 원망적, 거부적, 적대적, 경멸적 언어폭력 등이며 아동의 전반적인 심리 및 정신적인 발달에 치명적인 손상을 주거나 손상을 줄 위기에 처하게 하는 행위를 하는 것이다. 정서학대는 눈에 두드러지게 보이는 것도 아니고 당장 그 결과가 심각하게 나타나지 않기 때문에 그냥 지나칠 수도 있다는 점에서 더욱 유의하여야 한다.

3) 성학대(sexual abuse)

성학대란 아동에게 음란한 행위를 시키거나 이를 매개하는 행위 또는 아동에게 성적 수치심을 주는 성희롱 등의 학대행위'를 말한다(아동복지법 제17조 제2호). 즉, 부모나 보호자가 아동을 상대로 하여 아동이 판단할 수 없는 상황에서 성적인 접촉이나 직접적인 관계 혹은 성적인 장면에 노출시키는 등을 포함하여 성에 대한 언급을 금기시 하는 사회분위기와 피해아동과 가족들이 이를 숨기려고 하는 경향 때문에 초기 발견이 어려우며 가정 밖 성폭력도 이에 속한다. 보호자를 포함한 성인이 자신의 성적 충족을 목적으로 18세 미만의 아동과 함께하는 모든 성적 행위를 말하며, 성추행에서 성폭행과 성 착취가 모두 포함된다.

4) 방임(neglect) 및 유기(Abandonment)

방임이란 의식주를 포함한 기본 보호·양육·치료 교육을 소홀히 하는 행위를 뜻한다(아동복지법 제17조 제6호). 즉, 아동을 돌보고 보호할 책임을 맡고 있는 부모나 보호자가 아동의 건강과 안정, 행복을 위해 필요한 것들을 제공하지 않는 것이고 기본적인 생활에 필수적인 의식주의 요건과 의료적 보호 제공, 최소한의 정서적지지 및 반응을 하는데 실패한 경우를 말하고 아동의 필수적인 욕구를 충족시키지 않는 것을 의미한다. 아동이 위험한 환경에 처하거나 충분한 영양을 공급받지 못해 발육부진이 되는 경우가 많으며, 나이 어린 아동에게는 치명적인 결과(장애)를 가져오거나 사망에까지 이르게 한다. 또한, 발달상황에 놓여있는 아동에게 다양한 측면에서 잠재되어 있는 파생적인 문제들이 발견될 수 있다. 예를 들면 방임아동은 청결하지 않은 외모 때문에 집단 따돌림, 사회문제행동의 피해자 혹은 가해자가 되기도 한다.

방임의 유형은 물리적 방임, 교육적 방임, 의료적 방임으로 구분할 수 있다. 물리적 방임에 해당하는 것으로는 기본적인 의식주를 제공하지 않는 행위, 상해와 위험으로부터 아동을 보호하지 않는 행위, 불결한 환경이나 위험한 상태에서 아동을 방치하는 행위 등이 있다. 교육적 방임은 보호자가 아동을 특별한 사유 없이 학교에 보내지 않거나 아동의 무단결석을 방치하는 행위, 학교 준비물을 챙겨 주지 않는 행위, 특별한 교육적 욕구를 소홀히 하는 행위 등을 말한다. 그리고 의료적 방임은 아동에게 필요한 의료적 처치를 하지 않는 행위, 예방 접종이 필요한 아동에게 예방 접종을 실시하지 않는 행위, 장애 아동에 대한 치료를 하지 않거나 거부하는 행위 등을 말한다. 방임에 의해 아동에게 나타날 수 있는 신체적 징후는 발달지연 및 성장장애, 건강상태의 불량, 비행이나 도벽, 잦은 결석 등이 있다.

한편 유기란 자신의 보호 감독을 받는 아동을 보호 없는 상태에 둠으로써 아동의 생명과 신체에 위험을 가져오는 일체의 행위를 말한다.

〈표 7-1〉 아동학대의 판례 사례

2013년 3월 계모 박 씨가 8살 의붓딸을 1시간가량 무자비하게 폭행해 갈비뼈 16개를 부러뜨려 폐를 찔러 사망하게 한 사례임. 박 씨는 의붓딸의 실질적인 보호 의무자임에도 불구하고 지난 2009년부터 무려 4년 동안 지속적으로 폭행을 가함 검찰은 "유일한 보호자인 계모 박 씨가 의붓딸을 살해한 것은 반인륜적 범죄라며 다시는 이 같은 비극이 발생하지 않도록 살인죄를 적용해 법정 최고형인 사형을 구형했다"고 밝힌 바 있음

출처: 중앙아동보호전문기관 홈페이지(http://www.korea1391.go.kr). 2019년 11월 1일 출력.

3. 아동학대의 원인

아동학대의 원인을 바라보는 관점은 매우 다양하여 그 원인을 한마디로 설명하는 것은 어려운 일이다. 본 절에서는 아동학대의 원인을 부모요인, 아동요인, 사회·문화적 요인으로 나누어 설명하고자 한다.

1) 부모요인

아동학대의 가장 큰 원인은 학대를 한 부모의 심리적 특성과 성격구조의 결함에서 그 원인을 찾아볼 수 있다. 즉, 부모가 정신적으로 성숙하지 못하고, 아동양육에 대한 지식이 부족하거나 자녀에 대한 지나친 기대를 가질 경우에 많이 생긴다. 많은 경우 어릴 때 학대받은 경험이 있는 부모에게서 아동학대가 빈번하며, 또한 부모의 알코올 또는 약물 중독과 연관이 있다. 부모가 감정조절능력이 부족하여 쉽게 분노하거나 좌절하는 경우, 또한 비정상적인 성적 욕구를 가지고 있는 경우 위험성이 높으며, 불안장애, 우울증, 기타 정신질환을 가진 부모에서 아동학대의 가능성이 높은 것으로 알려져 있다.

이를 좀 더 구체적으로 살펴보면 다음과 같다.

① 부모의 미성숙: 부모의 나이가 어리고 안정되지 못할 경우, 아동의 행동이나 욕구에 대해 이해하지 못하여 아동학대 행동을 쉽게 행하고 건전한 가족관계의 형성에도 어려움을 겪게 된다.
② 아동양육에 대한 지식의 부족: 아동양육에 대한 지식이나 방법의 부족은 아동학대현황보고서에서도 가장 주된 문제인 것으로 보고되고 있는데, 아동발달에 대한 지식의 부족은 어떻게 아동을 키울 것인가를 잘 모르거나 건전한 가족 관계가 어떤 것인지 잘 알지 못하는 경우이다.
③ 지나친 기대: 부모들은 종종 자신의 자녀가 가진 능력 이상으로 부모의 기대수준에 맞게 행동해 주기를 원하는데, 이처럼 높은 기대는 아동학대의 가능성을 높이는 원인이 된다.
④ 학대부모의 피학대 경험: 학대를 하는 부모들 중에는 아동기에 학대를 받았거나 학대가 빈번하게 일어났던 가정에서 성장한 경우가 많다. 어릴 때의 학대경험은 인지적 · 정서적 · 성격적인 성장을 방해하는 요인이 되며 이러한 특성이 아동양육과정에서 학대적인 행동으로 발현될 가능성이 높다.

2) 아동요인

학대의 아동요인은 아동이 미숙아, 기형아, 만성 혹은 급성질환아, 신체적 · 정신적 · 기질적으로 특이하거나 장애를 가진 아동, 운동 및 언어발달이 늦은 아동, 심하게 보채거나 밤에 잘 자지 않는 아동, 문제 행동을 보이는 아동, 음식을 먹거나 잠을 자는데 어려움이 있는 아동, 사회적 반응의 결핍, 고집스런 울음과 외모, 분리 불안의 결함, 지나친 경계, 무반응, 적대적 행위 등의 특징을 가진 아동이다.

이러한 아동학대에 원인에 대한 아동요인은 이것이 학대의 유발요인인지 혹은 학대로 인한 결과인지는 확실하지 않지만, 위의 특성을 가진 아동들은 부모 혹은 양육자에게 신체적 · 정신적인 부담을 가중시키게 되고 이러한 스트레스로 인해 부모가 아동을 학대할 가능성이 높아지게 된다.

3) 가정적 · 사회적 요인

아동학대는 단순히 부모와 자녀 사이의 문제만은 아니다. 가정적 · 사회적 요인은 가족관계 및 구조의 문제, 사회전반의 분위기 등이 포함되며, 이 요인은 복합적으로 상호 작용하여 발생하게 된다. 가족관계에 구조적 문제가 있는 경우(미성년가족, 한부모가족, 이혼가족, 재혼가족 등) 아동학대의 빈도가 높으며 사회적으로 고립되어 있고 주변의 지지가 부족할 경우, 또한 신체적인 체벌에 대해 허용적인 문화를 가지거나 폭력에 대한 가치와 규범이 없는 경우, 일부 후진국 사회에서처럼 아동을 존중하지 않는 문화 및 자녀에 대한 소유 의식이 있는 경우도 고려해야 한다.

4. 학대피해 아동의 현황

아동학대가 아동의 발달에 미치는 영향이 심각한 문제임에도 불구하고 우리 사회에서는 오랜 시간동안 가정에서 흔히 있을 수 있는 문제로 치부되어 외면되어 왔으며, 2000년도에 이르러서야 비로소 아동복지법의 개정으로 학대받는 아동을 보호하기 위한 법조항이 대폭 강화되었고, 전국적

규모의 아동보호서비스가 제도화되기에 이르렀다(조영숙, 2011).

우리나라의 아동권리증진을 위한 노력은 1991년에 UN 아동권리 협약에 가입한 것을 계기로 보다 구체화되었다. 2차례에 걸쳐 유엔아동권리위원회에 국가보고서를 제출하였으며, 그 결과 아동학대와 방임 아동에게 필요한 서비스를 지원할 수 있는 전국적인 체계의 시스템 구축과 법률적인 개혁, 아동친화적인 방식의 서비스 지원, 아동학대 및 방임의 문제 정도를 적절히 평가하고 그에 관한 정책 및 프로그램을 구상할 수 있도록 통합된 자료 수집체계를 구축할 것을 권고 받았다(황옥경, 2004). 이러한 권고를 받아들여 꾸준하게 노력해온 결과 2001년 전국 17개소로 시작되었던 아동보호 전문기관은 2024년 현재 전국에 89개소로 증설되었다.

비교적 짧은 기간 내에 아동학대를 위한 행정적, 시설상의 정비는 양적으로 성장하였으나 사법적인 지원이 미흡하다는 지적이 반복적으로 제기되었다. 아동학대에 대해 국가가 보다 적극적으로 개입하여야 한다는 필요성에 따라 2012년(19대 국회) 발의되었고, 법제사법위원회에 계류되어있던 2개의 아동학대 관련 단독법안이 '아동학대범죄의 처벌 등에 관한 특례법'으로 병합되어 2013년 12월 국회 본회의를 통과하게 되었다. 그리고 마침내 2014년 9월 29일 '아동학대범죄의 처벌 등에 관한 특례법(이하 아동학대처벌법)'과 '개정 아동복지법'이 시행되었다. 이는 아동학대를 담당하는 단독법안이 부재한 가운데 이는 기존에 '가정 내 훈육'으로 치부되던 아동학대가 '중대한 범죄'임을 인식하게 되었고, 국가가 아동학대에 적극적으로 개입하는 발판을 마련하는 전환점이 되었다는 데에 의미가 있다(장화정, 2015).

아동학대의 예방과 대책 마련을 위해서는 학대의 현황을 파악하는 것이 매우 중요하다. 본 장에서는 2022년에 보건복지부와 중앙아동보호전문기관에서 보고한 아동학대 현황조사 결과를 기초로 살펴보고자 한다.

1) 학대피해 아동의 성별 및 연령

〈표 7 - 2〉는 보건복지부 · 중앙아동보호전문기관의 전국 아동학대 현황을 기초로 작성한 것이다. 성별, 연령별 학대 현황을 살펴보면, 학대피해 아동의 신고 건수는 두 배 가까이 늘었으며, 성별에서 연도별로 다소의 차이는 발생하지만 거의 유사한 것으로 나타났다. 연령별로는 2015년, 2018년, 2022년에 발생한 학대현황을 비교해서 살펴보면 만 10~15세가 41.7%, 47.7%, 49.6%로 동일하게 전체의 절반가량을 차지하였고, 초등학교 저학년인 만 7~9세 아동은 18.1%, 17.4%,18.7%로 나타났다. 그리고 6세 이하 영유아의 학대피해 아동은 2015년에는 28.5%였으며, 2018년에는 21.4%, 2022년에는 19.1%로 점점 감소하고 있는 것으로 나타났다. 학령기 아동에 비해 학령전 아동의 비율이 낮은 것은 상대적으로 외부 활동이 적기 때문에 학대피해가 있더라도 외부적으로 노출될 가능성이 낮은 요인을 배제할 수 없다.

〈표 7 - 2〉 학대 피해아동의 성별 및 연령 (단위: 명)

특성		2015		2018		2022	
		빈 도	비율	빈 도	비율	빈 도	비율
아동 성별	남	5,745	49.0	9,707	48.5	10,992	50.5
	여	5,970	51.0	10,311	51.5	10,771	49.5
아동 연령	1세 미만	344	2.9	366	1.8	313	1.4
	1~3세	1,312	11.2	1,704	8.5	1,553	7.0
	4~6세	1,683	14.4	2,230	11.1	2,331	10.7
	7~9세	2,123	18.1	3,479	17.4	4,070	18.7
	10~12세	2,289	19.5	4,466	22.3	5,121	23.5
	13~15세	2,600	22.2	5,090	25.4	5,675	26.1
	16~17세	1,364	11.6	2,683	13.4	2,720	12.5
총계		11.715	100.0	20,018	100.0	21,763	100

출처: 보건복지부. 2015, 2018, 2022 아동학대주요통계를 수정 정리.

2) 학대피해 아동의 가족유형

2022년 아동학대 주요 통계결과에 따르면, 학대피해 아동의 가족유형 중 부모는 31,830건으로 전체의 83.3%로 가장 높은 수치를 보였고, 대리양육자는 3,975건 10.4%였으며, 친인척은 1,231건 3.2%, 기타 1,160건 3.0%로 나타났다.

〈표 7-3〉 피해아동의 가족유형

(단위 : 건, %)

학대유형 관계	신체학대		정서학대		성학대		방임		계	
부 모	11,743	(84.1)	16,984	(83.9)	210	(24.2)	2,893	(92.5)	31,830	(83.3)
친인척	529	(3.8)	615	(3.0)	37	(4.3)	50	(1.6)	1,231	(3.2)
대리양육자	1,388	(9.9)	2,195	(10.8)	220	(25.4)	172	(5.5)	3,975	(10.4)
기타	297	(2.1)	451	(2.2)	399	(46.1)	13	(0.4)	1,160	(3.0)
계	13,957	(100.0)	20,245	(100.0)	866	(100.0)	3,128	(100.0)	38,196	(100.0)

※ 중복포함

출처: 보건복지부(2023). 2022 아동학대주요통계.

3) 학대신고자 유형

아동학대의 경우 학대신고의무자와 비신고의무자로 분류될 수 있다. 아동학대 신고자는 신고의무자와 비신고의무자로 나누어 볼 수 있는데 2022년 아동학대 통계에 따르면 신고의무자에 의한 신고는 16,149건으로 36.3%에 해당했으며, 비신고의무자에 의한 신고는 28,382건으로 63.7%에 해당하는 것으로 보고되었다.

〈표 7-4〉 학대 신고자 유형(2018년 기준)

(단위 : 건, %)

신고의무자						비신고의무자		
초·중·고교 직원	6,376	14.3	아동복지전담공무원	2,060	4.6	아동본인	9,488	21.3
의료인·의료기사	424	1.0	건강가정지원센터 종사자	56	0.1	부모	10,779	24.2
아동복지시설 종사자	490	1.1	다문화가족지원센터 종사자	48	0.1	형제, 자매	713	1.6
장애인복지 시설종사자	48	0.1	정신건강복지센터 종사자 4	33	0.1	친인척	666	1.5
보육교직원	223	0.5	성폭력피해자보호 시설종사자 성폭력피해자통합 지원센터종사자	42	0.1	이웃·친구	2,760	6.2
유치원교직원, 강사	208	0.5	응급구조사	6	0.0	경찰	241	0.5
학원 및 교습소 종사자	35	0.1	청소년시설, 단체종사자	130	0.3	종교인	11	0.0
소방구급대원	62	0.1	청소년보호센터, 청소년재활센터 종사자	100	0.2	사회복지관련 종사자*	215	0.5
성매매피해 시설상담소 종사자	1	0.0	아이돌보미	34	0.1	의료사회복지사	7	0.0
한부모가족 복지시설 종사자	5	0.0	취약계층아동 통합서비스 지원인력	114	0.3	낯선 사람	783	1.8
가정폭력상담소보호시설 종사자	68	0.2	육아종합지원센터 종사자	6	0.0	익명	850	1.9

신고의무자						비신고의무자		
사회복지시설종사자	172	0.4	입양기관종사자	2	0.0	법원	110	0.2
아동권리보장원·가정위탁지원센터종사자	22	0.0				기타	1,759	4.0
소계	16,149(36.3)					소계	28,382(63.7)	
				44,531(100.0)				

출처: 보건복지부(2023). 2022 아동학대주요통계.

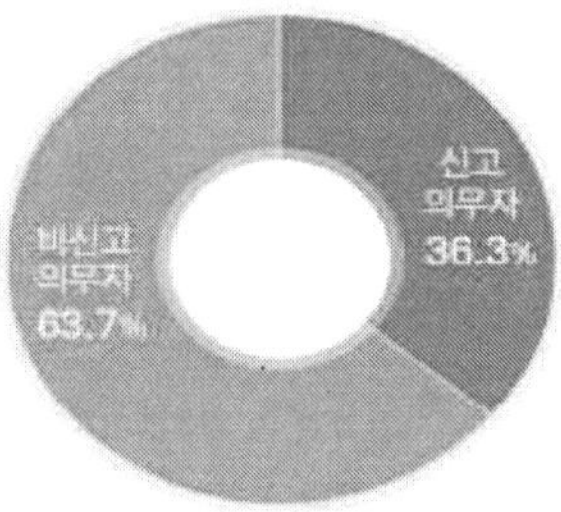

[그림 7-1] 학대 신고자 유형

4) 아동학대사례 유형

중복학대를 별도로 분류하여 아동학대의 유형을 살펴본 결과, 중복학대가 9,775건(34.9%)으로 가장 높았다. 정서학대 10,632건(38.0%), 신체학대 4,911건(17.6%), 방임 2,044건(7.3%), 성학대 609건(2.2%) 순으로 높게 나타났다. 중복학대 중 신체학대·정서학대가 8,439건(30.2%)으로 가장 높았고, 정서학대·방임이 571건(2.0%), 신체학대·정서학대·방임이 364건(1.3%), 모든 학대 유형이 함께 발생한 신체학대·정서학대·성학대·방임은 2건(0.0%)이었다.

〈표 7-5〉 아동학대 사례 유형(2022년 기준)

(단위 : 건, %)

신체학대	정서학대	성학대	방임	중복학대	계
4,911	10,632	609	2,604	11,792	24,604
17.6	38.0	2.2	10.6	47.9	100.0

출처: 보건복지부(2023). 2022 아동학대주요통계.

6) 학대피해 아동의 조치 결과

피해아동의 상황은 아동의 초기조치와 최종조치를 포함한 전체 상황을 의미한다. 원가정보호가 지속된 경우가 25,028건(89.5%)으로 가장 많았고, 분리조치된 경우 2,787건(10.0%), 사망한 경우는 52건(0.2%)으로 나타났다. 가장 많은 비중을 차지하고 있는 것은 원가정 보호는 분리조치보다 8배 이상 높았는데, 아동학대의 가해자인 친부모가 가정 내에서 지속적으로 학대를 하고 있는 상황에서 원가정 보호가 많은 비중을 차지하고 있기 때문에 학대 재발방지를 위한 사후관리가 중요하다고 할 수 있다.

2022년도 학대피해 아동의 재학대 사례 결과를 보면 전체 학대아동의 16%정도가 재학대로 신고된 것으로 나타났으며, 한번이라도 분리된 경험이 있는 재학대 사례의 최초조치를 분리유형으로 살펴본 결과 시설입소하여 보하는 경우가 89.3%로 가장 높았다.

〈표 7-6〉 학대피해 아동에 대한 조치 결과(2022년 기준)

(단위 : 건, %)

피해아동 상황			
분류		명	%
원가정보호(보호체계 유지)		25,028	89.5
분리보호 (보호체계 변경)	친족보호	344	1.23
	가정위탁	47	0.17
	시설입소	2,361	8.47
	입양	0	0
	의료기관 또는 요양소 입원·입소	35	0.13
	소계	2,787	10
사망		52	0.2
기타		104	0.4
계		27,971	100

출처: 보건복지부(2023). 2022 아동학대주요통계를 발췌 수정

5. 학대아동을 위한 아동보호서비스

1) 학대아동보호서비스의 개념

아동보호서비스는 아동이 양육자로부터 보호를 받지 못해 학대를 받거나 방임되어 결과적으로 아동의 권리가 침해되는 상황에서 정부나 지방자치단체가 개입하여 학대나 방임을 중단시키고 아동에게 필요한 치료와 보호를 제공하는 것을 말한다.

2) 학대아동보호서비스의 목적

아동학대와 방임은 아동의 건전한 발달을 저해하고 성인기까지 그 부작용이 지속되는 인권유린의 중대한 범죄이기 때문에 아동보호서비스는 아동의 건전한 성장발달과 아동권리를 보장한다는 점에서 매우 중요한 사업이다.

3) 아동학대 신고의무자 규정

아동학대 신고의무자는 아동학대를 쉽게 발견할 수 있는 직업군의 사람을 말하는 것으로, 2000년 9개 직군에서 2022년 25개 직군으로 점진적 확대되었다. 아동학대 신고의무자는 직무를 수행하면서 아동학대를 발견하거나 의심이 있는 경우 즉시 112에 신고해야 한다. 신고의무자의 교육을 의무화하고 있으며, 신고의무자가 정당한 이유 없이 신고를 하지 않았을 경우 「아동학대범죄의 처벌 등에 관한 특례법」 제63조 제2호에 따라 1,000만원 이하의 과태료를 적용하게 되었다. 또한 신고의무자에게 의무교육을 실시하지 않은 경우도 300만 원 이하의 과태료를 처분하도록 하였다(아동복지법 제75조 제3항 1의2호).

기존 아동복지법이 과태료로 300만원을 규정하였던 것에 비해 다소 높아진 금액이지만 본 규정은 아동학대 방지를 위한 가장 실질적인 조문이 될 수 있는 부분으로 신고의무가 있는 자의 경우 벌금 금액의 상향은 물론 사례에 따라 실형을 병과할 수 있게 규정하는 것이 실질적인 방안이 될 것으로 판단된다(김두성, 2018).

신고의무자에 해당하는 직군은 교사 직군, 의료인 직군, 시설종사자 및 공무원 직군, 신설직군으로 분류되며 「아동학대범죄의 처벌 등에 관한 특례법」 제10조에서 명시한 신고의무자는 다음과 같다.

〈표 7-7〉「아동학대범죄의 처벌 등에 관한 특례법」에 따른 아동학대 신고의무자

1. 가정위탁지원센터의 장과 그 종사자
2. 아동복지시설의 장과 그 종사자(아동보호전문기관의 장과 그 종사자는 제외)
3. 「아동복지법」 제13조에 따른 아동복지전담공무원
4. 「가정폭력방지 및 피해자보호 등에 관한 법률」 제5조에 따른 가정폭력 관련 상담소 및 같은 법 제7조의2에 따른 가정폭력피해자 보호시설의 장과 그 종사자
5. 「건강가정기본법」 제35조에 따른 건강가정지원센터의 장과 그 종사자
6. 다문화가족지원법」 제12조에 따른 다문화가족지원센터의 장과 그 종사자
7. 「사회복지사업법」 제14조에 따른 사회복지 전담공무원 및 같은 법 제34조에 따른 사회 복지 시설의 장과 그 종사자
8. 「성매매방지 및 피해자보호 등에 관한 법률」 제5조에 따른 지원시설 및 같은 법 제10조에 따른 성매매피해상담소의 장과 그 종사자
9. 「성폭력방지 및 피해자보호 등에 관한 법률」 제10조에 따른 성폭력피해상담소, 같은 법 제12조에 따른 성폭력피해자보호시설의 장과 그 종사자 및 같은 법 제18조에 따른 성폭력 피해자통합지원센터의 장과 그 종사자
10. 「소방기본법」 제34조에 따른 구급의 원
11. 「응급의료에 관한 법률」 제2조제7호에 따른 응급의료기관등에 종사하는 응급구조사
12. 「영유아보육법」 제7조에 따른 육아종합지원센터의 장과 그 종사자 및 제10조에 따른 어린이집의 원장 등 보육교직원
13. 「유아교육법」 제20조에 따른 교직원 및 같은 법 제23조에 따른 강사 등
14. 아동보호전문기관의 장과 그 종사자
15. 「의료법」 제3조제1항에 따른 의료기관의 장과 그 의료기관에 종사하는 의료인 및 의료기사
16. 「장애인복지법」 제58조에 따른 장애인복지시설의 장과 그 종사자로서 시설에서 장애 아동에 한 상담 · 치료 · 훈련 또는 요양 업무를 수행하는 사람
17. 「정신보건법」 제3조제3호에 따른 정신의료기관, 같은 조 제4호에 따른 정신질환자사회 복귀시설, 같은 조 제5호에 따른 정신요양시설 및 같은 법 제13조의2에 따른 정신보건 센터의 장과 그 종사자
18. 청소년기본법」 제3조제6호에 따른 청소년시설 및 같은 조 제8호에 따른 청소년단체의 장과 그 종사자
19. 「청소년보호법」 제35조에 따른 청소년보호 · 재활센터의 장과 그 종사자
20. 「초 · 중등교육법」 제19조에 따른 교직원, 같은 법 제19조의2에 따른 전문상담교사 및 같은 법 제22조에 따른 산학겸임교사 등

21. 「한부모가족지원법」 제19조에 따른 한부모가족복지시설의 장과 그 종사자
22. 「학원의 설립·운영 및 과외교습에 관한 법률」 제6조에 따른 학원의 운영자·강사·직원 및 같은 법 제14조에 따른 교습소의 교습자·직원
23. 「아이돌봄 지원법」 제2조 제4호에 따른 아이돌보미
24. 「아동복지법」 제37조에 따른 취약계층 아동에 한 통합서비스 지원 수행인력
25. 「입양특례법」 제20조에 따른 입양기관의 장과 그 종사자

4) 공공 아동학대 대응체계

(1) 아동보호전문기관의 현황

아동학대와 방임은 아동의 건전한 발달을 저해하고 성인기까지 그 부작용이 지속되는 인권유린의 중대한 범죄이기 때문에 아동보호서비스는 아동의 건전한 성장발달과 아동권리를 보장하기 위한 것이다. 우리나라의 학대아동을 위한 서비스는 「아동복지법」 제45조에 의거하여 설치된 아동보호전문기관을 통해 이루어지고 있다. 아동보호전문기관은 아동학대 사건 접수, 현장조사 및 각종 서비스 제공 등의 업무를 수행하며 아동학대예방을 위한교육 및 캠페인을 진행하고 현재 아동보호전문기관은 전국에 89개소가 설치되어 있다.

〈표 7-8〉 전국아동보호전문기관 설치현황(2024년 기준)

서울	부산	대구	인천	광주	대전	울산	세종	경기	강원	충북	충남	전북	광주	전남	경북	경남	대구	제주	총계
10	5	3	4	2	3	2	1	23	5	4	3	6	2	5	4	6	3	2	89

출처: 아동권리보장원 홈페이지(https://www.ncrc.or.kr) 2024년 02월 20일 출력.

(2) 아동학대 예방

① e아동행복지원시스템 운영

e아동행복지원시스템은 사회보장 빅데이터를 활용하여 복지서비스 연계 및 아동학대 조사 등 보호가 필요한 아동을 예측·지원하는 상시발굴 시스템 구축하기 위한 것으로 2017년에 시스템을 구축한뒤 2018년부터 실시되었다. 이 시스템을 통해 아동학대전담공무원이 학대정황은 없으나 학대의 위험이 있을 수 있는 위기아동을 사전에 수집된 빅데이터를 바탕으로 예측하고 방문함으로써 위기아동의 모니터링이 가능하게 되었다.

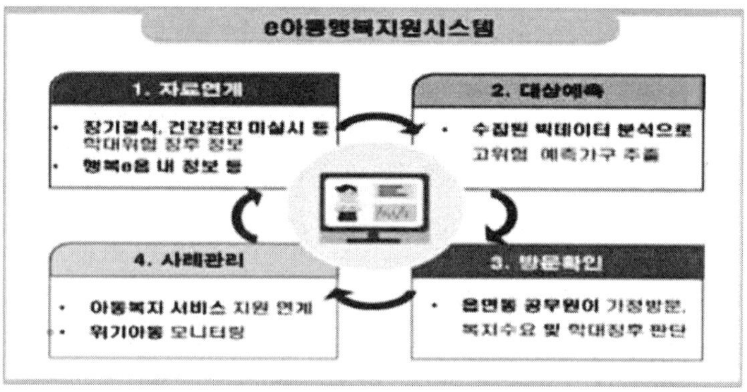

출처: 보건복지부(2024). 2024 아동분야 사업안내(2). p.189.

[그림 7-2] e아동행복지원시스템

② 만3세 아동소재ž안전 전수조사 실시

사회감시망(유치원/어린이집 재원) 밖에 있는 만 3세 아동에 대한 소재·안전 확인을 통해 아동보호를 강화하기 위한 것으로 매년 10월~12월에 진행된다. 전수조사의 수행체계는 〈그림 7-3〉과 같다.

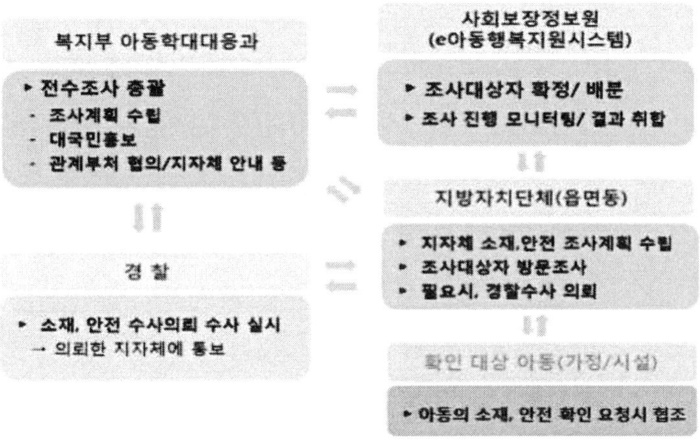

출처: 보건복지부(2024). 2024 아동분야 사업안내(2). p.191.

[그림 7-3] 전수조사 수행체계

③ 아동학대 범죄전력자 취업제한 제도

아동학대관련범죄 전력자가 아동관련기관에 일정기간 취업할 수 없도록 제한하여 아동을 아동학대 관련범죄로부터 예방 및 보호하기 위한 것이다. 취업제한대상은 아동학대관련범죄로 형 또는 치료감호를 선고받아 확정된 사람을 말하며, 일정기간동안(법원이 선고한 취업제한명령기간, 10년 이내) 아동관련 시설 또는 기관의 운영, 취업이 제한되며, 무보수 자원봉사자를 제외한 노무를 제공하는 모든 사람이 포함된다.

아동관련기관을 운영하려는 자에 대하여 본인의 동의를 받아 관할 경찰서에 아동학대관련 범죄 전력 조회를 요청하여야 하며, 범죄전력조회 미실시 경우 500만원 이하의 과태료가 부과된다.

(3) 아동학대 전담공무원의 배치

학대아동의 보호서비스는 종래에는「아동복지법」제45조에 따라 지방자치단체는 학대받은 아동의 발견, 보호, 치료에 대한 신속한 처리와 아동학대 예방을 위하여 지역아동보호전문기관을 시·도 및 시·군·구에 설치하여 운영해 왔다. 하지만 학대아동의 보호가 공공과 민간으로 분리되어 운영되어 오면서 공공 아동학대 대응체계에 대한 필요성이 지속적으로 제기되었다. 그 결과 2020년에 「아동복지법」 제22조 제4항에 따라 아동학대전담공무원이 122개 시 · 군 · 구에 292명이 배치되었고, 2022년에는 전국 229개 시 · 군 · 구에 852명, 2023년에는 전국 229개 시 · 군 · 구에 897명 배치되었다(보건복지부, 2024).

(4) 아동학대 발생시 단계별 업무 수행절차

① 신고접수

일반인과 신고 의무자를 포함한 모든 국민은 아동학대를 알게 되었거나 의심되는 경우 시 · 군 · 구 아동학대전담공무원이나 112로 신고를 할 수 있다.

② 아동학대 조사

「아동학대범죄의 처벌 등에 관한 특례법」 제 11조에 따르면 아동학대범죄 신고를 접수한 사법경찰관리나 아동학대전담공무원/ 아동보호전문기관의 직원은 아동학대 의심사례로 신고된 건에 대해서는 지체 없이 아동학대범죄의 현장에 출동하여야 한다. 이 경우 수사기관의 장이나 아동보호전문기관의 장은 서로 동행하여 줄 것을 요청할 수 있으며, 그 요청을 받은 수사기관의 장이나 아동보호전문기관의 장은 정당한 사유가 없으면 사법경찰관리나 그 소속 직원이 아동학대범죄 현장에 동행하도록 조치하여야 한다. 기관 간 각 고유역할에 따라 아동학대전담공무원은 '피해(의심)아동보호'에, 경찰은 '수사'에 집중하여 아동학대 업무를 수행한다.

③ 사례판단

아동학대 판단척도 및 시·군·구 내 자체사례회의를 필수적으로 실시하고, 필요한 경우 통합사례회의, 사례결정위원회를 활용하여 외부 전문의견 청취하여 사례판단이 가능하다.

④ 피해아동보호계획 수립 및 조치

아동학대의 조사와 사례판단의 결과를 바탕으로 피해아동보호조치 여부, 학대행위에 대한 개입방향 및 절차, 피해아동 및 그 가족에 대한 지원 등 전반적인 보호 및 지원계획을 수립한다. 아동학대전담공무원은 피해아동을 위한 계획에 따라 아동보호전문기관이나 가정위탁지원센터 등 관련기관에 통보를 한다.

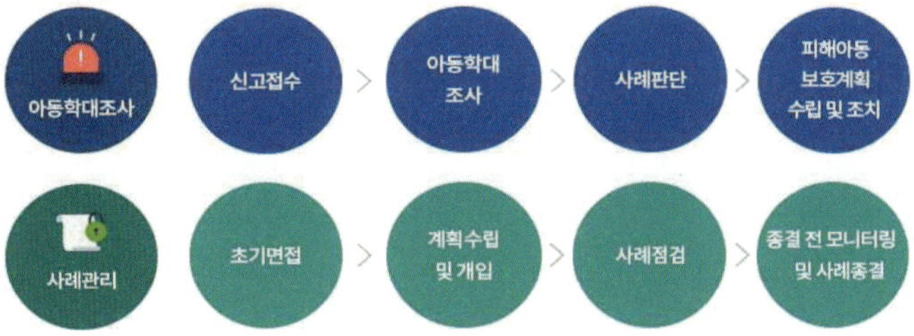

[그림 7-4] 아동학대 업무 흐름도
출처: 아동권리보장원 홈페이지(https://www.ncrc.or.kr). 2024. 02.20 출력.

「아동복지법」 제45조와 「아동학대범죄의 처벌 등에 관한 특례법」에 따라 아동학대 사건에 대한 조치를 하게 된다. 아동보호사건의 관할은 아동학대행위자가 살고 있는 거주지 관할의 가정법원에서 이루어진다. 아동학대사건이 발생했을 때 이루어지는 전체 과정은 〈그림 7-5〉와 같다.

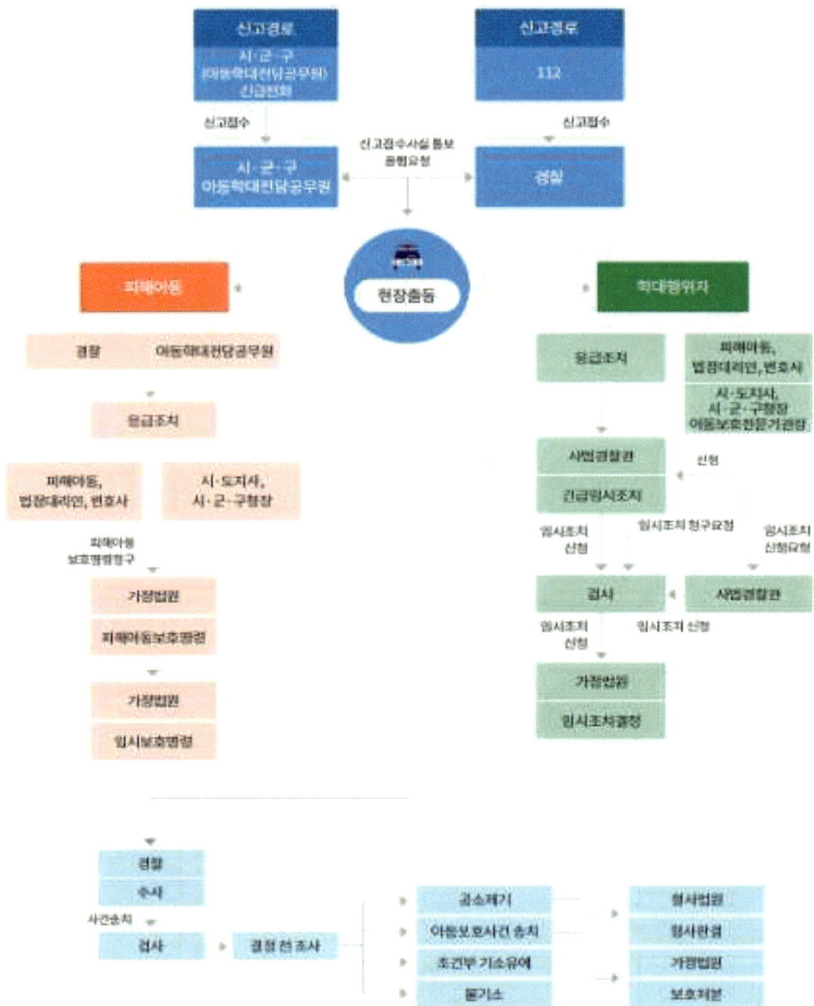

출처: 아동권리보장원 홈페이지(https://www.ncrc.or.kr). 2024. 02.20 출력.

[그림 7-5] 아동학대사건 사법처리절차

아동학대 신고의무자를 위한 아동학대 체크리스트

연번	체크항목	체크란(✔)	
1	사고로 보이기에는 미심쩍은 멍이나 상처가 발생한다.	예 ☐	아니오 ☐
2	상처 및 상흔에 대한 아동 혹은 보호자의 설명이 불명확하다.	예 ☐	아니오 ☐
3	보호자가 아동이 매를 맞고 자라야 한다는 생각을 갖고 있거나 체벌을 사용한다.	예 ☐	아니오 ☐
4	아동이 보호자에게 언어적, 정서적 위협을 당한다.	예 ☐	아니오 ☐
5	아동이 보호자에게 감금, 억제, 기타 가학적인 행위를 당한다.	예 ☐	아니오 ☐
6	기아, 영양실조, 적절하지 못한 영양섭취를 보인다.	예 ☐	아니오 ☐
7	계절에 맞지 않는 옷, 청결하지 못한 외모를 보인다.	예 ☐	아니오 ☐
8	불결한 환경이나 위험한 상태로부터 아동을 보호하지 않고 방치한다.	예 ☐	아니오 ☐
9	성학대로 의심될 성 질환이 있거나 임신 등의 신체적 흔적이 있다.	예 ☐	아니오 ☐
10	나이에 맞지 않는 성적 행동 및 해박하고 조숙한 성지식을 보인다.	예 ☐	아니오 ☐
11	자주 결석하거나 결석에 대한 사유가 불명확하다.	예 ☐	아니오 ☐
12	필요한 의료적 처치 혹은 필요한 아동에게 예방접종을 실시하지 않는다.	예 ☐	아니오 ☐
13	보호자에 대한 거부감과 두려움을 보이고, 집(보호기관)으로 돌아가는 것에 대해 두려워한다.	예 ☐	아니오 ☐
14	아동이 매우 공격적이거나 위축된 모습 등의 극단적인 행동을 한다.	예 ☐	아니오 ☐
15	"아동학대 체크리스트" 1－14에 해당되지는 않지만 그 외의 학대로 의심되는 경우(학대 의심 사항 :)	예 ☐	아니오 ☐

1개 문항 이상 "예" 라고 체크된 경우, 아동학대를 의심해 볼 수 있는 상황입니다.
아동학대가 "의심"되면 아동학대 신고전화 112로 반드시 신고해 주시기 바랍니다.
출처: 아동권리보장원 홈페이지(https://www.ncrc.or.kr). 2024. 02.20 출력.

6. 학대아동보호서비스의 개선방향

2000년 17개소 '아동학대예방센터'를 시작으로 본격화된 학대 아동에 대한 아동보호전문기관은 20년이 가까워 온 현재 효율적인 아동보호체계로 자리를 잡아가고 있으나 학대피해 아동을 보호하기 위해서는 다음의 상황을 고려할 필요가 있다.

첫째, 신고와 조사에 기반한 현 시스템상의 문제점을 들 수 있다. 신고율이 외국에 비해 높지 않음에도 불구하고 우리나라의 경우 학대로 신고된 사례의 학대 판정 비율이 높은 것은 다른 시각에서 보면 신고된 학대사례의 경우 학대의 정도가 누가 보더라도 분명하고 심각한 정도가 되어야 문제의 심각성을 인식하는 사회문화적인 배경을 반영하는 것이라고 할 수 있다. 따라서 신체적 학대와 같은 외현적으로 가시화되기 쉬운 학대행위에 비해 외면적으로 잘 드러나지 않는 정서적 학대나 성학대, 방임 등은 신고가 되지 않을 가능성이 높아 장기적으로 학대에 방치될 가능성이 높다. 이러한 점을 보완하기 위하여 잠재적인 아동학대 위험 집단에 대한 예방적인 교육이 필요할 것으로 판단된다.

둘째, 아동학대 고위험군 아동의 특별관리 지원이 필요하다. 고위험군 아동에 대한 적극적인 개입이 요구된다. 영아는 스스로를 보호할 수 없으며 아동학대에 대한 매우 취약한 특성을 가진다. 영아를 안전하게 보호하고 건강하게 성장하도록 집중적인 지원정책 마련이 필요하다. 다문화가족 학대 사례의 경우 가족 중심의 서비스를 개입하며 문화차이로 인한 이질감, 사회적 소외감, 혼혈 자녀에 대한 양육 및 교육에 대한 정보 부족, 언어차이로 인한 의사소통의 어려움 등 예상되는 문제 해결을 위한 사회적 지원정책이 마련되어야 할 것이다. 다문화가족지원센터와 다문화가족지원법 시행 등 보다 적극적이고 구체적인 접근이 필요하다.

셋째, 아동학대전담공무원의 역할 수행을 위한 현실적인 지원이 확대될 필요가 있다. 2020년에 도입한 아동학대 전담 공무원은 만성적인력난과 과중한 업무로 기피직군으로 인식되어 담당 공무원의 희생을 강요하는 방식으로 운영되고 있다는 지적이 이어지고 있다. 2020년~2022년의 통계를 종합해 보면 1인당 연평균 74건의 학대 의심사례를 처리한 것으로 보고되었다.

또한 전담공무원의 역할과 권한을 명확히 규정할 필요가 있다. 현행 아동학대처벌법에서는 출동한 사법경찰관리나 학대전담공무원 및 아동보호전문기관의 직원이 학대 신고된 현장에 출입하여 아동 또는 학대행위자 등관계인에 대하여 조사를 하거나 질문을 할 수 있는 권한을 부여하고 있다. 학대전담공무원 및 아동보호전문기관의 직원은 피해아동의 보호를 위한 범위에서만 학대행위자 등관계인에 대하여 조사 또는 질문을 할 수 있도록 하고 있다(동조 제2항). 이때 누구든지 현장에 출동한 사법경찰관리나 아동보호전문기관의 직원이 업무를 수행할 때에 폭행·협박이나 현장조사를 거부하는 등 그 업무 수행을 방해하는 행위를 하여서는 아니 되며(동조 제3항), 이를 위반한 경우에는 형사처벌을 할 수 있도록 하고 있다(제61조).

지금까지 아동보호전문기관의 직원이 학대 현장 점검을 할 때 경찰과 함께 출동하면 상황이 좀 낫지만 법적 근거가 없어 경찰에서 협조를 해줘야만 가능한데 현실적으로 학대사례 조사 때마다 경찰과 동행하는 것이 쉽지 않은 상황이기 때문에 아동보호기관의 상담원은 신변의 위협을 느끼며 아동학대 가해자와 맞닥뜨리고 피해 아동을 보호해야 하는 업무만 지워져 있다고 해도 과언이 아니다. 사실상 적절한 조치를 취할 수 있는 권한조차 없어 경찰의 업무보조에 지나지 않는 경우도 있다는 지적이 계속되고 있는데, 준사법권에 준하는 권한을 상담원에게 부여해 줄 필요가 있다는 주장(Powell, 2003, 재인용)은 설득력이 있다.

그러나 일각에서는 수사기관도 아닌 민간이 신분의 아동보호전문기관 직원에게 사법경찰권을 부여하는 것은 헌법상의 영장주의 원칙 등에 비추어 문제가 있으며, 아동보호기관 직원의 경우 수사에 대해서는 비전문가이므로 수사의 미숙이나 수사권의 남용의 우려가 크다(강동욱, 2014, 재인용)는 등의 여러 우려사항 때문에 의견의 일치를 보기가 어려웠다. 이러한 상황에서 아동학대 현장에 출동한 아동보호전문기관 직원의 질문에 대하여 학대행위자 등의 수인의무와 방해금지를 명문화하고, 이에 대한 형사처벌 규정을 마련함으로써 아동보호전문기관의 조기개입이 가능하게 되었고, 피해아동과 학대행위자의 분리 등을 통해 학대행위의 중지·차단 등 피해아동보호를 위한 조치의 실효성을 기대할 수 있게 되었다(강동욱, 2014).

제8장

가정위탁보호서비스

1. 가정위탁보호의 개념 및 필요성

1) 가정위탁보호의 개념

「아동복지법」 제3조에 따르면 '가정위탁'이란 보호대상아동의 보호를 위하여 성범죄, 가정폭력, 아동학대, 정신질환 등의 전력이 없는 적합한 가정에 보호대상아동을 일정 기간 위탁하는 것을 말한다. 여기에서 '보호대상아동'이란 보호자가 없거나 보호자로부터 이탈된 아동 또는 보호자가 아동을 학대하는 경우 등 그 보호자가 아동을 양육하기에 적당하지 아니하거나 양육할 능력이 없는 경우의 아동을 말한다.

가정위탁보호는 아동이 가정 내외의 여러 가지 요인(부모의 사망이나 실직, 질병, 학대, 방임, 알코올중독, 약물중독, 수감) 등으로 친가정에서 정상적으로 양육될 수 없을 때 일정기간 동안 다른 가정에서 아동을 보호 양육하며 친가정이 정상화되어 가족기능을 회복할 수 있도록 지원하는 전문적인 가정지원서비스이다. 이런 가정위탁보호는 계획된 기간의 설정이 필요한데, 이는 영구 보호가 아니라는 점을 말한다. 또한 사회사업기관에 의해 마련되는 보호, 즉 가정위탁보호 사업은 아동에게나 그 부모에게 가장 적합한 서비스이며 계속적인 책임을 지는 사회사업기관에 의하여 마련되는 보호라고 정의할 수 있다.

과거에는 시설보호가 보호를 필요로 하는 아동의 주요한 대책이었지만, 아동의 성격발달이나 행동에 미치는 시설보호의 여러 문제가 지적되면서 복지 선진 국가들은 가정위탁보호제도를 보편적인 아동보호제도로 선택하여 실시해 오고 있다. 우리나라의 경우 가정위탁보호가 처음 시작되었던 2003년 당시만 해도 전체 요보호아동 중 가정위탁아동이 차지하는 비율이 양육시설보호의 절반 수준이었던 것이 2018년에는 양육시설 1,300건, 가정위탁 937건으로 보호아동의 필요조치 중 두 번째로 높은 비율을 나타내고 있다.

가정위탁보호는 여러 가지 사회적 · 개인적 원인으로 인하여 부모(부양의무자)에 의해 양육되지 못하는 아동을 친부모에게 다시 돌아갈 때까지, 혹은 아동에게 영구적인 양육환경이 결정되고 제공될 때까지 다른 가정에서 건강하고 안전하게 성장하도록 보호하는 것에 그 목적이 있다. 가정위탁보호는 친부모가 친권을 포기해야 하는 입양제도와는 달리 일차적으로 아동의 친가정으로 복귀되도록 하는데 목적이 있으며 시설에서 성장하거나 소년소녀가장으로서 방치되는 일이 발생하지 않도록 한다.

2) 가정위탁보호의 필요성

영유아기는 발달의 결정적인 시기로 이 시기에 안정된 가정에서 부모의 관심과 애정을 받으며 성장하는 것은 아동의 발달에서 중요한 요소가 된다. 하지만 그러한 가정환경에서 자랄 수 없는 상황이 생겼을 때 아동은 부모와 가정을 대신해 줄 수 있는 환경이 필요하다. 가정위탁보호는 보호대상아동에게 시설보다는 보호 · 양육하기를 희망하는 가정에 위탁 양육함으로써 가정적인 분위기에서 건전한 사회인으로 자랄 수 있도록 하기 위한 제도이다.

이러한 가정위탁보호의 특징은 다음과 같이 기술할 수 있다(김희연, 박은미, 이주현, 2006).

첫째, 가정위탁은 포괄적인 가정지원서비스로 개념화되어야 한다는 것이다. 아동이 친가족으로 복귀하기 위해서는 가족의 문제가 해결되어야 한다. 그러므로 아동을 양육할 수 없게 된 가족문제 해결에 초점을 두어야 한다는 점이 강조되고 있는 것이다.

둘째, 가정위탁은 사려 깊게 계획된 서비스라는 것이다. 과거 가정위탁은 단지 아동을 친가족을 대신해서 보호하는 것을 주목적으로 하였으나 이제는 아동과 가족의 잠재력을 최대한 발휘하도록 지원하기 위해서 계획되어야 한다는 점이 강조된다. 특히, 아동의 문제 상황에 따라 보호유형을 달리함으로써 최적의 상황에서 아동이 보호되도록 하여야 한다.

셋째, 시간-제한이 있는 서비스라는 점이다. 가정위탁은 아동이 영구적인 배치를 받기 전까지의 서비스인 것이다. 따라서 가정위탁의 주요 기능으로 응급보호, 위기개입, 사정과 사례계획, 친가족 복귀, 입양준비, 자립생활 준비 등을 포함하게 된다.

3) 가정위탁보호의 실천원칙

보호가 필요한 아동에게 가정위탁을 제공해 줄 경우 우선적으로 고려할 사항이 있다. 중앙위탁가정위탁센터에서 제시한 가정위탁보호의 실천원칙은 다음과 같다.

첫째, 아동중심의 원칙이다. 아동중심 원칙은 가정위탁보호에 있어서 아동의 건전한 인격형성을 최우선으로 고려해야 한다는 것이다.

둘째, 가족보존의 원칙이다. 가족보존의 원칙은 친가정의 가족기능을 회복시켜 아동이 친가정으로 복귀하는 것을 돕고 친가정 유지가 어려운 경우에는 대리가정을 발굴하여 건강한 위탁가정을 유지한다는 것이다.

셋째, 친인척 가정 우선 배치의 원칙이다. 이 원칙은 친인척가정에 특별한 결격사유가 없는 한 아동의 문화적, 정서적 충격을 최소화하고자 아동 본인의 의사를 고려하여 친인척 가정에 우선 배치한다는 것이다.

넷째, 연계성의 원칙이다. 아동의 건강한 성장과 친가정의 가족기능 회복을 위해 지역사회 협력기관과 네트워크체계를 구축하여 맞춤서비스를 제공한다는 원칙이다.

다섯째, 적절성의 원칙이다. 적절성의 원칙이란 아동 및 위탁가정의 특성이 고려된 적합한 위탁가정에 아동을 배치하고 사례 개입에 요구되는 적절한 서비스를 제공하는 것이다.

여섯째, 전문성의 원칙이다. 이는 위탁보호 과정에서 발생되는 다양한 문제에 효과적으로 대처하기 위해 각 분야별 전문적인 서비스를 제공하고 지속적인 교육을 통한 전문성을 향상한다는 것을 의미한다.

2. 가정위탁보호의 주요 내용

1) 가정위탁보호의 구성요소

가정위탁보호는 위탁아동, 위탁가정, 친가정과 가정위탁지원센터가 네 주체로 협력하여 참여하게 된다. 위탁부모는 아동과 그의 친부모와 관계를 맺으며 친부모도 역시 위탁부모와 관계를 형성한다. 이렇게 하여 아동은 양가 부모와 관계를 맺게 되고 아울러 이들 세 요소는 가정위탁보호사업의 실시에 있어 각기 독자적인 영역을 보유하게 된다. 위탁서비스 기관은 위탁 전 과정에 참여하여 위탁아동, 친부모, 위탁부모에게 계속적인 서비스를 제공하게 되는데 이때 지역사회의 특별한 여건들이 영향을 주게 된다.

(1) 위탁아동

「아동복지법」 제3조에 따라 가정위탁대상이 되는 보호대상아동은 보호아동과 보호연장가능아동으로 나눌 수 있다.

① 보호아동

보호아동은 18세 미만의 아동(8세 이상인 경우에도 고등학교 재학 중인 아동은 포함)으로 보호자가 없거나 보호자로부터 이탈된 아동, 아동을 학대하는 경우 등 그 보호자가 아동을 양육하기에 적당하지 아니하거나 능력이 없는 경우의 아동으로 보호대상아동 발생시 2세 미만 아동은 가정위탁으로 우선 배치된다.

② 보호연장가능아동

보호조치 중인 18세 이상 아동 중 다음의 요건에 해당하면 위탁보호기간을 연장 가능(아동복지법 제16)하다.

③ 보호연장가능아동 소년소녀가정의 가정위탁보호 전환 추진

소년소녀가정보호 제도는 아동에게 위험을 초래할 수 있어 UN 등에서도 폐지를 권고하고 있는 제도이다. 소년소녀가정에게는 대리양육, 친·인척, 일반 가정위탁 등 위탁가정을 발굴하여 소년소녀가정을 가정 위탁보호로 전환 필요하다. 소년소녀가정이 가정위탁아동으로 전환된 경우, 소년소녀가정에 지원되었던 결연, 학자금 대여, 대학특례입학, 장학금 등 각종 지원이 중단되지 않도록 해야 한다.

(2) 위탁가정(부모)

위탁부모는 보호가 필요한 아동을 위탁받아 위탁기간 동안 돌봐주면서 친부모의 역할을 대신하는 부모로서, 가정위탁보호의 성공 여부를 결정하는 중요한 요인이라고 할 수 있다. 프레데릭슨(1972)은 위탁부모의 자질로 다음과 같은 내용을 들고 있는데 확고한 인생관과 도덕적·윤리적·가치평가적 기준을 가지고 아동의 정서적 결함을 보충해 줄 정도의 이해력과 민감성을 지니고 있어야 한다고 하였다. 또한 아동의 욕구와 문제를 도와주기 우하여 기관의 협조체제를 잘 받아들여야 한다고 하였다. 「아동복지법」 시행규칙 제2조에 따른 위탁가정 선정기준은 다음과 같다.

〈표 8-1〉 위탁가정 선정기준

1. 위탁아동을 양육하기에 적합한 수준의 소득이 있을 것
2. 위탁아동에 대하여 종교의 자유를 인정하고 건전한 사회 구성원으로 자랄 수 있도록 양육과 교육을 할 수 있을 것
   * 종교시설(교회, 사찰 등의 본당과 부속 건물을 말함)을 주거지로 삼아 생활하는 종교인은 가정위탁보호의 취지와 맞지 않으므로 위탁부모가 될 수 없음
3. 위탁부모의 나이가 25세 이상(부부의 경우 부부 모두 해당)으로서 위탁아동과의 나이 차이가 60세 미만일 것
   * 다만, 시·도지사, 시장·군수·구청장이 위탁아동을 건전하게 양육하기에 위탁가정의 환경이 적합하다고 인정하는 경우에는 가능
4. 자녀가 없거나 자녀의 수가 위탁아동을 포함하여 4명 이내일 것(18세 이상 자녀 제외)
5. 가정에 성범죄, 가정폭력, 아동학대, 마약, 알코올, 약물중독, 정신질환 등의 전력이 있는 사람이 없을 것
6. 위탁가정 선정 시 추가 검토사항

① 위탁아동을 친자녀처럼 양육하기에 필요한 성품·경험·지식을 갖춘 자를 위탁부모로 선정
   - 혼인관계를 유지하고 자신의 아이를 키워 본 경험이 있는 자를 우선하되, 시장·군수·구청장, 가정위탁지원센터의 장이 위탁아동을 건강하게 양육하기에 적합하다고 인정하는 경우에는 혼인을 하지 않았거나 양육 경험이 없는 자도 선정 가능

② 가정이 화목하고 정신적·신체적으로 위탁아동을 양육함에 현저한 장애가 없을 것

③ 위탁아동과 동거할 것(위탁부모의 주소지에서 동거할 것)

④ 위탁아동을 건강하게 부양하기에 어려움이 없을 정도의 재산이 있을 것
   - 경제적인 목적이 아닌 선의의 동기로 위탁아동 양육을 결정한 것에 대한 확인이 필요함
   - 기초생활보장수급자(생계급여·의료급여수급자)는 적합한 수준의 소득이 있다고 볼 수 없음

⑤ 위탁가정으로 적합한지 여부를 가정조사 시 이웃 등을 통해 확인
   - 드림스타트 등 지역사회복지기관 또는 이웃주민의 추천 등

⑥ 위탁부모가 될 자가 대한민국 국민이 아닌 경우, 아동복지법 시행규칙 제2조(위탁가정의 선정기준)에 따라 위탁부모가 될 자격이 있을 것

출처: 보건복지부(2024). 2024년 아동분야 사업안내 1권.

(3) 친가정(부모)

친가정, 친부모는 가정 내의 일시적 사정으로 자녀들의 가정위탁보호를 요청한 가정(부모)이다. 언젠가 재결합될 성공적인 가족구성원들을 위해 지역사회나 기관은 부모의 일상생활에 대한 문제 등에 이해를 시키고, 자녀가 위탁되어 있는 동안 신체적, 지적, 사회적, 정서적으로 성장할 수 있도록 기회를 주어야 한다.

(4) 가정위탁지원센터

가정위탁지원센터는 시 · 도(시 · 군 · 구)의 가정위탁보호 업무를 지원 · 협력하여 위탁아동이 건전하고 안정적인 가정 내에서 보호 · 양육되도록 지원하는 기관이다. 가정위탁지원센터에는 중앙가정위탁지원센터와 지역가정위탁지원센터가 있다. 중앙가정위탁지원센터는 지역가정위탁지원센터를 지원하며, 가정위탁제도와 관련한 정책수립 및 교육, 가정위탁 인식증진을 위한 대국민 홍보사업 등을 전개하는 보건복지부 위탁기관이다. 그리고 지역가정위탁지원센터는 친가정 내 보호가 어려운 아동에게 위탁가정을 제공하여 건강한 성장과 발달을 돕고 위탁부모를 발굴, 교육하고 가정위탁보호 아동의 전문적인 관리와 지원을 담당한다.

2) 가정위탁보호의 유형

「아동복지법」 제 15조에 의하면 시 · 도지사 또는 시장 · 군수 · 구청장은 그 관할 구역에서 보호대상아동을 발견하거나 보호자의 의뢰를 받은 때에는 아동의 최상의 이익을 위하여 보호자 또는 대리양육을 원하는 연고자에 대하여 그 가정에서 아동을 보호 · 양육할 수 있도록 조치하거나(제2항) 아동의 보호를 희망하는 사람에게 가정위탁하도록 규정하였다(제3항).

위탁보호의 유형에는 여러 가지가 있는데, 일반적으로 다음과 같이 구분할 수 있다.

(1) 일반적 분류

① 무료위탁보호

무료위탁보호는 우리나라 가정위탁보호사업의 효시를 이루는 것으로 순수한 자원봉사로 무상으로 위탁받은 아동을 가정에서 돌보는 것에서 기쁨을 느끼거나 자선차원에서 무료로 제공되는 것을 말한다.

② 유료위탁보호

사회기관이 위탁보호를 맡고 있는 가정에게 양육에 대한 비용을 지급한다. 유료위탁보호의 예로 아이의 출산, 수술 등의 이유로 아이를 돌볼 수 없을 때에 다른 가정에 위탁하여 보호를 의뢰하는 경우를 들 수 있다. 우리나라에서는 집단시설 보호가 어려운 어린 유아를 대상으로 입양을 알선하는 기관에서 유료위탁보호를 제공하는 경우가 많다.

③ 고용위탁보호

고용위탁은 위탁의 형식을 빌려서 아동양육의 대가로 소정의 직업훈련 내지 교육을 실시해 주는 것을 말한다. 고용위탁보호는 보호받는 아동이 숙식과 임금도 제공받을 수 있는 위탁과 단순히 노동의 대가로 숙식만 제공받는 두 가지 형태가 있다. 우리나라의 경우 「근로기준법」에 의해 만 13세 이상의 아동만이 그 대상이 된다.

④ 전문위탁보호

전문위탁보호는 정서적 문제가 심각하거나 행동은 불안하지만 가정생활을 함으로써 어떤 도움을 받을 수 있는 아동을 위한 것이다. 이러한 경우

양부모는 높은 수준의 인격과 훈련을 받은 사람이어야 하며, 이들에 대한 보수는 다른 보통 가정의 가정위탁보호보다 비싸며, 양부모는 아이들의 치료자의 역할을 하는 것이라 볼 수 있다.

가정위탁보호 신청 아동 중 2세 이하 아동, 학대피해아동 장애아동의 경우 전문가정위탁보호로 책정이 가능하다.

전문위탁부모의 자격을 갖추기 위해서는 일반위탁부모의 선정요건을 충족하고, 가정위탁지원센터의 전문가정위탁 부모교육과정을 이수한 사람으로서, 다음과 같은 요건을 한 가지 이상 갖추어야 한다.

- 가정위탁부모 경험이 3년 이상인 자
- 「사회복지사업법」 시행령 제2조제1항에 따른 사회복지사의 자격
- 「영유아보육법」 제21조제2항에 따른 보육교사의 자격
- 「유아교육법」 제22조에 따른 교사의 자격
- 「초·중등교육법」 제21조에 따른 교사의 자격
- 「의료법」 제2조제1항에 따른 의료인의 자격
- 「청소년기본법」 제22조제1항에 따른 청소년상담사의 자격
- 대학에서 심리 관련학을 전공하고 아동·청소년 심리치료 경력이 3년 이상인 자
- 「고등교육법」 제2조에 따른 학교 또는 「평생교육법」 제32조제1항·제33조제3항에 따라 교육부장관의 인가를 받아 전문대학·대학졸업자와 동등한 학력·학위가 인정되는 평생교육시설에서 심리 관련 학과를 졸업한 사람으로서 해당 분야의 경력이 3년 이상인 사람
- 전문 가정위탁의 보호가 필요한 아동을 3년 이상 일반 가정위탁 보호하였으며, 현재도 보호 중일 것

* 전문가정위탁 보호가 필요한 아동: 학대피해아동, 2세 이하(36개월 미만) 아동, 장애아동, 경계선지능아동(종합심리검사 결과 경계선지능으로 진단받은 아동)

⑤ 장기위탁보호

친부모에게 돌아갈 수 없거나 연구적인 가정생활이 필요하고 양자로 맞을 부모의 수가 부족하여 입양하기 어려운 아이들에게 제공된다.

⑥ 일시가정위탁보호

시·군·구청장은 아동복지법 제15조제5항, 시행령 제19조에 따라 보호대상아동에 대한 긴급보호조치로 일시가정위탁 보호 조치할 수 있다. 일시가정위탁보호 기간은 최대 30일 이내로 하되, 필요한 경우 1회에 한해 연장 가능하다. 일시가정위탁보호의 경우 보호 결정일로부터 보호일수를 산정하여 위탁부모에게 보호비용을 지급하게 되는데 하루 3만 원 이상 지급을 권고한다.

⑦ 집단위탁보호

집단위탁보호는 보통 같은 성의 아이들을 4~12명으로 구성하여 한 가정에서 보호·양육하며 작은 시설 혹은 가정과 같은 형태로 그룹홈을 말한다. 시설에서 생활한 아동들이 사회나 가정으로 성공적으로 되돌아갈 수 있는지의 시험이 필요한 경우나 시설에서보다 자연스러운 생활경험의 기회가 필요한 경우에 해당된다.

(2) 위탁가정의 유형

우리나라에서 활용되고 있는 위탁가정의 유형은 다음과 같다.

① 일반가정위탁

일반가정위탁은 아동과 아무런 연고가 없는 일반가정에서 아동을 위탁하는 경우를 말한다. 일반가정은 가정위탁지원센터의 조건을 통과하고 아동이 건강하게 성장할 수 있도록 도와야 한다.

② 대리양육 가정위탁

부모 이외의 부양의무자인 친조부모나 외조부모가 아동을 양육하는 경우를 말한다.

③ 친·인척 가정위탁

친·인척 가정위탁은 부양의무자가 아닌 친·인척이 아동을 양육하는 경우를 말한다. 즉, 민법에 의한 8촌 이내의 혈족 등에 의한 양육으로서 친·인척 중 아동을 보호할 수 있는 가정을 선정하여 아동을 보호하는 경우이다.

3) 가정위탁보호의 선정 절차

가정위탁보호의 업무는 시·군·구 또는 가정위탁지원센터에 위탁가정의 결정의뢰를 하면 가정환경조사, 범죄경력 및 아동학대 이력 조회 등의 신청자 자격확인과 가정조사를 한 후 위탁가정을 결정하고 결정통보를 한다. 그러면 가정위탁지원센터에서는 아동적응을 위한 상담 및 제반 서비스를 통해 위탁가정에는 위탁부모 교육, 가정조사, 양육 상담 서비스를 제공하고 친가정에는 가정 기능 회복을 위한 상담 및 제반 서비스를 제공하여 위탁아동이 친가정으로 돌아갈 수 있도록 한다.

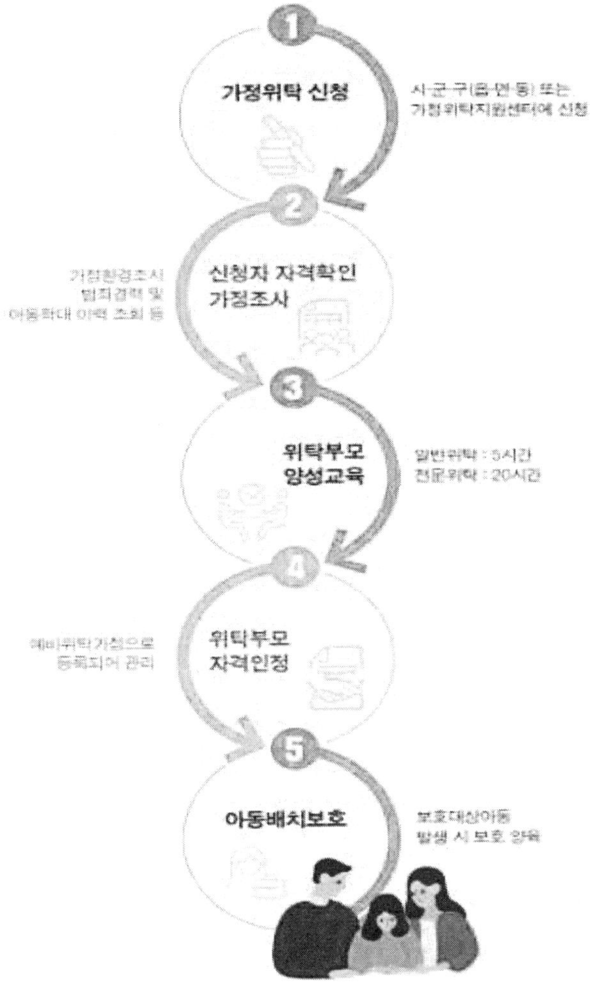

출처: 아동권리보장원 홈페이지(https://www.ncrc.or.kr). 2024. 02.20 출력.

[그림 8-1] 위탁가정 신청절차

4) 가정위탁보호제도의 정책

(1) 가정위탁 지원정책

가정위탁보호 사업은 위탁가정과 위탁아동에게 제공하는 서비스와 프로그램과 더불어 정부의 재정지원이 함께 이루어지고 있다.

먼저 정부의 재정지원을 보면, 모든 위탁가정은 위탁아동 1인당 양육보조금으로 월 30만원~50만원 이상을 지급하도록 권고한다. 위탁보호아동은 부양능력이 있는 부양의무자가 존재하는 경우에도 실질적인 가족관계의 단절로 볼 수 있는 경우 「국민기초생활보장법」에 의하여 생계비, 교육비 및 의료 급여 등을 받을 수 있다. 정부의 재정지원 내용을 정리하면 다음과 같다.

〈표 8-2〉 위탁가정 지원혜택(2024년 기준)

양육보조금	아동 1인당 월 30~50만원 차등 지급 권고
생계 · 의료 · 교육급여	국민기초생활보장법에 의한 급여
전문아동보호비	아동 1인당 월 100만원 이상 지급(전문위탁가정에 해당)
일시보호비	일 3만원 이상 지급 권고(일시위탁가정에 해당)
아동용품구입비	아동 1인당 월 100만원 이상 지급 권고(최초 1회)
위탁아동 상해보험가입	상해보험료 지원(부양자 1인이 후유장애 포함)
심리검사 · 치료	위탁아동 심리검사 · 치료비 지원
전세주택	전세자금 및 임대보증금 지원
자립지원	정착금, 수당, 대학진학자금 등
사례관리	교육, 상담, 서비스 제공, 원가정 복귀 지원

출처: 아동권리보장원 홈페이지(https://www.ncrc.or.kr). 2024. 02.20 출력.

(2) 가정위탁지원센터의 서비스 내용

2024년에 전국에 18개의 가정위탁지원센터가 있다. 아동권리보장원은 가정위탁지원센터의 업무를 총괄 지원하며, 가정위탁제도와 관련한 정책 수립 및 교육, 가정위탁 인식증진을 위한 대국민 홍보사업 등을 전개한다.

가정위탁지원센터는 친가정 내 보호가 어려운 아동에게 위탁가정을 제공하여 건강한 성장과 발달을 돕고 위탁부모를 발굴, 교육하고 가정위탁보호 아동의 전문적인 관리와 지원을 담당한다.

(3) 위탁가정 부모교육의 내용

위탁가정 부모교육은 가정위탁사업을 신청, 접수한 위탁부모를 대상으로 이루어진다. 부모교육의 유형에는 예비위탁부모 양성교육, 위탁부모 보수교육, 전문위탁부모 부모교육으로 나누어 진행되며, 지속적이고 정기적인 교육을 통해 가정위탁보호사업 전반에 대한 이해를 도모할 수 있도록 하고, 아동을 적절히 보호하고 양육할 수 있는 정보, 기술, 지식을 획득할 수 있도록 한다. 위탁부모교육의 내용은 〈표 8-3〉과 같다.

〈표 8-3〉 위탁가정 부모교육의 유형

유형	예비위탁부모교육	위탁부모 보수교육	전문위탁부모 양성교육
대상	가정위탁을 희망하는 예비위탁부모 대상(위탁부모 중 1명 이상)	양성교육을 이수한 위탁부모 대상(위탁부모 중 1명 이상)	전문가정위탁을 희망하는 위탁부모 대상(위탁부모 중 1명 이상)
교육시간	5시간	5시간	20시간
교육시기	아동 배치 이전	연 1회	아동 배치 이전
교육내용	▪ 가정위탁 사업의 이해 ▪ 위탁보호자의 역할과 의무 ▪ 위탁아동의 특성과 위탁 양육의 실제 ▪ 문제 행동의 원인과 대처방법 ▪ 효과적인 부모역할 실시 ▪ 집단 프로그램(위탁 사례발표, 질의응답)	▪ 위탁보호자의 역할과 의무 ▪ 아동문제행동의 대처방법 및 양육기술훈련 ▪ 효과적인 부모자녀 관계 및 대화기술(친자녀 및 위탁아동) ▪ 친가정에 대한 이해 ▪ 양육사례 연구	(전문가정위탁 대상) ▪ 36개월 미만 아동 ▪ 학대 피해 아동 ▪ 경계선 지능 아동 ▪ 장애 아동

출처: 아동권리보장원 홈페이지(https://www.ncrc.or.kr)에서 수정 정리

3. 가정위탁보호서비스의 운영실태

1) 가정위탁보호 현황

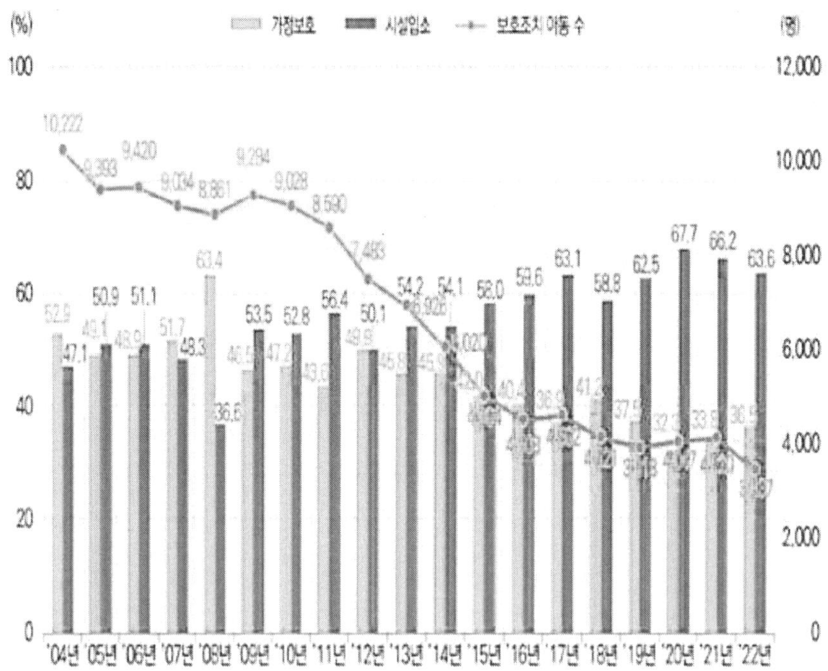

출처: 보건복지부(2022). 2022 가정위탁보호 현황보고서.

[그림 8-2] 연도별 보호필요아동 보호조치

〈그림 8-2〉는 보호필요아동의 보호조치를 연도별로 나타내고 있다. 2022년 보호필요아동은 3,437명 발생했고 그 중 가정보호와 시설입소아동 수는 각각 1,254명(36.5%), 2,183명(63.5%)이었다. 가정보호 비율은 2021년 전년 대비 2.73%P 증가하였으나 시설입소 비율은 2.6% 감소하였다.

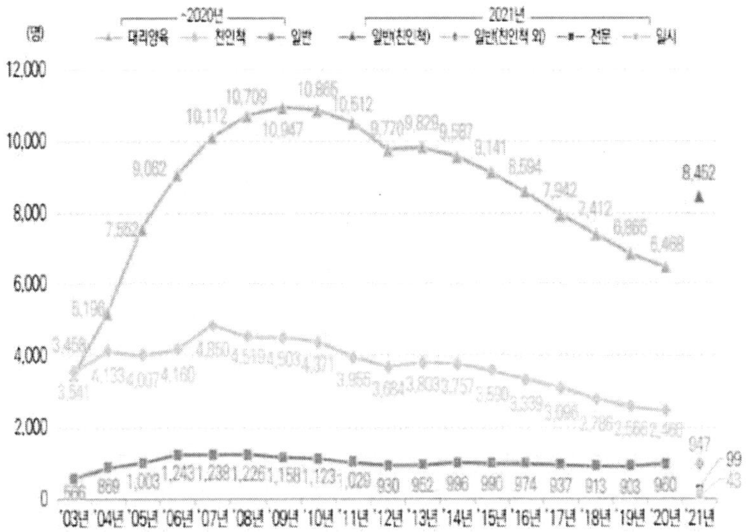

출처: 보건복지부(2022). 2021 가정위탁보호 현황보고서.

[그림 8-3] 연도별 위탁아동 수

〈그림 8-3〉는 위탁유형에 따른 연도별 위탁아동 수를 나타낸 것이다. 전체 가정위탁보호아동은 2013년을 제외하면 2010년 이후 전반적으로 감소추세를 보이고 있다. 2021년 위탁유형별 위탁아동의 비율은 일반(친인척) 위탁이 전년대비 1.7% 감소하였으며, 일반(친인척 외) 위탁은 0.2% 상승한 것으로 나타났다.

〈표 8-4〉는 2021년도 가정위탁보호결정 시 위탁아동의 연령과 성별을 위탁유형별로 나타낸 것이다. 위탁보호결정 시 아동의 성별은 남아 4,930명(51.7%), 여아 4,611명(48.3%)으로 남아가 많은 것으로 나타났다.

보호결정 시 연령은 보호대상 아동의 가정위탁보호 진입 시 연령은 8~10세(23.7%), 11~13세(22.2%), 4~7세(21.2%) 순으로 높은 비중을 차지했다. 영아기를 제외한 유아기부터 학령기연령까지 대체로 고르게 분포되었으며, 20세 이상(0.1%)은 전체 연령에서 가장 낮은 수치를 보였다.

〈표 8-4〉 위탁보호결정 시 위탁아동의 성별 및 연령

(단위 : 명, %)

구 분	계	성별		연령						
		남	여	1~3세	4~7세	8~10세	11~13세	14~16세	17~19세	20세 이상
총계	9,541	4,930	4,611	783	2,020	2,261	2,121	1,594	752	10
	100.0	51.7	48.3	8.2	21.2	23.7	22.2	16.7	7.9	0.1

출처: 보건복지부(2022). 2021 가정위탁보호 현황보고서.

〈표 8-5〉는 위탁유형별 가정위탁보호사유를 나타낸 것이다. 가정위탁보호사유 중 비중이 높은 순서는 이혼(27.8%), 부나 모의 사망(24.2), 별거/가출(22.0%), 순으로 나타났다. 가정위탁보호의 주 사유는 부나 모의 부재로 발생하는 비중이 높았다.

보호필요아동의 발생원인과 아동들의 가정위탁 사유는 학대와 방임 부모로부터 아동을 보호하기 위해 강제적으로 제공되는 외국과 달리 부모의 이혼, 별거, 가출 등 가족해체 등의 이유가 부분을 차지하고 있다. 이는 가족을 보존하기 한 충분한 노력 없이 친부모의 양육책임을 포기할 수 있는 가능성을 제공하는 결과를 만들어 친가정 복귀율의 저조와 장기위탁보호로 이어지는 결과를 낳고 있다.

〈표 8-5〉 가정위탁보호사유

(단위 : 명, %)

계	부모 모두 사망	부나 모의 사망	별거/가출	이혼	부모 수감	실직/빈곤	부모 질병	학대/방임	미혼모(부)/혼외 출생	시설 의뢰	부모 장애	기타
9,541	514	2,306	2,095	2,651	464	108	185	501	350	122	85	160
10.0	5.4	24.2	22.0	27.8	4.9	1.1	1.9	5.3	3.7	1.3	0.9	1.7

출처: 보건복지부(2022). 2021 가정위탁보호 현황보고서.

〈표 8-6〉는 위탁아동의 위탁기간을 위탁유형별로 나타낸 것이다. 6년 이상 장기간 보호된 아동은 44.3%, 1년 미만 보호아동은 11.3%로 나타났다. 위탁유형별로 살펴보면 일반(친인척) 가정위탁보호는 6년 이상 10년 미만이 각 25.6%로 가장 높은 비중을 차지했고, 일반(친인척 외) 가정위탁 보호는 10년 이상이 28.3%로 가장 높은 비중을 차지했다.

전체 위탁아동의 평균 위탁기간은 6년인 것으로 파악되었다. 위탁유형별로 평균 위탁기간을 살펴보면, 일반(친인척)위탁 5년 9개월, 일반(친인척 외)위탁 6년 9개월, 전문위탁 2년 5개월, 일시위탁 2개월로 나타나 일반(친인척 외)위탁 아동의 평균 위탁기간이 가장 높은 것으로 나타났다.

〈표 8-6〉 위탁유형별 위탁기간

(단위 : 명, %)

구 분	계	6개월 미만	6개월 이상 ~ 1년 미만	1년 이상 ~ 2년 미만	2년 이상 ~ 3년 미만	3년 이상 ~ 4년 미만	4년 이상 ~ 5년 미만	5년 이상 ~ 6년 미만	6년 이상 ~ 10년 미만	10년 이상 ~	평균 위탁 기간
계	9,541	517	562	996	928	835	727	748	2,380	1,848	6년
	100.0	5.4	5.9	10.4	9.7	8.8	7.6	7.8	24.9	19.4	
일반 (친인척)	8,452	369	485	877	849	771	675	688	2,163	1,575	5년 9개월
	100.0	4.4	5.7	10.4	10.0	9.1	8.0	8.1	25.6	18.6	
일반 (친인척 외)	947	72	63	95	74	62	50	58	205	268	6년 9개월
	100.0	7.6	6.7	10.0	7.8	6.5	5.3	6.1	21.6	28.3	
전문	99	34	13	24	5	2	2	2	12	5	2년 5개월
	100.0	34.3	13.1	24.2	5.1	2.0	2.0	2.0	12.1	5.1	
일반	43	42	1	0	0	0	0	0	0	0	2개월
	100.0	97.7	2.3	0.0	0.0	0.0	0.0	0.0	0.0	0.0	

출처: 보건복지부(2022). 2021 가정위탁보호 현황보고서.

〈표 8 - 7〉은 보호연장아동의 성별 및 연령 현황을 나타낸 것이다. 보호연장아동의 성별은 여아가 1,226명(55.2%), 남아가 997명(44.8%)으로 성별의 격차는 229명(10.4%p)이다. 보호연장아동의 연령대 비율을 살펴보면 20세 이상이 98.0%로 대부분의 비중을 차지하였으며, 17~19세가 2.0%로 나타나 보호연장아동의 연령대가 높게 구성되어 있음을 짐작할 수 있다.

보호연장아동의 성별 비율은 남아가 44.8%, 여아가 55.2%로 여아가 10.4% 높게 나타났다. 보호연장아동의 연령대 비율을 살펴보면 20세 이상이 98.0%로 대부분의 비중을 차지하였으며, 17~19세가 2.0%로 나타났다.

〈표 8 - 7〉 보호연장아동 성별 및 연령

(단위 : 명)

구 분		계	성별		연령						
			남	여	1~3세	4~7세	8~10세	11~13세	14~16세	17~19세	20세 이상
총계		2,223	997	1,226	0	0	0	0	0	45	2,178
		100.0	44.8	55.2	0.0	0.0	0.0	0.0	0.0	2.0	98.0
일반 (친인척)		2,076	927	1,149	0	0	0	0	0	43	2,033
		100.0	44.7	55.3	0.0	0.0	0.0	0.0	0.0	2.1	97.9
일반 (친인척 외)		147	70	77	0	0	0	0	0	2	145
		100.0	47.6	52.4	0.0	0.0	0.0	0.0	0.0	1.4	98.6

출처: 보건복지부(2022). 2021 가정위탁보호 현황보고서.

〈표 8 - 8〉는 보호연장기간을 나타낸 것이다. 전체 보호연장아동은 총 2,223명이었으며 보호연장기간은 6개월 이상~1년 미만이 28.8%로 가장 높았고 1년 이상~2년 미만 23.5%, 3 이상~4년 미만 16.7% 순으로 나타났다. 보호연장아동의 평균 보호연장기간은 2년 5개월이었다.

〈표 8-8〉 보호연장기간

(단위 : 명, %)

<table>
<tr><th rowspan="2">구 분</th><th rowspan="2">계</th><th colspan="7">기간</th><th rowspan="2">평균 연장 기간</th></tr>
<tr><th>6개월 미만</th><th>6개월 이상 ~ 1년 미만</th><th>1년 이상 ~ 2년 미만</th><th>2년 이상 ~ 3년 미만</th><th>3년 이상 ~ 4년 미만</th><th>4년 이상 ~ 5년 미만</th><th>5년 이상</th></tr>
<tr><td rowspan="2">계</td><td>2,223</td><td>18</td><td>641</td><td>523</td><td>369</td><td>371</td><td>172</td><td>129</td><td rowspan="2">2년 5개월</td></tr>
<tr><td>100.0</td><td>0.8</td><td>28.8</td><td>23.5</td><td>16.6</td><td>16.7</td><td>7.7</td><td>5.8</td></tr>
<tr><td rowspan="2">일반 (친인척)</td><td>2,076</td><td>18</td><td>608</td><td>485</td><td>344</td><td>343</td><td>157</td><td>121</td><td rowspan="2">2년 4개월</td></tr>
<tr><td>100.0</td><td>0.9</td><td>29.3</td><td>23.4</td><td>16.6</td><td>16.5</td><td>7.6</td><td>5.8</td></tr>
<tr><td rowspan="2">일반 (친인척 외)</td><td>147</td><td>0</td><td>33</td><td>38</td><td>25</td><td>28</td><td>15</td><td>8</td><td rowspan="2">2년 6개월</td></tr>
<tr><td>100.0</td><td>0.0</td><td>22.4</td><td>25.9</td><td>17.0</td><td>19.0</td><td>10.2</td><td>5.4</td></tr>
</table>

출처: 보건복지부(2022). 2021 가정위탁보호 현황보고서.

〈표 8-9〉은 연도별 가정위탁보호 종결아동 현황을 나타낸 것이다. 2021년 종결아동 수는 1,581명으로 2020년 1,656명에 비해 75명(4.7%) 감소했다.

〈표 8-9〉 연도별 종결아동 수

(단위 : 명, %)

<table>
<tr><th>구분</th><th>계</th><th>대리양육</th><th>친인척</th><th>일반</th><th>전문</th><th>일시</th></tr>
<tr><td rowspan="2">2021년</td><td>1,581</td><td colspan="2">1,428</td><td>107</td><td>7</td><td>39</td></tr>
<tr><td>100.0</td><td colspan="2">90.3</td><td>6.8</td><td>0.4</td><td>25</td></tr>
<tr><td rowspan="2">2020년</td><td>1,656</td><td>1,109</td><td>439</td><td>108</td><td>–</td><td>–</td></tr>
<tr><td>100.0</td><td>67.0</td><td>26.5</td><td>6.5</td><td>–</td><td>–</td></tr>
</table>

출처: 보건복지부(2022). 2021 가정위탁보호 현황보고서.

〈표 8-10〉는 위탁유형별 가정위탁 종결사유를 나타낸 것이다. 일반위탁(친인척, 친인척 외)은 보호연장종결이 각각 52.5%, 29.9%로 가장 높은 비중을 차지하였으며, 전문 및 일시위탁의 경우에는 친가정복귀가 각각 42.9%, 53.8%로 가장 높은 비중을 차지하여 위탁유형별로 가정위탁 종결사유에 차이를 나타내었다.

〈표 8-10〉 가정위탁 종결사유

(단위 : 명, %)

구 분	계	친가정 복귀	위탁 가정의 환경 변화	위탁 가정과 친가정의 문제	아동과 위탁 가정의 부적응	아동의 문제 행동	만 18세 이상으로 종결	보호 연장 종결	입양	기타
계	1,581	214	21	1	8	7	260	782	10	278
	100.0	13.5	1.3	0.1	0.5	0.4	16.4	49.5	0.6	17.6
일반(친인척)	1,428	169	14	1	2	2	248	750	2	240
	100.0	11.8	1.0	0.1	0.1	0.1	17.4	52.5	0.1	16.8
일반(친인척 외)	107	21	6	0	6	5	12	32	4	21
	100.0	19.6	5.6	0.0	5.6	4.7,	11.2	29.9	3.7	19.6
전문	7	3	1	0	0	0	0	0	0	3
	100.0	42.9	14.3	0.0	0.0	0.0	0.0	0.0	0.0	42.9
일반	39	21	0	0	0	0	0	0	4	14
	100.0	53.8	0.0	0.0	0.0	0.0	0.0	0.0	10.3	35.9

출처: 보건복지부(2022). 2021 가정위탁보호 현황보고서.

4. 가정위탁보호서비스의 문제점과 개선방안

1) 친가정 복귀를 위한 서비스의 강화

가정위탁 된 아동을 위한 최선의 목표는 단기보호를 제공하고 친 가정 복귀를 목적으로 하는 것이지만 2021년 가정위탁 현황보고서에 따르면 위 전체 종결 위탁아동의 친 가정 복귀율은 13.5%로 매우 낮은 실정이다. 이는 친가정복귀라는 가정위탁보호의 본래의 취지와는 거리가 먼 결과를 보이는 것이다. 이를 개선하기 위하여 친가정복귀를 위한 다양한 서비스와 프로그램이 강화될 필요가 있다.

가정위탁보호사유 중 가장 많은 비율을 차지하고 있는 것은 부나 모의 사망, 별거 및 가출, 이혼 등이 전체의 80%정도를 차지하고 있다. 가정의 위기상황에서 아동을 위탁가정에 맡긴 친부모는 자신이 자녀의 일차적 보호자라는 책임과 의무를 가진다는 것을 명확히 할 필요가 있다. 실제로 가정위탁보호하에 있는 아동에게 위급한 상황이 생겼을 때 친부모와 연락이 닿지 않아 곤란한 경우가 종종 발생하기도 한다. 따라서 친부모와의 정기적인 만남과 아동과의 정기적인 만남에 대한 책임을 강화하는 법적인 규제를 마련하는 방안을 고려해 볼 필요가 있다. 또한 아동을 위탁가정에 맡긴 친부모들이 아동에 대한 애착이 감소되고 가정위탁제도에 대한 의존감이 생기지 않도록 아동과 친부모의 정기적인 만남을 지속적으로 하도록 해야 한다.

2) 장기위탁아동에 대한 정책적인 규정 마련

2021년 가정위탁 현황보고에 따르면 위탁유형별 위탁기간이 6년 이상~10년 미만이 24.9%, 10년 이상이 19.4%로 전체 인원의 절반 가까이

가 장기위탁하에서 보호를 받는 것으로 나타났다. 이렇듯 장기간 위탁이 매우 높은데 반하여 이들에 대한 영구배치나 자녀양육의 법적인 책임에 대한 규정은 마련되어 있지 않다.

아동들의 친부모들 중에는 부모 모두 사망, 가출·행방불명 등으로 아동이 부모에게 갈 수 없는 경우도 많았고 부모의 만성적인 빈곤, 재혼 등으로 아동을 데리고 가기 위한 노력을 적극적으로 하지 않는 경우도 많다. 이를 위하여 대리양육이나 친인척가정 중 친부모 가정복귀가 어려운 장기위탁아동은 아동복지 심의위원회의 심의와 입양기관을 통해 조부모나 위탁부모를 법적 후견인으로 선정하도록 하여야 하는 방법을 생각해 볼 수 있다. 일반가정위탁 된 아동의 경우도 위탁부모가 법적 후견인이 되기를 원하면 그렇게 할 수 있도록 도와주고 부모가 그 책임을 다하지 않는 경우는 부모의 친권상실을 통해 아동의 입양이 가능하도록 하여야 하고, 특히 아동을 양육하는 위탁가정이 아동을 입양하고자 할 때는 우선적으로 그 가정에 입양 될 수 있도록 우선권을 부여하며 일정한 기간 동안 지속적으로 아동 생계비를 지급 하도록 한다.

3) 일반 및 전문위탁가정의 발굴

가정위탁은 가정이라는 환경에서 보호가 이루어질 수 있고 아동의 심리사회적 발달에 부정적인 영향을 미치는 시설보호의 문제를 예방할 수 있는 장점이 있는 반면 가정위탁은 위탁아동의 조부모, 친인척 등 가족구성원이나 혹은 일반가정 중에서 가정위탁에 관심을 가지고 위탁을 희망하는 위탁부모에 한 해 이루어지고 있는 만큼, 위탁부모의 자격에 한 논란이 꾸준히 제기되어 왔다. 더욱이 가정위탁 내에서도 대리양육가정위탁, 친인척가정위탁은 일반가정위탁과 비교하여 보호자의 연령과 건강, 위탁아동에 대한 관심, 수용성 등에서 차이를 보이는 것으로 보고되고 있다(강현하, 정익중, 김향숙, 2019).

가정위탁의 중요성에도 불구하고 위탁부모 연령의 고령화와 가정위탁에 한 사회적 인지와 홍보 부족, 다른 가정의 아동을 장기적으로 보호해야 한다는 부담 등은 새로운 위탁부모의 유입을 어렵게 하는 장애요인이 되고 있다. 또한 친권으로 인한 양육 권리 불분명과 역할에 대한 법적 규정 미비, 책임문제, 주변의 시선과 낮은 사회적 인식 등은 위탁가정 발굴에 어려움을 준다. 일반 위탁가정 뿐만 아니라 학대, 문제행동, 학업부진, 장애 등의 문제가 있는 특수욕구를 가진 아동을 돌보는 전문서 있는 전문 위탁가정의 발굴도 매우 힘들다. 따라서 일반 위탁가정의 부모 중에 의지를 가지고 특수욕구가 있는 아동을 돌보고자 하는 사람들을 위해 전문교육과정을 제공하고 다른 위탁아동과 차별화된 서비슬 제공할 수 있도록 지원이 필요하다.

이와 같이 위탁가정 규모의 축소와 한정된 공급으로 인 한 문제는 위탁아동의 배치와 보호에도 향을 미치고 있다. 따라서 일반가정위탁을 활성화함으로 위탁부모 인력풀을 확보할 수 있는 방안이 마련되어 야 한다. 이를 위해 현재 활동하고 있는 위탁부모를 중요한 자원으로 고려하여 새롭게 진입 하는 위탁부모를 위한 멘토로 활동할 수 있도록 하고, 가정위탁 경험을 바탕으로 자문과 상담을 할 수 있는 구조를 마련할 필요가 있다.

4) 가정위탁전문센터 인력 충원

가정위탁지원센터는 전국적으로 총 18개로서 지역적으로는 대부분 한 개 시·도에 한 개의 센터가 설립되어 있으며, 도 단위에 있는 센터는 하나의 센터가 그 도전체에 흩어져 있는 위탁아동과 위탁부모, 그리고 아동의 친가정을 담당하고 있는 상황이다. 이와 같은 상황에서 위탁아동 전체에 대한 사례관리는 물론 아동의 친 가정 복귀를 위한 노력을 체계적으로 하는 것은 거의 불가능하다. 또한 위탁가정에 대한 사후감독과 관리도 중요한데 이러한 업무도 현재로서는 원활하게 이루어지기 어려운 것이 현실이다. 현재 가정뒤탁지원센터는 16개 광역시·도에만 설치되어 있으나, 시·군·구에도 확대 설치할 필요가 있다. 가정위탁된 아동의 복지와 친가정복귀를 위해서는 가정위탁을 담당하는 기관을 더 지정하고 전담 인력을 더 확대해야한다. 이를 위하여 현재 각 시도에 있는 가정위탁지원센터를 거점센터로 지정하고, 기존의 사회복지관이나 아동복지기관 등과 연계하여 지역 내있는 위탁아동, 위탁가정 그리고 친 가정에 대한 사례관리를 체계적으로 할 수 있도록 해야 할 것이다.

5) 위탁아동 특성에 대한 사전정보 공유와 위탁부모의 안정된 역할 강화

친가정에서 분리되어 가정외 보호를 받는 아동들은 이미 친가정에서 여러 가지 문제 상황에 노출된 경험으로 우울, 위축, 공격성 등 부정적인 심리·행동적 어려움을 가지고 있는 경우가 많다. 위탁아동들은 일반아동에 비해 훨씬 더 어려운 환경에서 성장해왔으며 트라우마 사건 경험율도 높고 많은 위기와 혼란을 겪은 결과 여러 발달상, 심리사회적 적응상 어려움이 있을 것이므로 배치 초기 전문적이고 다각적인 사정과 여러 자원을 통한 정보수집을 통해 위탁아동의 특성을 폭넓고 깊게 파악할 필요가 있다. 실제로 위탁부모들은 위탁아동과 생활하면서 가족의 화목함이나 유가 증가되었다는 긍정적 평가를 하는 동시에, 위탁 가정 내의 다른 가족구성원들로부터 지지를 받지 못했다거나 준비와 경험의 부족으로 위탁 아동에 한 문제에 원활히 처하지 못했다는 평가를 하게 될 경우 여러 복합적인 심적 경험을 하는 것으로 보고하고 있다. 이는 위탁부모가 심리·사회적 문제를 가지고 있는 아동을 위탁하게 될 경우 이전에 경험하지 못한 상황에 적절히 처할 수 없음을 의미하며, 장기적으로는 위탁아동 보호에 한 부담과 양육과정에서의 소진, 예방 밖의 양육과제에 한 어려움 등으로 위탁가정을 중도에 포기하는 경향을 높일 수 있다.

또한 위탁부모가 아동을 양육하고 있음에도 불구하고 양육권은 여전히 친부모에게 남아 있는 불합리한 상태이다. 위탁부모는 친권을 소유한 친부모를 대신하여 한시적으로 양육을 위임받기 때문에 양육과정에서 책임문제가 발생할 때 친부모와 갈등 소지가 있다. 이때 아동에 대한 책임을 누가 질 것인가에 대한 규정이 명확하지 않다.

위탁가정의 활성화와 아동보호에 대한 양육의 질을 높이기 위해서는 위탁부모의 책임과 권리에 대한 관련 법률 규정이 마련되어야 한다.

미국의 경우 일반적으로 위탁부모는 정부 혹은 지방자치단체와 체결한 계약을 통해 가정위탁서비스를 제공하는 사람으로 설명된다. 즉 위탁부모가 계약을 통하여 제공하는 서비스는 정부의 사회보장에 관한 기능을 대행하는 것이므로 개인이 공적기능을 담당하는 형식으로 이루어진다. 또한 양육활동에서 발생하는 비용보조권리, 아동관련 정보 받을 권리, 가정위탁 정책 활동 받을 권리, 휴식 받을 권리, 능력에 따른 평가와 대우 받을 권리 등 위탁부모 옹호에 대해 여러 주에서 법률을 통해 부모의 권리를 규정하고 있다.

제9장

입양아동서비스

1. 입양의 개념

모든 어린이는 태어나면서 부모의 보호를 받으며 건강하게 성장할 수 있는 권리를 가지고 있지만, 부모가 없거나 부모가 있더라도 더 이상 보호할 수 없는 아동이 많은 것이 현실이다. 입양은 이러한 아동들에게 새로운 가정을 찾아주고, 가정이라는 틀에서 성장할 수 있도록 도와주어, 아동의 정신적 · 사회적 욕구를 충족시켜 주기 위한 것을 말한다. 즉, 입양이란 대리보호의 한 형태로서 혈연관계가 아닌 사람과 사회적 또는 법적 관계에 의해서 부모-자녀 관계를 형성하는 것을 말하며, 생물학적인 과정이 아닌 법적 그리고 사회적 과정을 통해서 친권관계를 창조하는 행위를 말한다. 친부모가 아동을 돌볼 수 없거나 원치 않을 때 또는 법적으로 어떤 관계에서 벗어나게 될 때, 그 아동을 위한 영원한 대리적 보호를 마련해 주는 것을 의미하기도 한다(주수길 외, 2018).

장인협 · 오정애(1995)에 의하면, 입양아동이란 가정을 기반으로 부모 의 보살핌 속에서 건강하게 성장하고 발달해야 할 아동이 양육의 기반인 가정을 상실했거나 양육을 충분히 받지 못하는 경우로서 양육환경상 문제가 있는 빈곤가정, 결손가정, 부모부재아동, 신체 · 지적 · 정서장애아동, 사회적 · 법적 보호를 요하는 가출아동, 비행아동, 특별보호를 요하는 학대아동, 유기아동, 미혼모 아동 등을 포함한다.

「아동복지법」에 근거한 입양 아동이란 보호자가 없거나 보호자로부터 이탈된 아동, 또는 보호자가 아동을 학대하는 경우 등 그 보호자가 아동을 양육하기에 부당하거나 양육할 능력이 없는 경우의 아동을 말한다. 「민법」과 「입양특례법」에서도 입양을 규정하고 있는데 입양은 양부모가 되려는 사람과 양자가 될 사람 사이에 합의가 있거나, 가정법원의 허가를 얻은 때에 입양신고를 함으로써 그 효력이 발생한다고 규정하고 있다. 또한 입양신고로 양부모와 양자 사이에는 법적 친자관계가 생기고, 부양이나 상속 등에서 자연혈족의 경우와 동일한 권리가 인정된다.

2. 입양의 주요 내용

입양은 가정을 필요로 하여 입양되는 입양아동과 입양아를 입양하는 입양부모, 그리고 아동에 대한 친권을 상실했거나 포기한 입양아의 친생부모 등 3자 중심으로 이루어지는 사업이다.

1) 입양의 구성요소

(1) 입양대상 아동

「입양특례법」 제9조와 「아동복지법」에 따라 입양대상이 되는 보호대상 아동은 다음과 같이 규정하고 있다.

- 보호자로부터 이탈된 자로서 시 · 도지사 또는 시장 · 군수 · 구청장이 부양의무자를 확인할 수 없어 「국민기초생활보장법」에 따른 보장시설에 보호 의뢰한 사람
- 부모 또는 후견인이 입양에 동의하여 보장시설 또는 입양기관에 보호 의뢰한 사람
- 법원에 의해 친권상실의 선고를 받은 사람의 자녀로서 시 · 도지사 또는 시장 · 군수 · 구청장이 보장시설에 보호 의뢰한 사람

(2) 입양부모

입양부모는 법적 절차에 의해 부모가 된 자를 의미하는데, 「입양특례법」 제10조에 따라 입양부모는 다음의 요건을 갖추어야 한다.

- 양자를 부양함에 충분한 재산이 있을 것
- 양자에 대하여 종교의 자유를 인정하고 사회의 구성원으로서 그에 상응한 양육과 교육을 할 수 있을 것
- 양친이 될 사람이 아동학대, 가정폭력, 성폭력, 마약 등의 범죄나 알코올 등 약물 중독의 경력이 없을 것
- 양친이 될 사람이 대한민국 국민이 아닌 경우 해당 국가의 법에 의하여 양친이 될 수 있는 자격이 있을 것
- 양자가 될 아동이 복리에 반하는 직업이나 그 밖에 인권침해의 우려가 있는 직업에 종사하지 아니할 것
- 그 밖에 양자가 될 사람의 복지를 위하여 다음의 필요한 요건을 갖출 것
  - 25세 이상으로서 양자가 될 사람과의 나이 차이가 60세 이내인 사람(양친이 될 사람이 대한민국 국민이 아닌 경우에는 25세 이상 45세 미만)

(3) 친부모

친부모란 아동에 대한 친권을 포기하는 아동의 생물학적 부모를 말한다. 이들은 아동을 양육할 의사가 없거나 양육할 능력이 없기 때문에 입양을 의뢰하게 된다. 2018년 입양현황에 대한 통계를 보면 입양으로 의뢰되는 아동은 90%이상이 미혼모의 자녀로 나타났다. 이들은 대부분 미혼 청소년 부모의 자녀로서 이들은 자녀양육이 거의 불가능하거나 자녀를 양육할 의사가 없기 때문에 친권을 포기한다.

(4) 입양기관

국내 입양기관은 〈표 9 - 1〉과 같다. 이 중 홀트아동복지회, 대한사회복지회, 동방사회복지회는 국내입양, 국외입양 업무를 모두 수행하며, 나머지 입양기관은 국내입양업무만 수행하고 있다. 입양의 구성요소인 입양아,

입양부모, 친부모 삼자에게 사회복지서비스를 제공해야 하는 입양기관의 역할은 입양과정에 있어서 중요한 비중을 차지한다. 여기에 입양기관의 역할은 전문적이면서도 세심하게 인간의 내면을 돌보는 것에 조력하며 그들 삼자의 필요에 민첩하면서도 철저한 준비과정을 통하여 책임 있는 입양사업을 수행해 나가야 한다.

입양기관의 장은 입양을 알선하기 위하여 보장시설의 장, 부모 등으로부터 양자될 아동을 인도받았을 때에는 그 인도받은 날부터 입양이 완료될 때까지 그 아동의 후견인이 된다. 된다. 다만, 양자가 될 아동에 대하여 법원이 이미 후견인을 둔 경우에는 예외이다.

「입양특례법」 제 20조에서는 입양기관을 다음과 같이 규정하였다.

첫째, 입양기관을 운영하려는 자는 「사회복지사업법」에 따른 사회복지법인으로서 보건복지부장관의 허가를 받아야 한다.

둘째, 제1항에 따라 허가받은 사항 중 대통령령으로 정하는 중요한 사항을 변경하려고 하는 경우에는 신고하여야 한다.

셋째, 외국인은 입양기관의 장이 될 수 없다.

다섯째, 입양기관의 장과 그 종사자는 입양아동의 인권을 보호하고 건전한 입양문화를 정착시키기 위하여 정기적으로 보건복지부령으로 정하는 보수교육을 받아야 한다.

여섯째, 입양기관의 장이 입양을 원하는 국가나 그 국가의 공인을 받은 입양기관과 입양업무에 관한 협약을 체결하였을 때에는 보건복지부장관에게 보고하여야 한다.

일곱째, 입양기관의 시설 및 종사자의 기준과 허가 및 변경신고 등에 필요한 사항은 보건복지부령으로 정한다.

〈표 9-1〉 입양기관 현황

(2019년 1월 현재)

기관명		주소	전화번호	비고
홀트아동복지회	홀트아동복지회	서울특별시 마포구 양화로 19	02-331-7032	보건복지부 허가기관
	부산사무소	부산광역시 수영구 장대골로 20-5	051-465-0224	
	대구사무소	대구광역시 달서구 두류공원로 259, 4층	053-756-0183	
	충청사무소	대전광역시 중구 보문산로 329	042-586-1983	
	인천사무소	인천광역시 남동구 남동대로 904(간석동) 홀트인천복지센터 3층	032-424-0145	
대한사회복지회	대한사회복지회	서울특별시 강남구 논현로 86길 21	02-552-1017	
	부산지부	부산광역시 남구 유엔평화로 10번길 62	051-621-7003	
	대구지부	대구광역시 수성구 국채보상로 906	053-756-1392	
	광주지부	광주광역시 동구 지원로 24	062-222-9349	
동방사회복지회	동방사회복지회	서울특별시 서대문구 연희로 26	02-332-3941	
	부산지부	부산광역시 중구 흑교로 81, 304호	051-469-5586	
	대구지부	대구광역시 동구 동대구로 425	053-755-1077	
	인천지부	인천광역시 부평구 백범로 478번길 8-7	032-502-2226	
	대전지부	대전광역시 서구 계룡로 318, 2층	042-526-3129	
	경기지부	경기도 안양시 동안구 경수대로 883번길 70	031-442-7750	
성가정입양원	-	서울특별시 성북구 선잠로2길 242	02-764-4741~3	
광주영아일시보호소	-	광주광역시 동구 지원로 26	062-222-1095	시도허가기관
꽃동네 천사의 집	-	충청북도 음성군 맹동면 꽃동네길 12-47	043-879-0292	
제주국내입양센터	-	제주특별자치도 제주시 도근내길 42	064-758-0845	

출처: 보건복지부(2024). 2024년 아동분야 사업안내 1권. p.64

2) 입양의 유형

입양이란 혈연적으로 친자관계가 없는 사람 사이에 법률적으로 친자관계를 맺는 신분행위를 말한다. 이러한 입양은 양부모가 되려는 사람과 양자가 될 사람 사이에 합의가 있거나(「민법」 제883조제1호), 가정법원의 허가(「민법」 제867조제1항, 「입양특례법」 제11조제1항)를 얻은 때에 입양신고를 함으로써 그 효력이 발생한다. 입양신고로 양부모와 양자 사이에는 법적 친자관계가 생기고, 부양이나 상속 등에서 자연혈족의 경우와 동일한 권리가 인정된다(「민법」 제772조제1항).

(1) 공개여부에 따른 분류

① 공개입양

입양사실을 입양아동음 물론 입양가정주위의 모든 사람들에게 공개하는 것을 말한다. 공개입양의 타당성은 입양이 아동, 양부모, 친부모 중 아동의 이익을 최우선해야 한다는 기본원칙과 비밀입양의 한계로부터 나온다. 공개입양이란 말 그대로 입양아동에게 입양사실을 공개하는 것으로서 입양선진국에서는 이미 오래전부터 바람직하게 권해 온 입양문화로, 한국에서도 최근 들어 공개입양이 많이 늘어나고 있는 추세이다. 어른 위주의 입양이 아닌 아동복지측면에서의 공개입양이 권장되고 있고, 실제로 입양부모는 물론 사회 일반인의 의식이 변화되고 있음을 잘 보여주고 있다.

② 비밀입양

비밀입양은 입양기관을 통하지 않고 입양하는 것으로 친부모가 가족이나 친구, 이웃에 직접 아동을 입양시키거나, 아는 사람을 통해 혹은 제삼자의 소개로 입양시키는 경우, 아동을 매매하여 입양하는 경우가 있다.

비밀입양은 혈연중심의 가족을 중시하는 한국에서 많이 이루어지고 있으며, 문제점으로는 비용이 많이 들 수가 있으며 비밀보장이 어려워 후에 친부모와의 문제가 야기될 소지가 많다. 아동의 요구보다는 입양 부모의 요구에 기초하여 입양이 이루어지기 때문에 입양아동이나 양부모는 입양에 관한 전문적인 심리적, 법적, 정신적 상담을 받을 수가 없으며 적절한 의료혜택이나 필요한 경제적, 사회적 도움을 받지 못하는 경우가 많다. 또한 전문상담원의 가정조사가 이루어지지 않은 상태에서 입양아동이 문제가정에 배치될 수도 있다. 그리고 입양과정 중 친부모의 마음이 변하거나 판사가 입양을 불허한 경우, 양부모는 아무런 법적 권리를 갖지 못하게 된다. 따라서 입양의 취소 또는 파양의 위험성이 있을 수 있다.

(2) 법률상의 구분에 따른 분류

① 일반양자 입양

일반양자란 「민법」 제866조부터 제908조까지의 규정을 근거로 하며 입양을 통해 친자와 같은 신분을 취득한 사람을 말한다. 일반양자의 입양이란 혈연적으로 친자관계가 없는 사람 사이에 법률적으로 친자관계를 맺는 신분행위를 의미한다. 이러한 법적 친자관계를 맺기 위해서는, 당사자 사이에 합의 등 입양의 성립요건을 갖춘 후에, 「가족관계의 등록 등에 관한 법률」이 정한 바에 따라 입양신고를 하면 된다.

일반양자 입양이 성립되기 위해서는 먼저 양친이 되려는 사람과 양자가 될 사람 사이에 실질적으로 친자관계를 맺으려는 입양의사의 합치가 있어야 하며, 단순히 어떤 목적을 위해서 하는 가장(假裝)입양은 무효가 된다.

일반양자의 양부모는 성년자여야 한다. 양부모가 성년자이면 남녀, 기혼, 미혼, 자식의 유무를 불문하고 입양할 수 있으며, 부부가 입양하는 때에는 부부 모두가 성년에 달해야 한다. 양자는 양부모의 존속 또는 연장자가 아니어야 하며, 촌수가 같은 항렬에 있거나(형제자매) 손자항렬에 있는 사람도 연장자가 아닌 경우에는 양자가 될 수 있다. 양자가 될 사람은 성년자이든 미성년자이든 관계없으며, 양친이 되려는 사람보다 연장자만 아니면 된다. 또한 양자가 될 사람은 성년이건 미성년이건 모두 부모의 동의를 얻어야 하며, 양자로 될 사람이 부부인 경우에는 다른 일방 배우자의 동의를 얻어야 한다.

② 친양자 입양

친양자 입양제도는 자녀의 복리를 위해 양자를 법률상 완전한 친생자로 인정하는 제도로, 2008. 1. 1. 시행된 「민법」에서 새롭게 제정되었다. 친양자 입양은 가정법원의 허가를 받아야 법률상 친자관계가 인정된다. 가정법원에 의해 친양자 입양이 확정된 때부터 친생부모와의 친족관계 및 상속관계는 모두 종료되고, 양친과의 법률상 친생자관계를 새롭게 형성하며, 성과 본도 양부의 성(姓)과 본(本)을 따르게 된다.

친양자 입양이 성립되기 위해서는 친양자가 될 사람이 미성년자여야 한다. 양부모가 되기 위해서는 3년 이상 혼인 중이어야 하며, 실질적으로 혼인생활을 지속해야 한다. 여기서 "혼인중"이란 법률혼만을 의미하며, 사실혼은 해당되지 않는다. 예외적으로 1년 이상 혼인 중인 부부의 일방이 그 배우자의 친생자를 친양자로 입양하는 경우에는 단독으로 할 수 있다. 이것은 배우자의 의붓자식을 배려하기 위한 취지이다.

친양자로 될 사람의 친생부모가 친양자 입양에 동의해야 한다. 친양자 입양이 확정된 때에 친생부모와의 친족관계가 단절되기 때문에 친생부모가 이 점을 분명히 인식하고 동의하는 것이 필요하기 때문이다. 만일, 혼인 외의 자가 생부의 인지를 받지 않고 있다면, 그 자가 친양자로 될 때에는 친권자인 모의 동의만 있으면 된다.

③ 입양기관을 통한 입양

입양기관을 통해 입양할 수 있는 아동은, 보호자로부터 이탈된 아동으로서 부양의무자를 확인할 수 없거나 부모 또는 후견인이 입양을 동의하여 보장시설 또는 입양기관에 보호 의뢰되어 있는 18세 미만의 요보호아동에 한정된다. 「입양특례법」에 따른 입양을 한 가정 및 아동은 국가나 지방자치단체로부터 입양 아동의 건전한 양육을 위한 양육수당, 의료비 등 각종 지원을 받을 수 있다.

④ 국제입양

국제입양이란 대한민국에서의 한국인과 외국인 사이의 입양 또는 외국인과 외국인 사이의 입양, 외국에서의 한국인 사이의 입양 또는 한국인과 외국인 사이의 입양 등과 같이 외국적 요소가 있는 것을 말한다. 「입양특례법」에서 규정하고 있는 국외입양도 대한민국 또는 외국에서 외국인이 한국인 양자를 입양하려는 것이므로 국제입양의 일종에 해당한다.

국제입양의 실질적 성립요건은 양친이 될 사람의 본국법에서 정하고 있는 입양의 실질적 성립요건(예를 들면, 입양 당사자의 연령, 부부공동입양, 제3자의 동의, 공적기관의 허가 등)과 양자가 될 사람의 본국법에서 정하고 있는 양자의 보호요건(예를 들면, 본인의 승낙, 제3자의 동의, 공적기관의 허가 등)을 모두 갖추어야 한다. 외국인이 대한민국에서 보장시설이나 입양기관에 보호 의뢰되어 있는 보호를 필요로 하는 아동을 양자로 입양하려는 경우에는 그 외국인은 후견인과 함께 양자로 될 아동의 등록기준지 또는 소재지를 관할하는 가정법원의 입양허가를 받아야 한다. 왜냐하면 외국인이 국내에서 국외입양을 하는 경우에는 가정법원의 허가가 실질적 요건에 해당하기 때문이다.

〈표 9-2〉 법률상의 근거에 따른 입양의 분류

구분	일반양자	친양자	기관입양	국제입양
근거	「민법」 제866조 부터 제908조 까지의 규정	「민법」 제908조의 2부터 제908조의 8까지의 규정	「입양특례법」	「입양특례법」 제18조 및 제19조, 「국제사법」 제43조 및 제44조에 따라 입양 당시 양친의 본국법
성립요건	협의로 성립	재판으로 성립	가정법원의 허가	양친이 될 사람의 본국법에서 정하고 있는 실질적 요건 충족
양자의 성(姓)·본(本)	친생부모의 성(姓)과 본(本)을 유지	양친의 성(娍)과 본(本)으로 변경	양친의 성(娍)과 본(本)으로 변경	부모와 자녀의 본국법이 같은 경우에는 그 법에 따르고, 그 외의 경우에는 자녀의 상거소지법에 따름
친생부모와의 관계	유지	종료	종료	부모와 자녀의 본국법이 같은 경우에는 그 법에 따르고, 그 외의 경우에는 자녀의 상거소지법에 따름
입양의 효력	입양한 때부터 혼인 중의 자로서의 신분을 취득하나, 친생부모와의 관계는 친권 이외는 유지	재판이 확정된 때부터 혼인 중의 자로서의 신분을 취득하며, 친생부모와의 관계는 종료	재판이 확정된 때부터 혼인 중의 자로서의 신분을 취득하며, 친생부모와의 관계는 종료	양친의 본국법에 따르게 되므로, 친자관계가 발생함

출처: 찾기 쉬운 생활법령정보 홈페이지(http://easylaw.go.kr). 2019. 11.21.출력.

3) 입양의 절차

「입양특례법」 제12조, 제13조, 시행규칙 제10조에 따르면 입양동의 및 철회시 양자가 될 사람의 친생부모의 동의가 있어야 한다. 다만 친생부모가 친권상실의 선고를 받은 경우, 소재불명 등의 사유로 동의를 받을 수 없는 경우에는 후견인의 동의를 받도록 하였으며, 부모 또는 후견인이 입양에 동의하여 시설 또는 입양기관에 보호의뢰 된 경우는 보호의뢰 시의 동의로 간주한다.

입양을 하고자 할 때 입양동의는 아동 출생일로부터 1주일이 지난 후에 이루어져야 하며, 숙려기간 동안에는 친생부모가 아동을 보호하는 것을 원칙으로 하는 '입양숙려제'의 적용을 받는다. 입양을 원하는 친생부모(미성년자인 경우 법정후견인도 포함)는 입양기관에 입양동의서를 제출하며, 마찬가지로 입양동의를 철회하기 원하는 친생부모는 입양기관에 입양동의철회서를 제출한다.

① 입양신청 및 서류접수

입양을 희망하는 부모는 입양기관에 양친가정 조사신청서 제출해야 하는데 양친가정조사신청서, 가족관계증명서, 혼인관계증명서, 주민등록등본 등을 구비하여야 한다.

② 양친 가정조사 및 양친가정조사서 발급

입양희망 부모가 양친가정조사신청서를 제출하면 입양기관에서는 2회 이상 가정방문을 하여 입양부모의 자격을 조사한 후 양친가정조사서를 작성하여 신청인에게 발급한다. 그리고 예비양부모 교육을 이수하면 양친교육 이수 증명서 발급받을 수 있다.

③ 결연

입양에 대한 교육을 마치면 입양에 대한 입양대상 아동과 이에 접합한 예비 양부모 결연이 맺어진다.

④ 가정법원에 입양서류 제출 및 허가

입양기관에서는 결연이 맺어지면 가정법원에 입양허가를 신청한다. 신청시 구비서류 목록으로는 입양허가신청서, 기본증명서, 가족관계증명서,

주민등록등본, 입양대상아동 확인서, 양친될 사람의 범죄경력조회 회보, 양친가정조사서, 양친될 사람의 교육이수증명서, 입양동의서 등을 제출한다. 이러한 과정을 거쳐 가정법원의 인용심판 확정으로 입양이 허가된다.

⑤ 입양 성립

가정법원의 입양허가가 결정되면 입양기관에서는 아동을 양부모에게 인도하고, 가정법원의 허가서를 첨부하여 가족관계 등록 등에 관한 법률에 정하는 바에 따라 친양자 입양신고를 하면 입양절차가 마무리된다.

⑥ 사후관리

입양 성립 이후 입양기관은 1년 동안 양친과 양자의 상호적응을 위하여 사후서비스를 제공하여야 함.

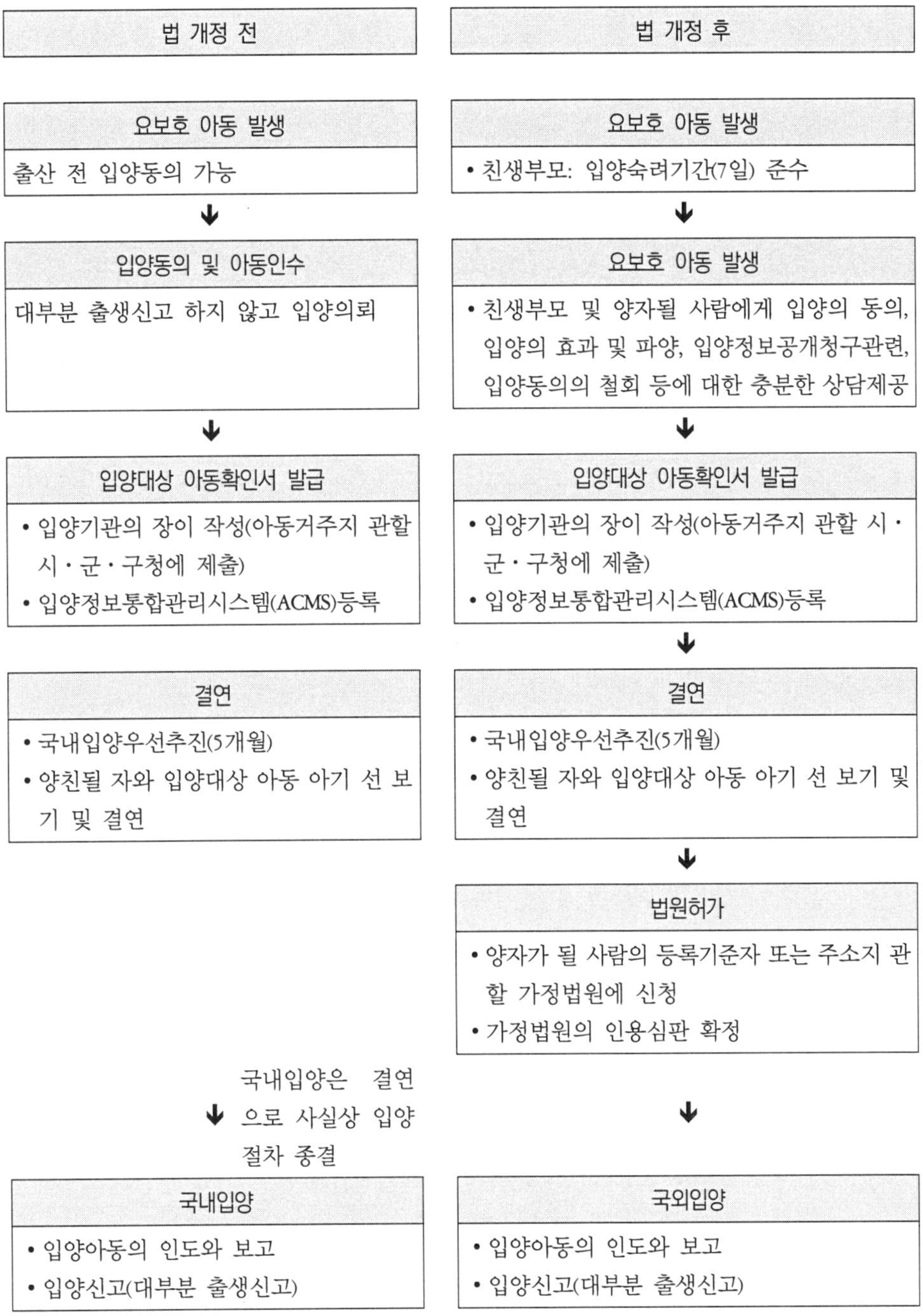

출처: 아동권리보장원 홈페이지(https://www.kadoption.or.kr).

[그림 9-1] 법 개정 전과 후의 입양절차 비교

4) 입양제도의 정책

입양비용의 지원은 「입양특례법」상 허가를 받은 입양기관에 의해, 같은 법의 요건과 절차를 갖춰 국내 입양한 가정을 대상으로 이루어진다.

입양가정에 지급되는 정부의 재정지원을 보면, 입양알선비용, 입양철회비용, 입양숙려기간 모자지원, 입양아동 의료급여 등이 지원된다. 입양기관은 친생부모에게 일체의 입양수수료를 받을 수 없으며 후원금 등을 강요해서는 안 된다고 규정하고 있다. 정부의 재정지원 내용을 정리하면 다음과 같다.

(1) 양육수당

「입양특례법」상 허가를 받은 입양기관에 의해, 같은 법의 요건과 절차를 갖춰 국내 입양한 가정을 대상으로 1인당 월 20만원을 지급한다.

(2) 장애입양아동 양육보조금 및 의료비 지원

「입양특례법」상 허가를 받은 입양기관에 의해, 같은 법의 요건과 절차를 갖춰 장애아동을 국내 입양한 가정을 대상으로 양육보조금은 1인당 중증 장애인은 627,000원, 경증 장애인등 그 외 지원 대상은 551,000원을 지급한다. 또한 연간 260만원 한도 내에서 본인이 부담한 진료·상담·재활 및 치료에 소요되는 비용을 지급하며, 장애인보조기구에 대한 의료비 청구도 포함한다. 다만, 장애인 보조기구에 대한 의료비 지원액은 연간 의료비 지원 한도액의 50% 이내로 한다.

(3) 입양비용 지원

「입양특례법」상 허가를 받은 입양기관에 의해, 같은 법의 요건과 절차를 갖춰 국내 입양한 가정을 대상으로 입양알선에 소요되는 인건비, 아동 양육비(위탁모비용 포함), 입양알선 절차에 소요되는 비용, 입양기관의 운영비 및 홍보비, 사후관리비 등 입양알선에 실제로 드는 비용을 지급한다. 복지부 허가기관에는 270만원, 시·도 허가기관에는 100만원을 정액 지원하며, 입양대상아동 인수부터 철회 시까지 아동을 보호하는 동안 소요된 비용 또한 2주 미만~8주 이상 기간별로 15만원~73만원을 지급한다.

(4) 입양숙려기간 모자지원

출산(예정)일 전 40일 또는 후 7일 이내에 있는 사람이며, 혼인관계증명서상 혼인관계에 있지 아니한 사람을 대상으로 하며 미혼·이혼 한부모가 선택하는 서비스의 유형에 따라 이용비용을 지원한다(표 9-3 참조).

〈표 9-3〉 입양숙려기간 모자지원의 내용

구 분	지급액	지급방법
1 가정 내 보호지원	• 500,000원	–신청한 날로부터 7일 이내, 신청자 본인 명의 입금계좌로 계좌입금 –출산(예정)일로부터 30일 이내에 산후지원인력 가정방문서비스 이용영수증 수령, 실제 이용 여부 확인
	• 350,000원	–신청한 날로부터 7일 이내, 신청자 본인 명의 입금계좌로 계좌입금
2 미혼모자가족복지 시설 내 입소자 지원	• 400,000원	–출산(예정)일 이후 7일 이내, 신청자가 입소한 미혼모자가족복지시설(장) 명의 입금계좌로 계좌입금
3 산후조리원 보호 지원	• 최대 700,000원 • 1주 이용료가 700천원 미만인 산후조리원의 경우, 실비 지원	–산후조리원 이용이 완료된 경우, 산후조리원의 이용료 지급요청(서식 7호)에 따라 7일 이내, 산후조리원 명의 입금 계좌로 이용료 계좌입금

출처: 보건복지부(2024). 2024년 아동분야 사업안내 1권. p.46.

(5) 입양아동 의료급여 실시

「입양특례법」에 의하여 국내에 입양된 만 18세 미만 아동을 대상으로 1종 의료급여를 지원한다. 입양 후 30일 이내 신청시 지급하며, 지급방법은 두 가지 방식 중 양부모가 선택한 방식을 적용한다. 사전지원방식은 입양아동을 건강보험증에 기재하되, 수급권자임을 표시하여 의료 이용시 본인부담금 면제하는 방식이며, 사후지원방식은 입양아동을 건강보험과 함께 통합관리하고, 의료 이용시 납부한 본인부담금을 사후 환급해 주는 것이다.

(6) 사후서비스 제공

입양기관 및 관련 단체 단체들은 입양 후 1년뿐만 아니라 그 이후에도 지속적으로 사후서비스로 다양한 프로그램을 실시하고 있다. 사후서비스는 입양부모를 대상으로 하는 서비스와 입양아동을 직접 대상으로 하는 서비스로 나누어지며, 자조모임 등 입양가정 전체가 함께 참여하는 프로그램도 제공하고 있다.

3. 입양서비스의 운영실태

1) 입양의 현황

(1) 국내외 입양 현황

〈표 9-4〉에 따르면 2022년 한 해 동안 입양으로 가정을 만난 보호대상 아동 수는 총 324명이며, 이 중 182명(56.2%)이 국내로, 142명(43.8%)은 해외로 입양되었다. 국내입양 우선추진제 등 국내입양 활성화

정책의 영향으로 2007년부터는 국내입양 아동수가 해외입양 아동수보다 많아졌으나, 우리사회의 혈연중시 문화, 입양에 대한 부정적 인식 등으로 국내 입양이 여전히 저조한 것이 사실이다.

〈표 9-4〉 연도별 국내외 입양현황

구분	20205	2021	2022
계	492	415	324
국내	260 (52.9%)	226 (54.5%)	182 (56.2%)
국외	232 (47.1%)	189 (45.5%)	142 (43.8%)

출처: · KOSIS 국가통계포털(https://kosis.kr) 홈페이지

입양아동이 발생한 유형은 미혼모(부) 아동이 가장 많았으며, 연도별 변화과정을 살펴보면 2019년에 비해 2020년, 2021년에는 미혼모(부) 아동의 수가 점차 감소한 반면, 유기 아동의 수는 해마다 증가하였다. 보호유형은 시설보호아동보다 위탁보호 아동이 더 많은 비중을 차지하였다(표 9-5참조).

〈표 9-5〉 국내입양 현황

연도	입양 신청자	발생유형					보호유형	
		미혼모(부) 아동 (혼외자포함)	유기 아동	빈곤가정 아동	한부모가정 아동	기타	시설보호 아동	위탁보호 아동
2019	539	329	5	3	4	–	78	309
2020	527	216	38	4	–	2	46	214
2021	381	167	48	1	3	7	49	177

출처: 보건복지부 사전공표/2019년~2021년 국내입양현황

(2) 입양아동의 건강상태 · 성별 및 연령별 현황

〈표 9-6〉에 따르면 입양아동의 건강상태와 성별에 따라 조사한 결과, 건강상태와는 무관하게 남자아동보다 여자아동의 입양률이 높은 것으로 나타났다. 입양 아동의 연령은 6개월~1세 미만의 아동을 제일 먼저 입양하고, 3개월~6개월 미만 아동, 1세~2세미만의 아동의 순으로 높은 비율을 보였다.

〈표 9-6〉 입양아동의 성별 및 연령별 현황

연도	구분	성별		연령						계
		남	여	3개월 미만	3개월~ 6개월 미만	6개월~ 1세월 미만	1세~ 2세 미만	2세~ 3세 미만	3세 이상	
2019	건강양호	116	220	6	59	163	57	23	28	336
	건강이상	9	42	–	11	37	3	–	–	51
2020	건강양호	80	157	–	38	103	61	13	22	237
	건강이상	10	13	–	2	14	6	–	1	23
2021	건강양호	72	134	12	2	108	50	11	23	206
	건강이상	6	14	–	–	11	6	2	1	20

출처: 보건복지부 사전공표/2019년~2021년 국내입양현황

(3) 국외입양 현황

〈표 9-7〉에 따르면 해외입양 허가를 받은 국내 복지법인에서 추진한 국외입양의 경우 여자아이보다는 남자아동의 입양이 92명(64.8%)으로 여자 아동보다 많은 것으로 나타났으며, 건강상태에 이상이 있는 경우의 아동 입양이 64명(45.5%)으로 나타났다. 2021년 국내입양의 경우 건강에 이상이 있는 아동의 입양은 20명(9%), 남자아동의 입양은 6명(7.7%)인 것과 비교해 보면 국내에서는 상대적으로 선호하지 않는 남자아동과 건강문

제가 있는 아동이 해외로 입양되고 있는 현실을 반영한다고 할 수 있다.

2022년 국가별 입양결과에 따르면 우리나라에서 가장 많이 입양을 보낸 나라는 미국 99명(69.7%), 캐나다 10명(7%), 스웨덴 9명(6.3%)로 조사되었다. 해외입양아동의 경우 대부분 인종이 다른 미국과 유럽이 중심이 되고 있는데, 전혀 다른 문화권에서 적응상의 문제가 있을 경우 도움을 받을 수 있는 통로가 마련되어 있지 않기 때문에 이에 대한 지원이 따라야 할 것이다.

〈표 9-7〉 국외입양 현황

구분		계	홀트	대한	동방
	계	142	74	41	27
성별	남	92	48	24	20
	여	50	26	17	7
발생 유형	미혼모(부) 아동(혼외자 포함)	141	74	41	26
	유기아동	1	–	–	1
	빈곤가정아동	–	–	–	–
	가족해체 (부모이혼, 사망, 질병 등)	–	–	–	–
	기타	–	–	–	–
건강 상태	건강양호	78	63	4	11
	건강이상	64	11	37	16
연령별	1세미만	1	–	1	–
	1세~3세미만	139	74	39	26
	3세이상	2	–	1	1

출처: 보건복지부 홈페이지. 2022 국내외입양통계

〈표 9-8〉 국가별 현황

계	계	미국	덴마크	노르웨이	스웨덴	프랑스	호주	룩셈부르크	캐나다	이탈리아
계	142	99	5	6	9	4	2	3	10	4
홀트	74	56	5	6		4		3		
대한	41	18			9				10	4
동방	27	25					2			

출처: 보건복지부 홈페이지. 2022 국내외입양통계

4. 입양의 문제점과 개선방안

1) 국내입양의 활성화

국내입양 활성화 정책의 영향으로 2007년부터는 국내입양 아동수가 해외입양 아동수보다 많아졌으나, 여전히 국내입양아동의 비율은 50%를 조금 넘어서는 수준이다. 아동복지의 측면에서 본다면 요보호아동은 시설보호보다 입양가정에서 양육되는 것이 가장 바람직한 배치방법이다. 하지만 아직까지도 우리사회에서는 혈연을 중시하고 입양에 대해 공개하기를 꺼려하는 인식 등으로 인하여 상대적으로 국내입양이 여전히 저조한 것이 사실이다.

저출산시대에 국외입양은 국내아동인구의 양적 감소를 의미한다. 이미 한국에서 태어난 아이들을 해외로 입양 보낼 것이 아니라 국내에서 보호하는 것은 저출산의 문제를 해결하는 하나의 방법이 될 수 있을 뿐만 아니라 아동인구의 질적인 향상을 꾀할 수 있다.

2) 입양가정에 대한 사후관리 강화

입양된 아동에 대한 사후관리는 입양을 성공적으로 이끄는 중요한 과정이다. 「입양특례법」에서는 제25조에서 입양기관의 장은 입양이 성립된 후 1년 동안 양친과 양자의 상호적응을 위하여 사후관리를 하여야 하며, 해당 국가의 협력기관을 통하여 입양아동이 입양된 국가의 국적을 취득하였는지를 확인하고 그 결과를 아동권리보장원의 원장을 통하여 보건복지부장관에게 보고하고, 국외로 입양된 아동을 위하여 모국방문사업, 모국어 연수지원, 모국에 관한 자료제공, 친생부모 찾기 사업과 입양정보공개제도에 관한 홍보, 국적회복 지원, 국외로 입양된 아동을 위한 상담 등의 사업을 실시해야 한다고 규정하고 있다.

「입양특례법」에서 규정하고 있는 사후관리의 기간은 1년이지만 입양부모와 입양기관종사자들이 선호하는 입양사후관리 시간은 입양성립 후 36개월 이상으로 나타났다. 입양기관이 제공하는 사후관리는 단순히 국가와 입양기관이 제공해야 하는 의무규정을 넘어 입양사후관리서비스에 입양부모의 참여 및 협조를 의무적으로 규정하는 것이 필요하다(정용주, 2011).

이와 더불어 자녀가 성장하면서 입양부모로서 입양공개 이슈 등의 여러 가지 정보를 필요로 하게 되므로 입양 후 부모교육 역시 활성화되어야 한다. 자녀가 영아기일 때는 입양사실 공개 시기 및 방법에 큰 관심을 가지고 있으나, 이후 아동기나 청소년기에는 문제행동에 따른 대처, 자녀학습 및 학교생활지도 방법, 입양관련 이슈나 정책 등에 관한 정보를 필요로 하고 있으므로 연령별 차별화가 필요하다. 또한 입양아동의 특성이나 공개와 같은 공통 주제에 입양아동 및 부모의 특성에 맞게 차별화된 내용을 추가로 제공하는 것이 필요함. 만약 입양 후 부모교육을 입양 전처럼 의무화한다면, 입양 전에는 기본 교육, 입양 후에는 개별 가정 특성에 맞는 선택 교육을 참여하는 방안도 있다. 입양가정에서 아버지들의 자녀양육 참여율이나 영향력을 고려하여 아버지와 어머니가 함께 참여하는 교육이나 아버지로서의 부모 역할을 다룬 교육이 좀 더 활성화된다면 교육의 효과나 영향력이 더 커질 것이다(배윤진, 2017).

3) 입양관련 법규의 정비

(1) 「민법」과 「입양특례법」상 입양아동의 차이

입양에 있어 「입양특례법」이 적용되기 위해서는 「아동복지법」 제3조 제4호에 따른 보호대상이어야 하며, 이 대상 아동 중 일정한 절차에 따라 입양기관이나 보장시설에 보호 의뢰된 아동에 대해서만 「입양특례법」이 적용되므로, 요보호아동에 속한다하더라도 보장시설이나 입양기관에 보호 의뢰되지 않았거나 부모가 입양에 대한 동의 없이 보장시설에 아동을 보호 의뢰한 경우 등은 입양특례법의 적용대상이 되지 않는다.

아동이 「입양특례법」의 적용대상이 되는 요보호아동인지 여부에 따라 입양의 절차가 다르게 적용되고 있는 현 체제는, 아동의 복리 관점에서 해당 아동에게 어떠한 입양이 가장 적절한 것인지를 고려하여 입양을 진행하도록 하는 것이 아니라, 법제의 이원화에 따른 기계적인 분류에 의해 입양의 유형을 결정하게 된다는 점에 그 한계가 있다.

반면에 민법은 친양자의 경우 양자가 될 수 있는 자에 대한 연령을 미성년자로 제한하고 있어 19세 미만의 자가 양자가 될 수 있으나(민법 제908조의2 제1항 제2호), 일반적인 양자의 경우에는 사실상 연령의 제한이 존재하지 않는다. 민법의 경우에는 13세 이상인 미성년자인 입양될 양자에게는 유엔아동권리협약 제12조가 규정하는 의견에 대한 표명이나 청취를 넘어서 결정권을 부여하고 있다고 볼 수 있다. 그러나 양자의 의견 청취에 관한 해당 규정은 13세 이상인 경우만 해당하게 되어, 13세 미만인 양자 될 자의 의견을 진술한 기회나 13세 미만인 양자 될 자의 의견을 청취할 기회는 보장되고 있지 못하다(안문희, 2018).

(2) 법원의 심사

양부모가 될 자의 범죄경력에 대한 자료의 요청과 관련한 문제점에 대한 대안은 양부모가 될 자의 범죄경력자료 제출을 의무화하는 것이다. 사실상 요보호아동의 경우이건, 요보호아동이 아니건 궁극적으로 미성년자에 대한 입양은 입양의 종류와 관계없이 가정법원의 허가를 요하도록 되어 있으므로, 입양에 대한 신청에 있어서 '양부모의 범죄경력 회신서(조회서)'의 제출을 의무화할 수 있을 것이다. 요보호아동의 경우에는 입양특례법 시행규칙 및 시행령에 의해 입양기관의 장이나 양부모 거소의 지방자치단체의 장이 요청할 수 있지만, 요보호아동이 아닌 경우에는 가정법원에 입양이 접수되면 자동적으로 입양청구권자인 양부모에 대한 범죄경력에 대한 조회가 이루어질 수 있는 규정을 신설하여 자격 없는 자에 대한 입양을 우선적으로 배제할 수 있어야 할 것이다(안문희, 2018).

4) 특별한 요구를 지닌 아동에 대한 전문적 개입

연장입양아동의 적응을 위해 입양 후 초기 개입이 아주 중요하므로, 입양 초기 2~3년간 입양기관 실무자가 직접 혹은 상담 전문가와 연계하여 부모에게 도움을 제공할 수 있는 제도 마련이 필요하다. 연장입양아동은 분리 경험 횟수가 많거나, 생부모와 살다가 신생아 때가 아닌 어느 정도 자란 후에 입양이 의뢰되는 등 적응에 어려움을 가질 수 있는 여러 요인을 가지고 있다.

또한 장애입양아동의 건강한 발달과 적응을 위해서는 입양아동 지원의 관점에서 현재처럼 비장애아동과는 구별된 양육보조금 지원과 의료비 지원을 강화하면서도 근본적으로는 장애아동 지원 체계의 개선이 이루어져야 한다(배윤진, 2017).

제10장

시설보호서비스

1. 시설보호의 개념

일반적으로 시설보호란 부모가 자녀를 양육할 의사나 능력이 없는 경우 타인이 부모역할을 대신하여 일정한 시설에서 일시적 혹은 장기적으로 보호하는 사업을 말한다. 다시 말해서 시설보호는 가정에서 양육될 수 없는 아동을 잠시 가정에 위탁하여 보살피거나, 다른 부모를 찾아주는 입양사업과 함께 아동복지서비스의 한 분류인 부모 대리 서비스에 포함되며, 아동의 부모가 그 자녀를 양육할 의사나 충분한 능력이 없을 때 타인의 부모역할을 대리하여 일정한 시설에서 일시적 또는 장기적으로 집단 보호하는 사업이라고 말한다(Kadushin, 1980). 따라서 아동복지시설은 시설을 통해서 아동복지서비스의 다양한 기능을 실천하는 기관을 의미한다고 볼 수 있다.

아동복지법 제50조에서는 국가나 지방자치단체는 아동복지시설을 설치할 수 있으며, 국가나 지방자치단체 외의 당사자는 관할 시장·군수·구청장에게 신고하고 아동복지시설을 설치할 수 있다고 규정하고 있다. 또한 아동복지법 제 15조제1항에 따르면 시·도지사 또는 시장·군수·구청장은 관할 구역 내에서 보호대상아동을 발견하거나 보호자로부터 의뢰받았을 경우 아동과 보호자를 대상으로 상담한 후 보호자 가정으로 복귀하거나 연고자 가정에 대리양육을 의뢰하거나 아동보호를 희망하는 가정에 위탁을 의뢰한다. 이 단계에서 적절한 보호가정을 찾게 되지 못할 경우 최종적으로 적합한 아동복지설에 입소하거나 필요한 경우 전문치료기관이나 요양소에 입소를 하게 된다(그림 10 - 1참조).

보호를 필요로 하는 아동을 발견하거나 보호자의 의뢰를 받은 때에는 아동복지심의위원회[4] 심의를 거쳐 필요한 보호조치 방법을 결정하게 되는

4) 아동복지심의위원회는 위원장 및 부위원장 각 1명을 포함한 10명 이내의 위원으로 성별을 고려하여 구성하며, 위원의 자격은 다음과 같다(영 제13조제1항)
- 시·도 교육청 또는 지방고용노동관서에 소속된 공무원으로서 아동 관련 업무를 3년 이상 담당하고 있거

데, 아동과 보호자에 대한 상담 · 지도를 통해 아동의 최상의 이익을 위한 보호조치 결정한다. 또한 약물 및 알코올중독, 정서 · 행동 · 발달장애 등의 문제를 일으킬 가능성이 있는 아동의 가정에 대하여 예방차원의 적절한 조치를 강구하여야 한다.

아동복지시설은 다음과 같은 아동을 보호한다(김희연, 김형모, 김정숙, 2007). 첫째, 부모가 아동을 돌볼 수 있는 형편이 안 되는 아동이나 친부모와의 정서적인 관계가 너무 밀착되어서 다른 가족과 함께 있기를 거부하는 아동이다. 둘째, 원가정의 역기능 또는 이혼 등의 문제 때문에 가정에 남아 있을 수 없을 정도의 문제를 가졌으나 위탁가정에서도 안정된 관계를 맺기가 어렵다고 판단되는 아동이다. 셋째, 이전 위탁가정에서 심리적 상처를 많이 받아 새로운 가정에 적응하기 어렵다고 판단되는 아동이다. 넷째, 위탁가정에서는 수용하기 어려운 건강문제나 행동상의 문제를 가져 전문적인 지식을 가진 기관에서 치료를 병행해야 하는 아동이다. 다섯째, 원가족과 위탁가정 모두로부터 독립하기를 원하는 아동과 청소년이다. 여섯째, 가족 내의 문제가 심각하여 단기간의 보호가 필요하지만 집단생활이 오히려 더 유익할 것이라고 판단이 되는 아동 및 청소년이다. 일곱째, 비행이나 범죄문제를 가져 행동기관에서 보호 의뢰를 한 아동 및 청소년이다.

나 담당하였던 사람
- 변호사, 의사 또는 교사 자격이 있는 사람으로서 아동 분야에 관한 학식과 경험이 풍부한 사람
- 아동단체 또는 시민단체에서 아동 분야 업무를 3년 이상 전문적으로 담당하고 있거나 담당하였던 사람
- 그 밖에 시 · 도지사 또는 시장 · 군수 · 구청장이 아동 분야에 전문지식이 있다고 인정하는 사람

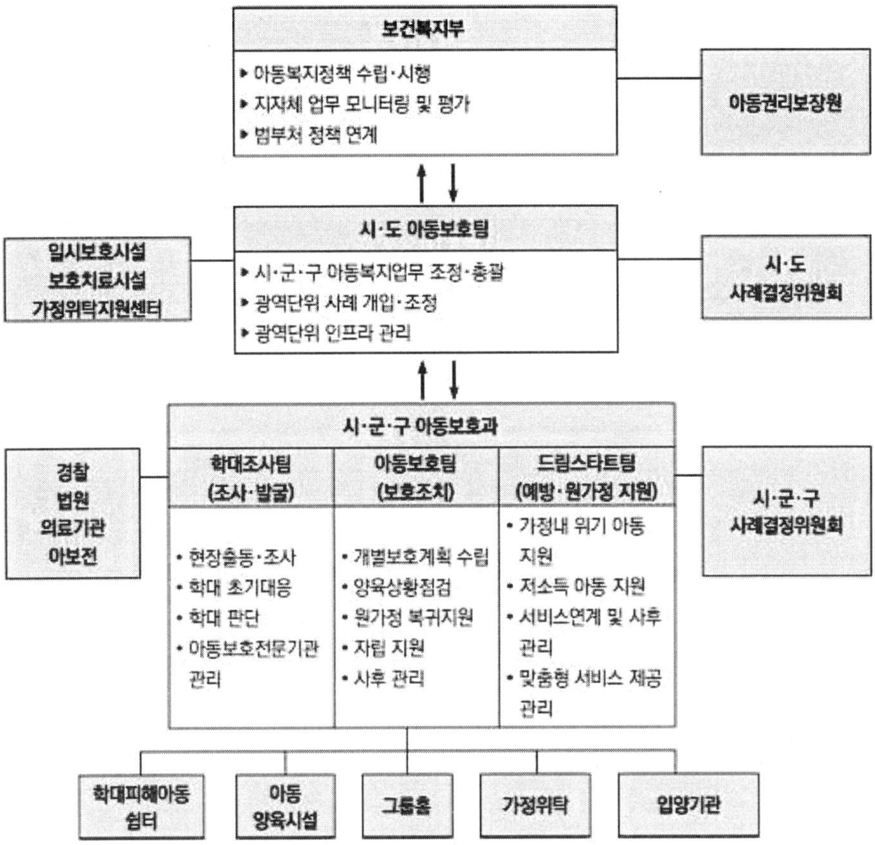

[그림 10-1] 아동보호 추진체계

출처: 보건복지부(2024). 2024년 아동분야 사업안내 1권. p. 11.

2. 아동복지시설의 종류

아동복지법 제 52조에 규정된 아동복지시설은 모두 13개로 규정되어 있으며 이중 관련 분야의 운영 및 관리를 담당하는 기관(아동보호전문기관, 가정위탁지원센터, 아동권리보장원, 자립지원전담기관)을 제외하면 아동양육시설, 아동일시보호시설, 아동보호치료시설, 공동생활가정, 자립지원시설, 아동상담소, 아동전용시설, 지역아동센터, 학대피해아동쉼터 등의 9개 시설로 규정되어 있다.

이러한 아동복지생활시설은 대규모 집단거주 형태와 소규모 공동생활가정의 형태로 제공되고 있다. 각 시설에 대한 구체적인 내용은 〈표 10-1〉에서 제시하는 바와 같다.

〈표 10-1〉 아동복지시설의 종류

시설의 종류	시설의 기능
1. 아동양육시설	보호대상아동을 입소시켜 보호, 양육 및 취업훈련, 자립지원 서비스 등을 제공하는 것을 목적으로 하는 시설
2. 아동일시보호시설	보호대상아동을 일시보호하고 아동에 대한 향후의 양육대책수립 및 보호조치를 행하는 것을 목적으로 하는 시설
3. 아동보호치료시설	불량행위를 하거나 불량행위를 할 우려가 있는 아동으로서 보호자가 없거나 친권자나 후견인이 입소를 신청한 아동 또는 가정법원, 지방법원소년부지원에서 보호위탁된 아동을 입소시켜 그들을 선도하여 건전한 사회인으로 육성하는 것을 목적으로 하는 시설
4. 공동생활가정	보호를 필요로 하는 아동, 즉 요보호아동에게 가정과 같은 주거여건과 보호를 제공하는 것을 목적으로 하는 시설
5. 자립지원시설	아동복지시설에서 퇴소한 사람에게 취업준비기간 또는 취업 후 일정 기간 동안 보호함으로써 자립을 지원하는 것을 목적으로 하는 시설
6. 아동상담소	아동과 그 가족의 문제에 관한 상담, 치료, 예방 및 연구 등을 목적으로 하는 시설
7. 아동전용시설	어린이공원, 어린이놀이터, 아동회관, 체육·연극·영화·과학실험전시 시설, 아동휴게숙박시설, 야영장 등 아동에게 건전한 놀이·오락, 그 밖의 각종 편의를 제공하여 심신의 건강유지와 복지증진에 필요한 서비스를 제공하는 것을 목적으로 하는 시설
8. 지역아동센터	지역사회 아동의 보호·교육, 건전한 놀이와 오락의 제공, 보호자와 지역사회의 연계 등 아동의 건전육성을 위하여 종합적인 아동복지서비스를 제공하는 시설
9. 학대피해아동쉼터	아동이 학대피해를 입었을 때 긴급하게 분리하여 보호할 수 있는 시설

출처: 아동복지법 제 52조에 의한 아동복지시설의 종류를 재정리.

3. 아동복지시설의 특성 및 운영원리

1) 아동복지시설의 특성

(1) 생활거점으로서의 시설

아동들이 거주하는 시설은 원가정에서 편안하게 생활할 수 없었던 아동들에게는 제2의 가정 역할을 하는 곳이다. 따라서 일상생활을 하기에 불편함이 없는 공간의 배치와 보호, 교육, 휴게 등의 역할을 할 수 있는 시설을 마련할 필요가 있다.

(2) 인격형성 및 재형성의 장으로서의 시설

가정에서 학대를 받았다거나 건강한 정서적인 보살핌을 받지 못하고 성장한 아동에게 복지시설은 이러한 경험을 치유하고 여러 사람들과 더불어 정서적인 교감을 경험할 수 있는 새로운 경험의 공간이 될 수 있다. 시설보호를 통한 생활경험이 정서적 안정을 가져온다면 이는 아동의 인격형성의 효과적인 장소로서의 역할을 한다고 말할 수 있다.

(3) 사회생활의 준비의 장으로서의 시설

생활시설은 집단이 생활하는 공간이기 때문에 그 자체로 사회생활이 이루어지는 공간이다. 시설의 가장 큰 위험성인 지역사회로부터의 격리 우려가 있지만 이는 시설운영담당자의 노력에 따라 충분히 개선될 수 있다. 시설의 일원이지만 아동 역시 그 지역에 거주하는 지역주민의 한 명이라는 의식을 갖게 하고 다양한 지역주민과의 교류 활동을 통해 지역에서 지지받는 생활공간이 되도록 하여야 한다.

2) 아동복지시설의 운영 원리

(1) 개별화의 원리

시설에 입소하게 된 아동은 집단생활을 하지만 한 명의 인격체로서 자신만의 개성과 욕구가 있으며, 시설에 들어오기까지 환경도 다양하기 때문에 시설의 적응에 개인차가 있을 수밖에 없다. 따라서 이들을 보호하기 위해서는 각 개인이 가지는 개성을 존중하고 아동의 욕구를 잘 파악하는 것이 무엇보다 중요하다. 하지만 이것을 실천하는 것이 용이하지 않기에 시설관리자는 체계적인 절차에 따라 아동의 보호계획을 면밀하게 세워야 한다.

시설보호에 있어서 개별화의 원리를 잘 적응하기 위해서 필요한 몇 가지를 살펴보면, 첫째, 보호아동들의 발달상황에 대한 정보를 면밀히 파악한다. 둘째, 조사된 정보를 기초로 해서 아동 개개인에 맞는 보호계획을 수립한다. 셋째, 수립된 계획의 실행과 평가이다. 수립된 계획이 잘 실행되기 위해서는 시설 종사자들이 적극적인 의지를 가지고 실행할 필요가 있으며, 정기적이고 단계적인 평가가 이루어진다면 실효성과를 높일 수 있을 것이다.

(2) 친자관계 존중의 원리

아동이 인간관계에 대한 인식의 기본은 부모와 자녀의 관계에서 비롯되며 아동에게 중요한 의의를 가진다. 시설보호의 주요 목적 중의 하나는 시설에서 계속 머무는 것이 아니라 자녀들이 부모에게 돌아갈 수 있도록 하는 것이다. 시설에서 생활하고 있는 대부분의 아동들은 가족이 있는 것으로 판단되기 때문에 아동들이 안정된 이후에는 원가정으로 돌아갈 수 있도록 세심하게 배려하는 것이 필요하다.

시설로 처음 입소했을 때 아동은 가족으로부터 버려졌다는 상실감을 느낄 수 있으며 이러한 심리적인 충격은 아동으로 하여금 우울감, 절망감 등의 고통으로 발전될 수 있다. 따라서 시설종사자들은 시설아동들과 그들의 가족 간의 심리 정서적 문제에 대해 충분히 이해하며 이들의 관계를 조정해 나가는 노력을 기울여야 한다.

(3) 집단 활용의 원리

시설은 작은 사회적 공간이기 때문에 각 아동의 개별적인 개성을 존중함과 동시에 집단 활동을 통하여 아동에게 사회적 관계에서의 기본 기술과 의사소통의 방법을 강화시킬 수 있다. 집단내의 사회성프로그램, 레크리에이션, 단체 체험 등의 활동을 통해 아동은 심리적 · 정서적인 안정감과 소속감을 가지며 좀 더 성숙한 인격체로 발달할 수 있다.

(4) 일관성의 원리

시설에서의 생활은 집단의 형태로 진행되기 때문에 아동의 보호를 함에 있어서 팀별로 운영을 하게 된다. 이러한 형태의 보호는 여러 명의 아동을 소수의 인원으로 담당할 수 있다는 장점은 있지만 보호의 일관성을 유지하기가 쉽지 않다. 따라서 일관적이고 체계적인 보호를 위하여 관련 종사자들은 아동보호에 관한 내부 지침을 마련하고 이것에 따라 아동의 욕구를 실현시켜 나가도록 노력해야 하며 종사자들의 역량 향상을 위해 지속적인 노력을 기울여야 한다.

(5) 사회자립지도의 원리

아동이 생활시설에 머무는 기간이 정해져 있기 때문에 시설에서는 아동이 생활시설에 적응하는 것에서 그치는 것이 아니라 시설 퇴소 후 사회에 나가 자립을 할 수 있는 노력을 해야 한다. 사회인으로 독립생활을 할 때 필요한 사회적 기술과 생활에 대한 정보 및 기술을 준비해야 하며, 가능한 좋은 조건에서 자립생활을 할 수 있도록 최선의 노력을 하여야 한다.

(6) 지역사회주민 참여의 원리

과거에는 생활시설이 지역사회와는 교류를 하지 않고 고립되어 운영되어 왔지만 오늘날은 지역사회와 무관할 수 없으며, 여러 가지 행사와 활동으로 주민의 참여를 유도하는 것이 강조되고 있다. 생활시설과 주민의 교류는 시설에 대한 지역사회의 편견을 줄이는데 일조할 뿐 아니라 상호간에 도움을 주고받을 수 있는 원조체계를 마련할 수 있다.

3) 시설보호의 장 · 단점

(1) 시설보호의 장점

시설보호는 가정의 역할을 대리로 수행할 수 있게 해주는 장점이 있는데 이를 구체적으로 살펴보면 다음과 같다. 첫째, 부모에 대한 심리적, 감정적 결핍을 다른 아동들과 함께 생활하고 상호 교류와 교육으로써 보완할 수 있게 되며, 둘째, 집단생활을 통해 요구되는 일상생활과 시설에서 정한 규칙을 지킴으로써 자기충동을 어느 정도 조절할 수 있게 도와주며, 셋째, 특별히 개인적 치료가 필요한 경우 훈련받은 전문인력을 통해 어느 정도 이를 치유할 수 있다.

(2) 시설보호의 단점

시설보호의 단점은 첫째, 시설을 관리하는 인력의 교체로 인해 안정된 보호의 지속성이 유지되기 어려울 수 있고, 둘째, 과도한 집단생활로 인한 규율화와 정형화 등으로 개방적이고 따뜻한 인간관계 형성이 어려우며, 셋째, 규칙의 틀과 개별화 사이에 모순이 발생할 수 있어 아동의 개별적 요구와 집단의 요구 간 갈등이 야기될 수 있다. 넷째, 경제활동 경험의 기회가 적고 문화시설 및 기타 사회와의 접촉이 결여되기 쉬우며, 다섯째, 충분한 정서적 욕구발산의 기회와 발표의 기회가 적어서 파괴적이고 부정적인 성격이 될 수 있다.

4. 시설보호 현황

1) 보호대상 아동의 현황

「아동복지법」 제3조에 따르면 "보호대상아동"이란 보호자가 없거나 보호자로부터 이탈된 아동 또는 보호자가 아동을 학대하는 경우 등 그 보호자가 아동을 양육하기에 적당하지 아니하거나 양육할 능력이 없는 경우의 아동을 말한다. 그리고 시 · 도지사 또는 시장 · 군수 · 구청장은 그 관할 구역에서 보호대상아동을 발견하거나 보호자의 의뢰를 받은 때에는 아동의 최상의 이익을 위하여 해당하는 보호조치를 하여야 한다.

2019년부터 2022년까지의 보호대상 아동 현황보고에 따르면 2019년 이후 보호대상 아동 발생 수는 2020년을 기점으로 지속적으로 줄어들고 있다. 2020년은 전세계를 강타했던 코로나 팬데믹 위기 상황으로 전년도에 비해 보호대상 아동이 증가하였으나, 이후 2021년에는 4,521명, 2022년에는 3,756명으로 감소한 것으로 나타났다.

〈표 10-2〉 보호조치 아동의 발생원인

구분	2019	2020	2021	2022
계	4.047	4,120	3,437	2,289
유기	237	169	117	73
미혼부모 · 혼외자	464	466	366	252
미아	8	11	0	0
비행 · 가출 · 부랑	473	468	293	11
학대	1,484	1,766	1,660	1,103
부모빈곤 · 실직	265	181	170	139
부모사망	297	279	275	235
부모질병	83	75	101	70
부모교정시설입소	–	166	99	110
부모이혼 등	736	539	356	296

출처: 보건복지부(2023). (공표용) 2022년 보호대상 아동 현황보고

2) 아동복지시설의 현황

1997년부터 IMF경제난으로 인해 요보호아동 발생이 일시적으로 급증하기는 했지만 1980년대 이후 전체 아동인구의 감소와 가정위탁보호 등 가정보호 중심으로 아동복지정책의 변화에 따라 아동복지시설의 보호아동이 감소되고 있어 시설의 정비 필요성이 대두되고 있다. 그리고 아동복지시설에서도 시설명, 인권문제의 대두 등 변화하는 사회적 요구에 따라 관련제도를 개선하여 아동시설의 보호방법을 종래의 대규모보호의 형태에서 소숙사 제도나 그룹홈 형태 방식의 소규모 가정단위의 보호방식으로 전환하고 종사자 처우도 현실화하여 아동과 보육사를 가정단위로 구성, 보호하는 형태를 취함으로써 시설아동도 일반가정의 아동들과 마찬가지로 가정적인 분위기에서 성장 · 양육될 수 있도록 노력하고 있다. 이를 위하여 시

설 형태는 소숙사 형태로 개선하여 가정과 같은 환경을 제공하고, 아동의 자율성이 확대될 수 있도록 보호 형태를 변경하며, 임상심리상담원 등 시설종사자의 배치 기준을 강화하였다.

앞으로 전체 아동의 보육사 및 퇴소아동 자립정착금 지원도 확대하는 등 한편 기존의 양육에 그치는 시설의 기능을 상담, 일시보호, 급식, 방과 후 교육, 각종 프로그램 운영 등 지역사회 아동을 위한 기능도 추가됨으로써 시설이 지역사회의 종합아동복지서비스 시설로 전환하도록 추진할 계획에 있다.

보호아동의 발생은 경기의 영향을 많이 받으며, 아동보호는 아직까지도 혈연을 중시하는 가족문화 등으로 인해 입양·가정위탁보다는 아동시설보호가 가정보호보다 2022년까지는 2배 이상 많은 것으로 나타났다. 시설보호 아동의 수는 2019년 4,047명, 2020년 4,120명, 2021년 3,437명, 2022년 1,881명으로 점점 수용인원은 줄어들고 있지만, 2022년 기준 가정위탁 802명, 입양 52명, 입양전 위탁 114명과 비교해 보면 시설입소 1,881명으로 여전히 시설보호위주의 조치가 월등하게 높은 비율을 차지하고 있다.

〈표 10-3〉 보호대상 아동의 보호조치 현황

구분		2019	2020	2021	2022
시설입소	계	2,739	2,727	2,183	1,881
	양육시설	1,707	1,131	996	567
	일시보호시설	401	342	243	0
	자립지원시설	–	20	33	0
	보호치료시설	–	452	282	12
	공동생활가정	625	714	546	287
	기타	6	68	83	47

구분		2019	2020	2021	2022
가정보호	계	1,308	1,393	1,254	968
	소년소녀가정	5	0	0	0
	입양	104	88	75	52
	가정위탁	1,003	1,068	1,028	802
	입양전위탁	196	237	151	114

출처: 보건복지부(2023). (공표용) 2022년 보호대상 아동 현황보고를 수정 정리

아동복지시설은 설립 목적은 같지만, 시설 규모와 입소 기간 등에 차이가 있다. 아동양육시설과 아동일시보호시설, 아동보호치료시설은 시설 등은 시설의 유형에 따라 사무국장과 임상심리 상담원, 생활복지사, 자립지원 전담요원, 간호사, 조리원, 영양사, 위생원, 사무원 등 종사자 배치기준이 다르다. 아동복지시설의 종사자의 자격 기준은 〈표 10-4〉와 같다.

〈표 10-4〉 아동복지시설의 종사자 자격기준

구분	자격기준
아동복지 시설의 장	1. 「사회복지사업법」에 따른 사회복지사 2급 이상의 자격 취득 후 아동과 관련된 사회복지사업에 3년 이상 또는 사회복지사업에 5년 이상 종사한 경력이 있는 사람 2. 학대아동보호사업과 관련된 기관에서 3년 이상 근무한 경력이 있는 사람 3. 7급 이상 공무원으로서 국가나 지방자치단체에서 사회복지사업에 관한 행정업무에 5년 이상 종사한 경력이 있는 사람 4. 「의료법」에 따른 의사·한의사 또는 치과의사 면허 취득 후 3년 이상 진료 경력이 있는 사람 5. 「정신보건법」에 따른 정신보건전문요원 자격 취득 후 사회복지사업에 5년 이상 종사한 경력이 있는 사람 6. 「영유아보육법」에 따른 보육교사 1급 자격 취득 후 사회복지사업에 5년 이상 종사한 경력이 있는 사람 7. 유치원, 초등학교 또는 중등학교 교사 자격증 취득 후 사회복지사업에 5년 이상 종사한 경력이 있는 사람 8. 직업훈련교사, 간호사, 영양사 자격 취득 후 사회복지사업에 5년 이상 종사한

구분	자격기준
	경력이 있는 사람
사무국장	1. 「사회복지사업법」에 따른 사회복지사 2급 이상의 자격 취득 후 아동과 관련된 사회복지사업에 1년 이상 또는 사회복지사업에 3년 이상종사한 경력이 있는 사람 2. 학대아동보호사업과 관련된 기관에서 1년 이상 근무한 경력이 있는 사람 3. 9급 이상 공무원으로서 국가나 지방자치단체에서 사회복지사업에 관한 행정업무에 3년 이상 종사한 경력이 있는 사람 4. 「정신보건법」에 따른 정신보건전문요원 자격 취득 후 사회복지사업에 3년 이상 종사한 경력이 있는 사람 5. 「영유아보육법」에 따른 보육교사 1급 자격 취득 후 사회복지사업에 3년 이상 종사한 경력이 있는 사람 6. 유치원, 초등학교 또는 중등학교 교사 자격증 취득 후 사회복지사업에 3년 이상 종사한 경력이 있는 사람 7. 직업훈련교사, 간호사, 영양사 자격 취득 후 사회복지사업에 3년 이상 종사한 경력이 있는 사람
보육사	1. 「사회복지사업법」에 따른 사회복지사 3급 이상 자격이 있는 사람 2. 「영유아보육법」에 따른 보육교사 자격이 있는 사람 3. 유치원, 초등학교 또는 중등학교교사 자격이 있는 사람
생활복지사 또는 상담지도원	1. 「사회복지사업법」에 따른 사회복지사 2급 이상 자격이 있는 사람 2. 유치원, 초등학교 또는 중등학교 교사 자격이 있는 사람 3. 「영유아보육법」에 따른 보육교사 1급 자격이 있는 사람
직업훈련 교사	1. 「근로자직업능력 개발법」에 따른 직업능력개발훈련교사 자격이 있는 사람 2. 「학원의 설립·운영 및 과외교습에 관한 법률」에 따른 학원강사 자격이 있는 사람
임상심리 상담원	1. 「고등교육법」 제2조에 따른 학교, 「평생교육법」 제32조 또는 제33조에 따라 교육부장관의 인가를 받아 전문대학 또는 대학졸업자와 동등한 학력·학위가 인정되는 평생교육시설(이하 이 표에서 "대학등"이라 한다)의 심리 관련 학과를 졸업한 사람 2. 「국가기술자격법 시행령」 제12조의2제1항 및 별표 1에 따른 임상심리사 2급 이상의 자격이 있는 사람
자립지원 전담요원	1. 「근로자직업능력 개발법」에 따른 직업능력개발훈련교사 자격이 있는 사람 2. 「사회복지사업법」에 따른 사회복지사 2급 이상의 자격이 있는 사람 3. 초등학교 또는 중등학교 교사 자격이 있는 사람

구분	자격기준
	4. 대학등 졸업자(법령에 따라 이와 같은 수준의 학력이 있다고 인정되는 사람을 포함한다)로서 아동복지 또는 사회복지 관련 학과를 졸업하고 1년 이상 아동복지 업무에 종사한 경력이 있는 사람

출처: 국가법령정보센터 홈페이지(www.law.go.kr)

5. 시설보호아동을 위한 자립지원

1) 자립지원의 의미

아동자립지원은 아동복지법 제38조에 근거하여 보호대상 아동의 위탁보호 종료 또는 아동복지시설 퇴소 이후 자립에 필요한 주거 · 생활 · 교육 · 취업 등의 지원을 하기 위한 것이다. 그 이외에 자립에 필요한 자산의 형성 및 관리 지원 -자산형성 지원, 자립에 관한 실태조사 및 연구, 자립지원 대상 아동의 사후관리체계 구축 및 운영, 자립생활 역량강화를 위한 프로그램 개발 및 운영, 아동복지시설 및 가정위탁지원센터의 종사자에 대한 자립지원 관련 교육, 자립에 필요한 자립정착금-등의 지원을 하게 된다.

2) 자립지원 대상 아동

아동복지법 시행령 제38조에 근거한 아동자립지원의 대상은 다음과 같다.

첫째, 가정위탁보호 중인 아동

둘째, 아동복지시설에서 보호 중인 아동

셋째, 보호조치가 종료되거나 해당 시설에서 퇴소한 지 5년이 지나지 아니한 아동

넷째, 위에서 규정한 사람 외에 18세에 달하기 전에 보호조치가 종료되

거나 해당 시설에서 퇴소한 사람으로서 보건복지부장관이 자립지원이 필요하다고 인정하는 사람

3) 자립지원제도

아동권리보장원은 자립지원부에서 아동복지시설 및 가정 위탁 보호를 받고 있는 아동들이 퇴소 후 겪는 어려움에 대한 자립 준비를 돕고, 보호시설퇴소와 위탁종료 아동들의 안정된 자립기반 조성을 지원하고 있으며, 이러한 정책·사업을 통해 자립준비청년들이 안정적으로 사회에 정착할 수 있도록 돕기 위한 다양한 정책을 마련하고 있다. 자립을 위한 정책은 소득, 주거, 금융, 진학, 취업, 의료 및 건강 등의 분야에서 다양하게 진행되고 있는데 이 중 소득지원과 주거지원을 중심으로 소개하면 다음과 같다.

(1) 자립수당

자립수당이란 자립준비청년(보호종료아동)에게 보호종료 후 경제적 부담을 완화하고 안정적인 사회정착 및 복지향상을 통해 성공적 자립에 기여하기 위한 수당지급 제도이다. 매월 본인명의 계좌로 40만원의 자립수당을 지급한다.

(2) 자립정착금제도

자립정착금이란 보호종료 후 안정적인 자립기반을 마련할 수 있도록 지원하는 정부지원금으로서, 초기자립에 필요한 월세, 가전제품 구입, 생활비 등으로 사용하는 비용을 말한다.

자립정착금 지원대상은 만 18세 이후 아동복지시설 및 가정위탁에서 보호종료된 아동을 대상으로 하며, 자립정착금은 500~2,500만원을 지급하

도록 권고한다.

(2) 주거지원제도

① 지원대상

자립정책을 위한 주택지원에는 소년소녀가정 등 전세주택, 대학생 전세임대 주택지원, 영구임대 등이 있으며, 구체적인 내용은 〈표 10-4〉와 같다.

〈표 10-4〉 자립지원아동을 위한 주택지원

구분	내용
LH 청년 전세 임대주택(1순위)	보호종료아동에게 입주대상자가 거주할 주택을 물색하면 주택소유자와 전세계약을 체결한 후 재임대하는 제도
LH 소년소녀가정 등 전세주택 지원사업	아동복지시설에서 퇴소 예정이거나 퇴소한 지 5년이 지나지 않은 사람에게 국민주택규모(85m2)이하인 주택의 전세주택자금을 지원하는 제도
LH 청년 매입 임대주택	LH에서 매입한 주택을 청년, 대학생, 취업준비생을 대상으로 시중 시세 40%~50% 수준으로 임대하는 주택
LH 자립준비청년 (보호종료아동) 매입임대주택	LH에서 매입한 주택을 아동복지시설(가정위탁 포함) 퇴소예정이거나 퇴소한지 5년이 지나지 않은 자립준비청년에게 시중 시세 40% 수준으로 임대하는 주택
LH 영구임대주택 (1순위)	LH에서 보호종료아동, 국가유공자, 저소득층, 한부모가정 등을 대상으로 최대 50년 동안 거주할 수 있도록 공급하는 주택
LH 자립준비청년 (보호종료아동) 매입임대주택	보호종료아동에게 LH 건설임대주택을 우선 공급하는 제도
SH 청년매입임대 주택 우선공급	SH에서 매입한 주택을 보호종료아동, 쉼터퇴소청소년을 대상으로 시중 시세의 30% 수준으로 임대 공급하는 주택

출처: 아동권리보장원 홈페이지.(https://www.kohi.or.kr)

(3) 자립지원프로그램

자립지원 프로그램은 “READY? ACTION!”으로 보호기간 중 체계적이고 지속적인 프로그램 보급을 통해 자립지원의 효율화 및 내실화 제고하고 보호종료 전 보호아동에 대한 적절한 예방적 서비스 제공을 통해 아동복지증진 및 삶의 질 향상시키기 위한 목적을 갖는다.

프로그램의 추진 방향은 현장 속에서 이루어지는 생활중심 서비스, 삶을 영위하는데 필요한 전반적인 기술 습득을 위한 통합적인 서비스, 단계별 프로그램 및 사례관리를 통한 맞춤형 서비스로 구성되며, 보호중인 아동을 위한 “READY?”프로그램과 보호종료 아동을 위한 “ACTION!”프로그램으로 구성된다.

보호중인 아동을 위한 자립지원 프로그램은 미취학 연령부터 보호시설 퇴소 전까지 4단계로 나누어 진행이 되며 일상생활기술 자립지원을 위한 핵심기술 8대 영역인 일상생활 기술, 자기보호기술, 지역사회자원활용 기술, 돈 관리 기술, 사회적 기술, 진로탐색기술, 직장생활기술, 다시 집 떠나기 등의 영역 중 각 연령에 맞는 기술을 중점으로 준비하도록 돕는다.

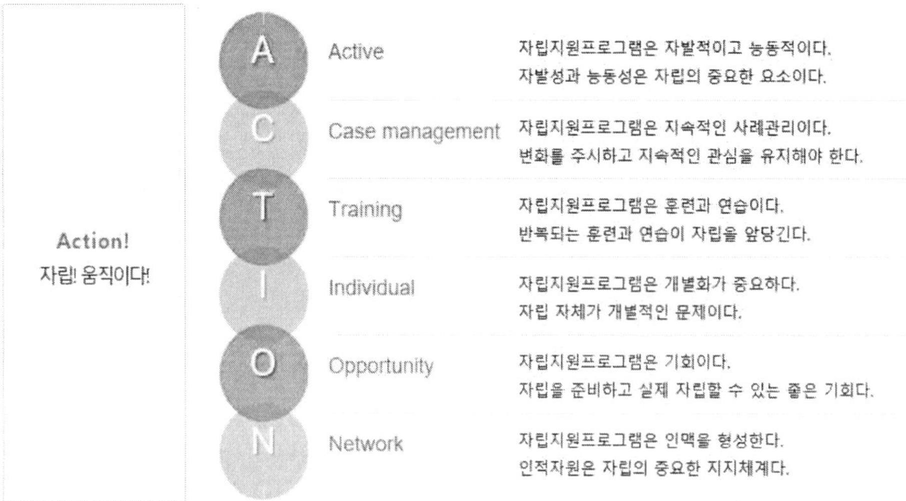

출처: 아동권리보장원 홈페이지.(https://www.kohi.or.kr/board?menuId=MENU0375siteId=null)

[그림 10-2] "READY? ACTION!" 프로그램의 핵심가치

〈표 10-5〉 보호중인 아동을 위한 자립지원 프로그램

Ready? : 미취학부터 보호종료 전까지 자립준비 프로그램 (8대 영역)			
Level1	Level2	Level3	Level4
미취학~초2	초3~초6	중1~중3	고1~퇴소 전
기초학습지도 독서지도 원가족 유대 강화 집단프로그램	심리 · 정서지지체계 학습지도, 경제교육	진로적성 검사 자립예비사정 및 계획 자립준비척도	자립사정 취업 및 진학 상담 자립준비척도
일상생활 기술 자기보호 기술 지역사회자원활용 기술 사회적 기술	일상생활 기술 자기보호 기술 돈 관리 기술 사회적 기술 진로탐색 및 취업 기술	일상생활 기술 자기보호 기술 지역사회자원활용 기술 돈 관리 기술 사회적 기술 진로탐색 및 취업 기술	일상생활 기술 자기보호 기술 지역사회자원활용 기술 돈 관리 기술 사회적 기술 진로탐색 및 직장생활 기술 다시 집 떠나기

출처: 아동권리보장원 홈페이지.(https://www.kohi.or.kr/board?menuId=MENU0375siteId=null)

보호종료 아동을 위한 자립지원 프로그램은 보호종료 후 사례관리 및 서비스 지원프로그램이며 건강한 사회인으로 자립을 할 수 있도록 하기 위하여 지원된다. 취업, 직업훈련, 주거, 진학 등 자립에 필요한 기술들이 잘 이루어지고 있는가를 자립지원통합관리시스템을 통해 관리한다.

〈표 10-6〉 보호종료 아동을 위한 자립지원 프로그램

Action! : 보호종료 후 자립생활 정착까지의 사례관리 및 서비스 지원 프로그램	
목표	보호종료 후 효과적인 사례관리 서비스 지원을 통해 건강한 사회인으로의 자립유도
대상	보호종료 후 5년 이내 아동
자립점검	시기 : 매년 1회 방법 : 자립점검 후 자립지원통합관리시스템 입력 내용 : 취업, 직업훈련, 주거, 진학, 경제, 생활, 의료, 기타 등

출처: 아동권리보장원 홈페이지.(https://www.kohi.or.kr/board?menuId=MENU0375siteId=null)

〈표 10-7〉 자립지원프로그램의 흐름도

Ready?											Action!	
입소	➲	연령별 자립지원 프로그램 실행 (8대 영역)	➲	자립지원 계획수립 (만 15세 이상)	➲	영역별 자립지원 프로그램 실행	➲	자립준비 평가	➲	퇴소	➲	사례관리 및 상담 (자립점검)

출처: 아동권리보장원 홈페이지.(https://www.kohi.or.kr/board?menuId=MENU0375siteId=null)

6. 아동복지시설의 개선 방향

1) 아동복지시설의 소규모화 및 환경개선 노력이 필요

변화하는 아동복지 환경에 따라 아동복지 시설도 변화가 필요한데 가장 중요한 것은 보호를 필요로 하는 아동에게 가정적인 환경과 가장 유사한 생활환경을 제공하는 것이다. 아동 각자의 인권이 존중되는 개별화된 보호를 제공하며 사회적 자립을 지원하기 위해서는 보호 시설의 소규모화가 이루어져야 한다. 시설에서 생활할 때 가장 문제가 디는 소위 시설병은 시설아동수에 비해 지도하는 보육사의 수가 크게 부족하기 때문에 시설아동들에게 문화인으로서의 소양 및 예의범절을 지도하지 못한데서 기인한다고 볼 수 있다. 이를 위한 해결방법은 단체 기숙사형태의 구조를 작게 나누어 일반가정처럼 나누어 생활하는 구조로 변경하거나 처음부터 일반 그룹홈 형태로 단독주택이나 아파트에 거주하며, 구성원도 일반가정과 유사하게 5~7명이 자유롭고 자발적으로 운영해 나가는 하는 것이다.

2) 가정보호기능의 강화

아동복지시설의 역할은 가족이 없는 아동, 또는 가족이 있어도 아동 또는 그 가족에게 문제가 발생하여 가정에서 보호할 수 없는 아동에게 가정을 대리하는 서비스를 제공하는 것이다. 그러나 시설보호는 불가피한 경우에만 일시적으로 시설보호가 제공되고 상황이 개선될 경우 가능한 조기에 원가정으로 복귀할 수 있도록 하는 제도적 장치가 마련되어야 한다. 시설에 아동이 입소했을 때, 아동은 부모와 헤어진 것에 관한 상실과 슬픔이 큰 상태이기 때문에 부모와 아동이 충분히 이별할 시간을 갖는 것이 중요하며, 아동이 새로운 환경에 적응할 수 있게 종사자가 적극적으로 노력해야 할 필요가 있다. 시설입소 보호시 가장 우선적으로는 시설입소를 하는 상황까지 이르지 않도록 예방하고 입소 후에는 아동의 입·퇴소 관리를 전문적으로 하여 아동 및 가족에 대한 파악을 정확히 하여 가정과의 연계가 지속적으로 이어지도록 지원하는 노력이 있어야 한다. 종사자는 부모를 아동을 함께 키우는 협력자이자 자원으로 여기고 대화를 해야 한다.

가족과 아동의 관계형성을 위해 가족을 시설의 프로그램에 적극적으로 참여시키거나 주말이나 공휴일, 방학기간 중에도 수시로 가족과의 외출 및 외박을 실시하며, 부모 또는 가족의 시설방문을 장려한다.

3) 자활 및 자립지원 확대

아동이 원가정으로 돌아갈 수 없는 상황이라면, 자립할 자립 준비를 체계적으로 도와야 한다. 자립 준비는 단지 직업기술훈련이나 취업준비를 돕는 것만이 아니라, 성인으로 독립해서 살아가는 일 전반에 걸친 일을 준비하는 것이다. 시설아동들이 퇴소 후 독립적이고 경쟁력 있는 한 인간으로 생활할 수 있게 하기 위해서는 시설은 아동의 단순한 의식주 해결을 넘어서 자립·자활할 수 있는 능력을 배양해 줄 수 있는 체제를 제도적으로 갖추도록 해야 한다. 이를 위해서는 시설에서 생활하는 동안 우선 자립심과 책임감을 갖도록 하고 사회에서 필요로 하는 최소한의 지식과 학습을 갖추도록 지원할 뿐만 아니라 경제적으로 자립할 수 있도록 한다. 또한 시설아동이 건전하고 책임감 있는 시민으로 사회에 뿌리내릴 수 있도록 시설퇴소 후에도 지속적인 관심과 배려가 있어야 한다.

가정이라는 결속체계가 결여된 시설아동에 대해 국가 또는 사회가 제도적으로 그들의 퇴소후의 지속적인 자립을 지원하고 보장해 주는 것이 필요하다. 가정이라는 결속체계가 결여된 시설아동에 대해 국가 또는 사회가 제도적으로 그들의 퇴소후의 적응과정을 체계적으로 점검하고 부족한 부분이 있으면 적극 지원해 주도록 하여야 한다.

가장 중요한 것은 자립을 위한 정착금을 좀 더 현실화 할 필요가 있다. 현행 제도에서는 자립정착금을 500~2,500만원을 지급하도록 권고하는 것으로 규정되어 있는데, 이것은 자립을 위한 자금이라고 하기에는 너무도 부족한 금액이라 할 수 있다. 따라서 아동이 주거, 취업, 경제적 자립을 위해 좀 더 체계적이고 현실적인 금액의 지원 및 제도적 뒷받침이 따라야 할 것이다.

4) 아동복지시설 운영 프로그램의 전문화

아동복지시설에 있는 아동은 미취학 아동부터 고등학생에 이르기까지 연령도 다양하고 성별도 섞인 상황에서 적은 인원으로 전체 아동을 통제해야 하기 때문에 아동들의 개별적인 성향을 고려하지 못하고 획일적으로 생활하도록 하는 경향이 있다. 시설에 들어오게 되는 아동들의 경우 가정환경의 문제 등으로 문제가 많은 아이들이 있기 때문에 단순히 수용하는 것 이상으로 정서적인 특성을 고려해서 필요할 경우 치료 프로그램이 동반되어야 함에도 불구하고 그러한 욕구를 수용하기가 어렵다.

따라서 전문적인 상담 프로그램 및 아동들의 정서 순화를 위한 프로그램 등이 필요하며 관련 교육을 받고 자격을 갖춘 전문인이 필요하다. 특히 시설에 입소하는 아동 중 학대나 경계선 지적장애, 정신건강 문제 등 특수 욕구를 지닌 아동 급격히 증가하고 있으며, 이에 대한 대책이 시급히 필요하다. 또한, 장애와 같은 특수한 복지 욕구를 지닌 아동에게 적합한 서비스를 제공할 수 있는 기관이 부족한데 전문 서비스를 제공할 수 있는 기관의 절대적인 수가 부족하다고 평가되기 때문에 이러한 문제를 해결할 수 있는 방안이 필요하다.

제11장

빈곤아동을 위한 서비스

1. 빈곤의 개념

일반적으로 빈곤이란 기본적 욕구를 충족시킬 수 있는 능력이 부족한 상태라고 정의할 수 있다. 즉, 빈곤은 재화와 서비스를 사용할 수 있는 능력이 부족한 상태라고 정의된다. 오늘날 빈곤의 개념은 대개 절대적 빈곤과 상대적 빈곤으로 구분하고 종래에는 최저생계비 이하의 상태를 말하였지만, 현재적 개념은 그러한 경제적 개념에서 벗어나서 교육, 건강, 비행, 기회 등 사회적 조건 또는 자원의 결핍상태를 의미하는 경향이 있다. 개인 및 가족이 일상생활을 유지하기 위하여 그에 필요한 의식주의 결핍뿐만 아니라, 그 밖의 필요를 충족시킬 수 없는 자원의 결핍상태를 말한다. 빈곤은 경제발전수준과 같은 시간적, 문화적 환경과 같은 공간적, 사상이나 철학 및 가치관과 같은 심리 · 정신적 상황에 따라 다르게 정의될 수 있다.

빈곤에서 가장 많이 사용되는 개념은 절대적 빈곤과 상대적 빈곤이다. 절대적 빈곤에서는 빈곤을 일반 사회구성원의 생활수준과는 별개의 생존 개념으로 보는 반면, 상대적 빈곤은 특정 사회의 저반적인 생활수준과 밀접한 관련 하에 상대적 박탈과 불평등의 개념을 중시하는 것으로 설명한다.

절대적 빈곤은 생활자원이 절대적인 기준인 빈곤선 혹은 최저생계비에 도달하지 못할 때의 상태이며 빈곤을 객관적으로 측정하려는 시도로 볼 수 있다. 절대적 빈곤은 육체적 생존을 위한 최저수준의 확보라는 장점과 계측의 문제점과 빈곤의 다른 특성을 파악하지 못하는 단점을 지니고 있다. 상대적 빈곤은 사회의 평균소득수준과 대비하여 상대적으로 저소득 수준의 계층을 빈곤으로 정의하려는 시도이다. 즉 대부분의 사회구성원이 누리고 있는 생활수준에 비교해서 발달상태 또는 사회적 배제 상태에 처해 있는 경우를 말한다. 이처럼 빈곤은 어떠한 기본 개념을 사용한지에 따라 연구자들의 기준과 정의가 다르게 나타난다.

빈곤은 경제적, 사회적, 문화적 측면의 요소를 포함하는 것으로 광범위한 의미에서 물질적 자원부족 뿐만 아니라 사회적 가치, 분배에서의 불평등, 심리적 차원에서의 박탈 및 문화적 가치로부터의 소외 등 사회적, 심리적 박탈을 의미하는 복합적인 개념이다. 따라서 빈곤은 경제적 특성 뿐 아니라 사회적·심리적으로 여러 특성을 지니고 있다. 이를 기초로 빈곤 가정의 아동을 살펴보면 물질적 부족과 사회 심리적 박탈을 가지고 있는 가정에서 물질과 심리적 지지의 문제를 경험하는 아동으로 이해할 수 있다

2. 빈곤의 종류

1) 절대적 빈곤

절대적 빈곤(absolute poverty)은 기본적 욕구, 즉 음식, 주거, 의복 등을 해결하지 못하는 상태로 보고 빈곤선은 이러한 욕구를 해결하는 데 드는 비용에서 결정된다.

이는 한 개인이나 가구의 소득 또는 지출이 최저생활을 하는데 필요한 생계비에 미달될 때에 이들을 빈곤가구로 보는 것이다. 절대적 빈곤의 개념은 생존의 수준이지 소득 불평등의 정도가 아니다. 즉 개인 및 가족이 최저한도의 건강하고 문화적인 생활을 유지하는데 필요한 의식주 및 기타 생활에 필요한 자원이 결핍되어 인간다운 생존이 위협받는 상태를 말한다. 따라서 이 개념에서는 빈곤을 정의하는 데 있어 사회구성원의 전반적인 생활수준이나 사람들의 취향 혹은 가치관 등은 고려하지 않는다.

절대적 빈곤을 측정하는 방법에는 최저생계비 방식과 엥겔방식이 있다. 최저생계비 방식은 의식주의 기본적인 욕구를 해결하는데 드는 비용을 계산하는 방식이며, 엥겔방식은 전체 소득에서 음식비가 차지하는 비율을 빈곤선으로 산정하는 방식이다. 한국에서는 1973년 보건사회부 사회보장심

의위원회가 최초로 최저생계비를 산출하였다. 이후 최저생계비의 산출액은 학자들과 연구기관마다 조금씩 차이가 나지만 빈곤의 측정뿐만 아니라 최저임금의 산출, 노동자의 임금교섭 등에서 중요한 자료로 활용되고 있다.

2) 상대적 빈곤

절대적 빈곤의 개념이 빈곤을 일반 사회구성원의 생활수준과는 별개의 생존 개념으로 본 반면, 상대적 빈곤(relative poverty)은 특정사회의 전반적인 생활수준과 밀접한 관련 하에 상대적 박탈과 불평등의 개념을 중시한다. 상대적 빈곤은 단순히 생계비의 개념에 입각한 것이 아니라, 개인의 생활의 질에 있어서 타인에 비해 못하다는 격차 혹은 박탈된 상황을 의미한다. 따라서 이 개념 하에서의 빈곤선은 특정사회의 구성원 대다수가 누리는 생활수준에 못 미치는 수준이기 때문에, 이것은 특정사회의 사회적 관습과 생활수준에 따라 크게 다르다.

절대적 빈곤이 과학적인 근거에 의하여 구체적인 빈곤선을 결정한다면, 상대적 빈곤의 개념에서는 그러한 구체적인 빈곤선을 결정하기가 매우 어렵다. 왜냐하면 대다수가 누리는 생활행태를 측정하기가 거의 불가능하고, 또한 그 수준의 어느 정도를 빈곤선으로 결정하느냐 하는 것이 인위적일 수밖에 없기 때문이다. 즉, 자기가 다른 사람에 비하여 주관적으로나 객관적으로 소득, 교육, 권력, 기회 등이 박탈되어 있을 때, 상대적 빈곤 또는 박탈이라고 한다.

3) 주관적 빈곤

전술한 절대적 빈곤과 상대적 빈곤은 그것들이 과학적으로 결정되든, 아니면 정치적으로 결정되든 제3자의 판단에 의한 어떤 객관적인 수준이

정해진다. 반면, 주관적 빈곤(subjective poverty)은 사람들이 빈곤으로 간주하는 수준에서 결정된다. 빈곤은 결국 개인들의 안녕과 관련되는 문제이기 때문에 개인들의 주관적인 판단이라는 측면도 무시할 수 없으며 어떤 의미에서는 전술한 객관적인 기준보다 빈곤을 정의하는 데 중요할 수도 있다. 주관적 빈곤은 사람들에게 그들 자신들의 상황을 고려할 때, 그럭저럭 살아가는데 소요되는 소득이 얼마인가를 묻고, 이를 바탕으로 이 사람들의 최소소득과 그들의 실제 소득 관계를 정하고, 분석하여 실제소득과 그럭저럭 소요되는 최소소득이 살아가는데 일치하는 점을 빈곤선으로 결정하는 방식이다.

3. 빈곤의 원인

첫째, 기능주의적 관점은 빈곤의 원인을 개인적 결함에서 찾아보려는 견해이다. 기능주의에서는 빈곤을 게으름이나 노동력의 상실로 인한 당연한 결과로 인식하였다. 이 외에도 가구주의 사망, 질병, 불구, 노령, 저교육 수준, 부작용 등을 빈곤의 요인으로 본다. 빈곤이 사회문제로 되는 것도 사회체계의 기능에 기여하기 때문에 존재하는 것으로 빈곤층이 사회에 적응하지 못하고 적절한 기능을 수행하지 못함으로 인해 발생하는 이탈행위의 한 형태로 본다. 따라서 빈곤은 나태와 영양결핍 같은 문제를 일으킬 뿐 아니라, 빈곤으로 인한 다양한 사회문제의 원인이 되기도 한다.

둘째, 갈등주의적 관점은 한 집단이 사회내의 다른 집단들에 비해 더 적은 경제적 자원을 가질 때 빈곤이 존재한다고 보는 것이며 빈곤을 사회의 경제제도와 복잡하게 관련되어 생긴다고 본다. 이 관점은 재산, 지식, 자원, 기회 등의 무소유와 종속상태 즉 사회적 불평등의 관점에서 빈곤의 원인을 파악하고 있다. 즉, 빈곤은 사회의 어떤 계층과 집단들이 빈곤으로부터 이익을 얻기 때문에 발생한다는 것이며, 어떤 사람이 가난한 것은 개인적인 요인이 아니라 저임금과 장시간 노동으로 인한 노동력의 피폐, 노동자의 잉여 노동력을 착취하는 자본주의 등에서 빈곤의 원인을 찾는다.

셋째, 낙인주의적 관점에 의하면 빈곤의 원인은 개인적 요인 즉, 동기의 결여, 낮은 열망수준, 무절제, 게으름, 의타심, 과다한 출산, 부적응과 같은 개인의 결함과 책임을 강조한다. 따라서 낙인주의적 관점에서는 단지 경제적 박탈의 문제가 아니라 인격체의 자아개념과 관련됨을 강조한 이처럼 빈곤의 원인은 다양한 관점과 이론에 의해 접근· 이해될 수 있다. 하지만 앞에서 고찰한 기능주의적 관점, 갈등주의적 관점, 낙인주의적 관점의 경우 성인들을 대상으로 한 이론이다. 특히 낙인주의적 관점의 경우 빈곤아동에게 그대로 적용시키기에는 한계가 있을 것으로 판단된다.

한편 가구주의 사망, 질병, 저교육 수준 등을 빈곤의 원인으로 파악하고 있는 기능주의적 관점은 아동의 빈곤원인을 접근 · 이해하는 데 유용하다고 판단된다. 요컨대 기능주의적 관점에 의하면 아동의 빈곤 역시 일종의 사회문제로 사회체계의 기능적 결함에 기인하는 현상으로 이해될 수 있으며, 빈곤아동이 사회에 적응하지 못하고 적절한 기능을 수행하지 못함으로 인해 발생하는 문제로 접근될 수 있다.

4. 빈곤의 현황

2020년 소득별빈곤율을 살펴보면, 시장소득기준 곤율은 전년 대비 소폭 증가하였으나, 경상소득, 가처분소득기준 빈곤율은 전년 대비 감소한 모습을 보였다. 시장소득기준 2020년 상대적 빈곤율은 21.5%로 2019년 21.4%보다 0.1%증가하였으며, 가처분소득기준에서 2020년 상대적빈곤율은 15.3%로 2019년 대비 1.0% 감소한 것으로 나타났다.

〈표 11-1〉 상대적 빈곤율

구분	2016	2017	2018	2019	2020
시장소득	20.7	20.8	21.0	21.4	21.5
경상소득	17.9	17.5	16.9	17.0	16.2
가처분소득	17.6	17.3	16.7	16.3	15.3

출처: 한국보건사회연구원(2022). 2022년 빈곤통계연보.

〈그림 11-1〉에 따르면, 2020년 가처분소득 중위 50% 기준 상대적 빈곤율은 76세 이상이 52.0%, 66~75세는 31.5%, 51~65세는 12.9%, 41~50세는 10.5%, 18세 미만은9.8%, 18~25세는 9.0%, 26~40세는 8.4%로 나타났다.

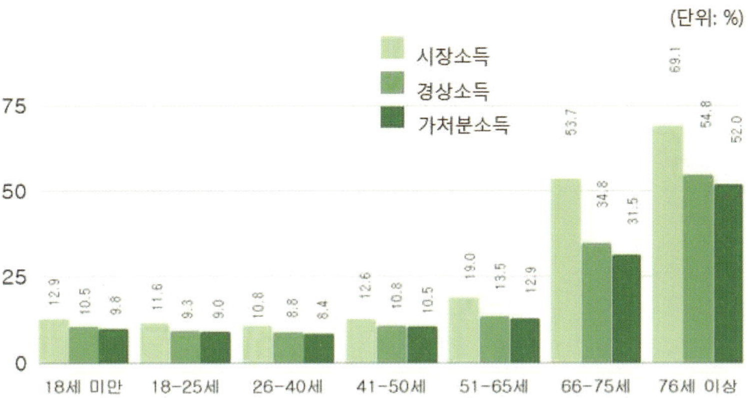

[그림 11-1] 연령 범주별 상대적 빈곤율

아동, 청소년은 일반적으로 집에서 보내는 시간이 많으므로 질적으로나 양적으로나 최소한의 주거 기준이 보장되는 것이 아동, 청소년의 삶의 질에서 중요한 요인이 된다. [그림 11-2]에 따르면 최소한의 주거 기준을 충족하지 못한 가구에 거주하는 아동·청소년의 비율은 2018년 4.1%에서 2020년 2.7%로 감소하였다.

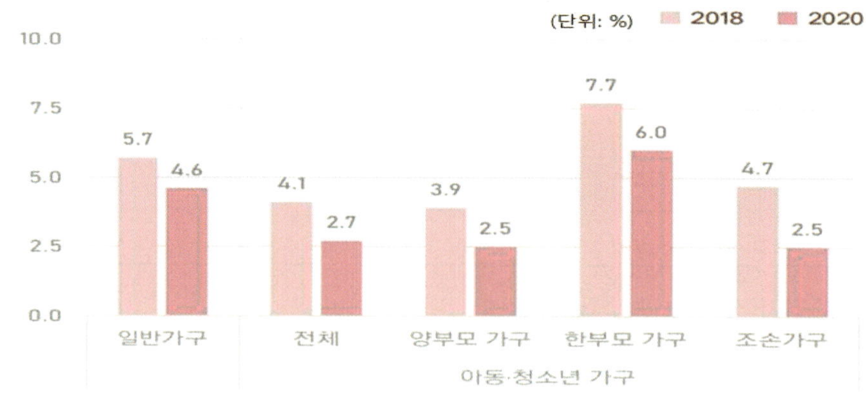

출처: 국토교통부(2022). 아동 · 청소년 삶의 질 보고서.

[그림 11-2] 최저주거기준 미달 가구 거주 비율(2018, 220년)

[그림 11-3]에서 나타난 바와 같이 한국 아동 · 청소년의 상대적 빈곤율은 OECD 국가중에서 중상위권이다. 핀란드, 덴마크의 아동 · 청소년 상대적 빈곤율은 5% 미만으로 상위권이며, 프랑스(11.7%), 호주(13.3%), 일본(14.0%), 영국(14.1%) 등은 우리나라보다 약간 높고, 미국은 21.0%로 매우 높은 편이다.

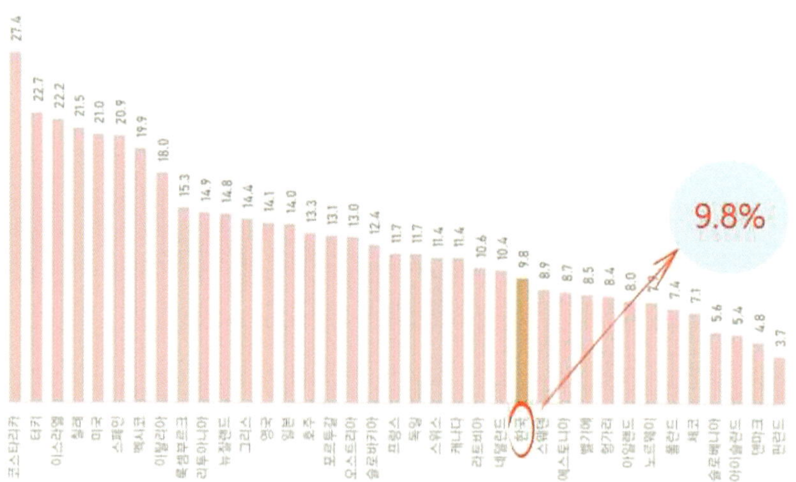

출처: 통계청(2022). 아동 · 청소년 삶의 질 2022 보고서.

[그림 11-3] 빈곤의 현황(OECD 회원국 아동 상대적 빈곤율)

5. 빈곤아동을 위한 지원정책

1) 디딤씨앗통장(CDA : Child Development Account)

(1) 목적

디딤씨앗통장은 아동복지법 제42조(자산형성지원사업), 제43조(자산형성지원사업 관련 업무), 제44조(자산형성지원사업 관련 업무의 위탁)에 근거하여 저소득층 아동의 사회진출 시 학자금 · 취업 · 창업 · 주거마련 등에 소요되는 초기비용 마련을 위한 자산형성을 적극적 · 장기적으로 지원하기 위한 목적으로 실시된 것이다.

디딤씨앗통장은 "아동발달지원계좌(CDA : Child Development Account)"를 일컫는 것이며, 2007년 4월부터 미래 성장 동력인 아동에 대한 사회투자로 빈곤의 대물림을 방지하고 건전한 사회인 육성을 위해 추진하였다.

(2) 지원대상

디딤씨앗통장의 지원대상은 다음과 같다.

첫째, 보호대상아동으로 만 18세 미만의 아동복지시설(아동양육시설, 공동생활가정) 보호아동, 가정위탁 보호아동, 장애인생활시설 아동, 소년소녀가정 아동이 포함되며, 일시보호시설 아동의 경우에도 대상이 될 수 있다.

둘째, 기초생활수급가구 아동으로 중위소득 40% 이하의 수급 가구(생계, 의료 급여) 아동 중 신규 선정하여 만 18세 미만까지 지원한다.

셋째, 기 가입 아동 중 가정복귀 및 탈수급가구 아동을 대상으로 한다. 보호대상아동이 가정복귀 시, 보호구분을 '가정복귀'로 변경하여 계속 지원하며, 기초생활수급가구 아동 또한, 해당 가정이 중위소득 40%를 초과해도 계속 지원한다.

(3) 지원기간

보호대상아동 및 기초생활수급가구 아동 가입 시부터 만 18세 미만까지 지원하며, 정부(지자체) 지원은 만 18세 미만까지 해당하나 아동계좌는 만 24세까지 저축이 가능하다.

(4) 매칭 및 적립

아동이 후원자 또는 보호자의 도움 등으로 적립 시 국가(지자체)가 월 5만원 내에서 1:2 매칭하여 지원하는 것을 말한다. 아동이 보호자나 후원자 등의 도움으로 월 5만원 내의 범위(최대 적립금액은 월 50만원)에서 1:2로 매칭하여 국가(지자체)가 월 10만원 내 지원을 해 주는 것이다.

(5) 적립금 사용용도

만 18세(만기) 이후 학자금, 기술자격 및 취업훈련비용, 창업지원금, 주거마련 지원 등 자립을 위한 용도에 한하여 사용 가능하며, 만 24세까지 학자금·기술자격취득·주거마련 등 자립사용 용도가 발생하지 않은 경우, 만 24세 도달 시 사용 용도 제한 없이 아동 적립금 및 정부매칭지원금의 지급이 가능하다.

2) 드림스타트

(1) 목적

아동복지법 제37조, 아동복지법시행령 제37조에 근거하여 취약계층 아동에게 맞춤형 통합서비스를 제공하여 아동의 건강한 성장과 발달을 도모하고 공평한 출발기회를 보장함으로써 건강하고 행복한 사회구성원으로 성장할 수 있도록 지원하는 것이다.

(2) 지원대상

0세(임산부)에서 만 12세(초등학생 이하) 아동 및 가족을 대상으로 하며 만 13세 이상 아동 중 초등학교에 재학 중인 아동도 포함한다. 수급자 및 차상위계층 가정, 보호대상 한부모가정 등이 기본대상이며, 법정 한부모외 한부모가정, 다문화, 조손가정은 특화대상으로 농어촌 기초단체만 적용하며, 반드시 사례회의를 거쳐 대상을 결정한다.

(3) 사업내용

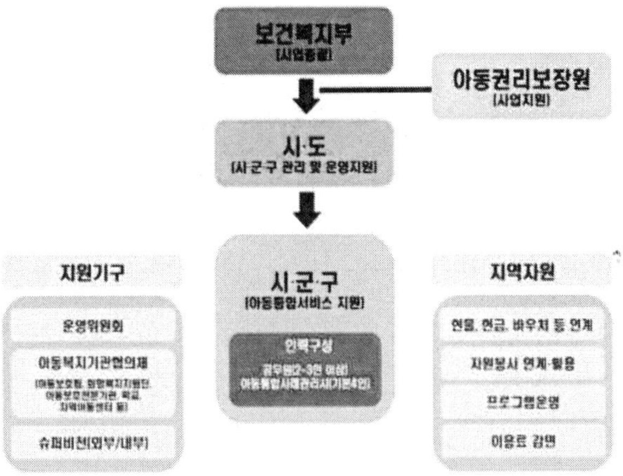

출처: 보건복지부(2024). 2024년 드림스타트 사업안내. p.3.

[그림 11-4] 드림스타트의 사업추진체계

드림스타트는 [그림 11-4]와 같이 보건복지부가 총괄하고 시·도는 관할 시·군·구의 사업계획 총괄 및 지원·관리, 시·군·구는 드림스타트를 설치·운영하는 것으로 대상자의 복합적인 욕구를 파악하여 지역자원과 연계한 맞춤형 통합서비스 제공하기 위한 것이다. 이를 위하여 인적 조사 및 사정을 통해 대상자의 욕구 및 문제를 파악하여 보건, 복지, 보호, 교육 등 필요한 서비스를 종합적으로 지원하고 주기적인 모니터링 실시하고, 대상자에게 필요한 서비스를 제공할 지역자원을 발굴 및 관리한다.

(4) 드림스타트의 현황 및 구성

드림스타트는 〈표 11 - 2〉에 제시한 바와 같이 2007년 16개소에서 시작하여 2015년부터는 229개소를 설치하여 운영하고 있으며, 전담공무원과 아동통합사례관리사로 구성되는데 전담공무원에는 팀장(6급 이상 공무원), 사회복지, 간호 · 보건, 행정 분야 각 1인씩 최소 3인(팀장 포함)으로 구성되며, 아동통합관리사는 슈퍼비전, 사회복지, 보건, 보육 분야로 포함된 기본 4인으로 구성된다.

〈표 11 - 2〉 연도별 사업지역 현황

(단위 : 개소)

연도	2007	2008	2009	2010	2011	2012	2013	2014	2015~
시 · 군 · 구 (사업실시단위)	16	32	75	101	131	181	211	219	229

출처: 보건복지부(2023). 2023년 드림스타트 사업안내. p.17.

〈표 11-3〉 드림스타트 인력 구성 및 업무

구분	전문분야	인원	담당업무
공무원 (6급 이상, 팀장)	행정, 사회복지, 보건(간호)	최소 3인	-시·군·구 드림스타트 사업운영 및 행정·예산관리 총괄 -취약계층 아동가구 조사, 서비스 기획·조정 및 서비스 제공 총괄 -지역사회자원 발굴·연계 및 행복e음 승인 등 자원 총괄 관리 -월 1회 기본서비스(가정방문 동행) -조직구성원의 역량 강화 및 사례관리 협력체계 관리 -수행인력(전담공무원, 아동통합사례관리사 등) 관리 -주 1회 이상의 사례회의 주관, 업무 협의회 참석 등
공무원 (팀장 외)	사회복지		-지역 내 복지 자원 발굴 및 관리, 연계망 구축 ※ 지역자원 발굴 등은 반드시 공무원 인력이 담당 -맞춤형 정서 및 사회성 발달 서비스 기획 및 운영 -자원봉사자 및 학교연계 프로그램 관리 등 -취약계층 아동가구 조사, 월 1회 기본서비스(가정방문 동행)
	보건(간호)		-지역 내 보건 자원 발굴 및 관리, 연계망 구축 -보건소 연계 프로그램 관리 등 ※ 지역자원 발굴 등은 반드시 공무원 인력이 담당 -맞춤형 보건프로그램 기획 및 운영 -의료 개입 및 응급 지원서비스 등 -취약계층 아동가구 조사, 월 1회 기본서비스(가정방문 동행)
	행정(보육)		-지역 내 보육(교육) 자원 발굴 및 관리, 연계망 구축 ※ 지역자원 발굴 등은 반드시 공무원 인력이 담당 -맞춤형 보육(교육) 프로그램 기획 및 운영 -취약계층 아동가구 조사, 월 1회 기본서비스(가정방문 동행)
아동통합 사례 관리사	슈퍼비전	기본 4인	-아동통합사례관리 및 서비스 연계 -내부 슈퍼비전 운영(교육·중재·지지 등)
	사회복지		-아동통합사례관리 및 서비스 연계 -정서 및 사회성 발달 프로그램 지원
	보건(간호)		-아동통합사례관리 및 서비스 연계 -건강, 영양 등 방문 보건프로그램 지원
	보육(교육)		-아동통합사례관리 및 서비스 연계 -보육/조기교육 프로그램 지원 -가정방문 조기교육 수행/관리 등

출처: 보건복지부(2024). 2024년도 드림스타트 사업안내. p. 12.

3) 아동복지교사 지원

(1) 목적

아동의 건전한 성장과 발달을 지원하기 위하여 지역사회에서 방치되기 쉬운 취약계층 아동에게 다양한 교육 프로그램을 제공하여 아동의 건전한 성장과 발달을 지원하기 위한 것이다. 또한 지역사회 일자리 창출을 통한 아동복지 서비스 인력 양성 하기 위한 것으로 사회서비스 일자리 사업으로서 지역사회 우수인력을 채용, 교육훈련을 통해 아동복지 서비스 인력을 양성한다.

(2) 사업연혁

2007년 6월에 재정지원 일자리 사업으로 아동복지교사 지원사업을 시작하였으며, 기초학습, 영어, 독서지도, 예체능, 보건위생 등 10개 분야에 아동복지교사 2,722명을 지역아동센터에 파견하였다. 2011. 12월에 현장중심의 맞춤형 서비스 제공을 위해 시 · 도에서 시 · 군 · 구 드림스타트로 변경하였다. 2013년 7월에 사회적 일자리 확충을 위한 추경예산 편성으로 아동복지교사 사업량을 확대한 결과 2007년 이래 2,700명으로 유지되었던 사업량을 2022년말에는 3,845명으로 확대하였다. 아동복지교사의 지원내용은 〈표 11 - 4〉와 같다.

〈표 11-4〉 아동복지교사의 지원내용

<table>
<tr><th>구분</th><th>지원분야</th><th>활동내용</th><th>지원시간</th></tr>
<tr><td rowspan="6">기본 분야</td><td>기초학습</td><td>-기초학습교육 등
(학습코칭, 수준별 학습지도, 학습부진아 지도)</td><td rowspan="6">○ 전일제(주25시간)
-(근무지)
지역아동센터 등
-(근무시간)
주 5일 이내,
1일 5시간 지원
(9:00~21:00)

○ 단시간(주12시간)
-(근무지)
지역아동센터 등
-(근무시간)
주 3~4일,
1일 5시간 이내
* 월60시간 이상 근무 하게 되는 달은 근무일 및 시간 조정</td></tr>
<tr><td>외국어 지도</td><td>-외국어 기초지도
-그룹외국어지도, 영어 등 활동 프로그램 지도
* 외국어 영역 : 중국어, 일본어, 베트남어 등 지역별 수요가 있는 외국어 가능</td></tr>
<tr><td>독서지도</td><td>-독서지도(읽기, 말하기, 쓰기 등)
-그룹 독서지도, 독서활동 프로그램 지도</td></tr>
<tr><td>예체능 지도</td><td>-예체능활동지도(음악, 미술, 체육 등)
-예체능*활동 프로그램 지도
* 음악, 미술, 바둑, 컴퓨터, 축구, 로봇과학, 연극, 서예, 손글씨, 한자, 댄스(무용), 요리 등 지역별 수요가 있는 분야 가능</td></tr>
<tr><td>다문화 · 장애아동 지도</td><td>-다문화아동 / 장애아동 지도
☞ 다문화, 장애아동지도교사는 다문화, 장애아동을 전담하는 특수목적형 지역아동센터에 우선 파견 배치(원칙)</td></tr>
<tr><td>기타</td><td>-시 · 군 · 구청장이 지역수요 등에 따라 아동복지교사 파견이 필요하다고 인정하는 분야 (예: 아동인권, 진로지도, 수학 등)</td></tr>
<tr><td colspan="2">분야별 공통사항</td><td>-해당분야 수업 전 · 후 정리 및 학교생활교육(숙제 및 과제물 관리 등)</td><td></td></tr>
</table>

출처: 보건복지부(2024). 2024년 아동분야 사업안내 1권. p. 296.

4) 지역아동센터

(1) 목적

지역아동센터는 아동복지법 제52조 제8항에 따라 지역사회 아동의 보호 · 교육 · 건전한 놀이와 오락의 제공, 보호자와 지역사회의 연계 등 아동의 건전 육성을 위하여 종합적인 복지서비스를 제공하기 위한 것이다.

(2) 현황

지역아동센터는 1980년에 시작되어 2004년에 법제화가 이루어졌으며, 985개소에 23,000여명의 아동이 이용하였다. 2005년 이후 양적으로 급속하게 증가하였으며, 2016년 12월 기준으로 전국에 4,107개소에 10만명이 넘는 아동이 이용하고 있다.

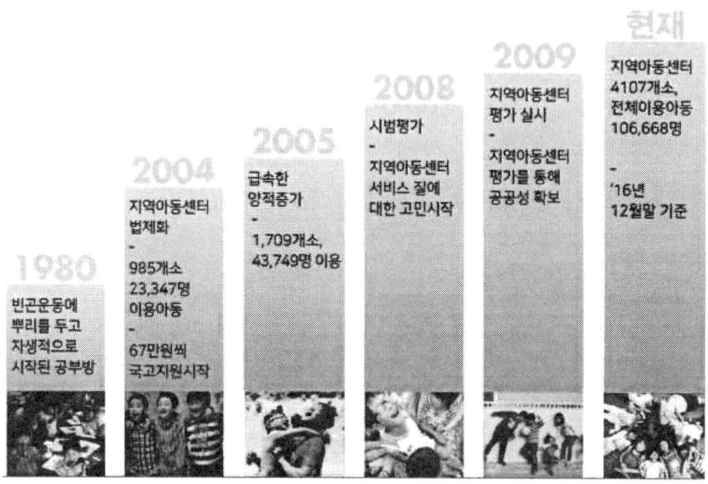

출처: 아동권리보장원 홈페이지(https://www.icareinfo.go.kr)

[그림 11-4] 지역아동센터의 현황

(3) 지역아동센터의 프로그램

지역아동센터의 프로그램은 기본프로그램과 특화프로그램으로 구성된다. 기본프로그램에는 보호, 교육, 문화, 복지, 지역사회연계 프로그램이 포함되며, 특화프로그램에는 주말·공휴일 프로그램, 가족기능강화 프로그램, 야간보호 프로그램, 청소년을 위한 프로그램이 포함된다.

〈표 11-5〉 지역아동센터의 프로그램

구 분		내 용
기본 프로그램	보호프로그램	빈곤·방임 아동보호, 일상생활지도, 급식제공, 위생지도 등
	교육프로그램	학교생활준비, 숙제지도, 예체능교육, 안전교육, 기초학습부진 아동 특별지도, 독서지도 등
	문화프로그램	문화체험, 견학, 캠프, 공동체 활동, 놀이활동 지원, 특기적성 등
	복지프로그램	사례관리, 상담, 정서적 지원, 부모교육, 가정방문 등
	지역사회연계 프로그램	지역 내 인적·물적 자원을 연계, 결연후원, 지역복지활동 등
특화 프로그램	주말·공휴일 프로그램	평일에 시간적 여유가 없어 진행할 수 없었던 프로그램과 주말에만 참여 가능한 체험학습 등을 제공
	가족기능강화 프로그램	아동양육기술 및 의사소통 증진, 부모집단 프로그램 및 자조모임, 가족성장 교실, 좋은부모 교실, 지역주민 결연 및 멘토링 활동 등
	야간보호 프로그램	저녁 늦은 시간까지 부모가 귀가하지 않아 방임되고 있는 아동들을 보호자의 귀가시간까지 지역아동센터에서 보호
	청소년을 위한 프로그램	1:1 학습멘토, 동아리 활동, 진로탐색 프로그램

출처: 아동권리보장원 홈페이지(https://www.icareinfo.go.kr)

(4) 종사자 배치기준

지역아동센터의 종사자는 아동의 수에 따라 다음과 같이 차이가 있다.

〈표 11-6〉 지역아동센터 종사자 배치기준

정원 구분	법정 종사자 수
아동 30명 이상	3명
아동 10명 이상 30명 미만	2명
아동 10인 미만	1명

출처: 2019년 아동분야 사업안내 2권. p. 24.

(5) 돌봄서비스 신청

돌봄서비스를 신청하고자 할 때, 보호자, 읍·면·동장 또는 지역아동센터 등은 돌봄서비스 희망 아동에 대해 해당 보호자가 작성한 방과 후 돌봄서비스 제공·변경신청서를 시·군·구에 제출하여야 한다.

〈지역아동센터 이용절차〉

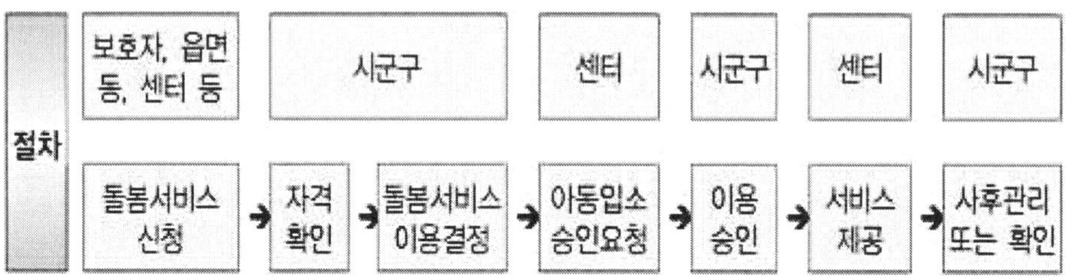

출처: 보건복지부(2024). 2024년 지역아동센터 지원 사업안내. p. 34.

5) 결식아동 급식

(1) 목적

아동복지법」 제35조(건강한 심신의 보존)제2항 제3호에 따라 저소득 가정의 아동들이 건강하게 자랄 수 있도록 급식지원 등을 통해 결식예방 및 영양개선을 위한 것이다.

(2) 급식지원 대상자 선정기준

❑ 지원연령

18세 미만의 취학 및 미취학 아동(아동복지법 제3조)을 대상으로 하지만, 18세 이상인 경우에도 고등학교에 재학 중인 아동을 포함하며, 18세 미만인 학교 탈락아동의 경우에도 지원한다. 지원대상을 좀 더 살펴보면 다음과 같다.

① 「국민기초생활보장법」 제2조제2호에 따른 수급자 가구의 아동, 차상위 계층 아동
② 「한부모가족지원법」 제5조에 따른 보호대상자인 아동
③ 「긴급복지지원법」에 따른 긴급복지 지원대상 가구의 아동
④ 보호자가 사망, 가출, 행방불명, 구금시설에 수용되는 등의 사유로 보호자가 없는 가구의 아동
⑤ 보호자의 사고, 급성질환, 만성질환 등 사유로 보호자의 양육능력이 미약하거나 보호자로부터 방임·유기되거나 학대 등을 당하여 긴급한 보호가 필요한 아동
⑥ 「국민기초생활보장법」 제2조제9호에 따른 소득인정액이 중위소득 52% 이하인 가구의 아동
⑦ 위 각호에는 해당되지 않으나 최저 건강보험료 납부액 이하 가구 아

동 또는 담임교사, 사회복지사, 이 · 통 · 반장, 시 · 군 · 구 담당공무원 등이 추천하는 아동으로서 아동급식위원회에서 급식지원이 필요하다고 결정한 아동

☐ 급식지원 내용

미취학아동은 조 · 중 · 석식 중 아동별 특성에 따라 급식형태의 선택을 지원하며, 미취학 아동의 특성과 지역여건에 따라 다양한 급식방법으로 지원한다. 취학아동은 조 · 중 · 석식 중 아동별 특성에 따라 급식형태를 선택 지원한다.

☐ 선정절차

신청은 최초 1회만 실시하며 기지원대상자는 재판정을 통하여 계속 지원여부를 결정한다. 신청권자는 급식지원을 필요로 하는 아동 본인, 가족, 이웃 또는 관계인, 담당공무원이 직권으로 신청 가능하다.

☐ 지원방법 및 전달방법

아동(가정)의 취사능력 유무, 지역사회의 식사제공 가능시설 등을 고려하여 아동에게 맞는 방법으로 지원하되 현금지급은 불가하다. 급식전달은 지역실정과 아동여건에 따라 급식소 급식, 일반음식점 급식, 도시락 배달, 편의점 급식, 부식지원 등의 방법으로 지원한다. 방학기간에도 학교생활의 연장선으로 이해하여 학교에서 대상아동들에 대해 방학 중 또는 학기 중 토 · 공휴일에 아동보호와 함께 특별프로그램(예 : 자연학습, 컴퓨터교실, 독서교실, 캠프 등)을 운영하면서 학교급식소 등을 자연스럽게 이용하는 방안이 강구되고 있으며, 지역 내 특정 학교를 개방하여 단체급식시설로 이용하는 방안 등을 지자체가 지역교육청 · 학교와 협의하여 지역 아동급식위원회에서 결정한다.

제12장

아동복지의 과제와 발전방향

아동은 출생과 더불어 성장과 발달, 양육과 교육, 권리의 증진과 같이 아동의 삶의 질을 향상시키기 위해 끊임없는 관심과 보살핌을 받는 환경 속에서 성장해야 한다. 특히 안정된 가정에서 생활하기 어려운 요보호아동에게는 더욱더 세심한 관심이 필요하다. 아동이 행복한 미래를 실현하기 위해 다음과 같은 사항을 좀 더 주의를 기울일 필요가 있다.

1. 아동복지의 과제

1) 보육서비스에서의 과제

우리나라는 국가적인 위기상황이라 할 정도로 출산율이 세계 최저 수준을 기록하고 있다. 이 상태로 인구가 감소할 경우 국가경쟁력에도 심각한 영향을 미치게 되는 중대한 문제이지만, 여전히 기혼여성이 일과 육아를 병행하는 것은 전쟁과 같은 일상을 살아가야 하기에 최근의 20, 30대 미혼남녀들은 결혼 자체에 대해 회의적이거나 결혼을 하더라도 아이는 낳지 않으려하는 모습도 나타나고 있다. 이러한 문제를 해결하려면 무엇보다 보육서비스가 잘 정비되어 여성이 육아를 하는데 어려움을 느끼지 않도록 해야 할 것이다. 현재 시급하게 해결해야 할 보육서비스의 문제는 다음과 같다.

(1) 보육의 공공성 강화

보육에서 국가의 책임이 더 강화되어야 한다. 이전보다 개선되었다고는 하지만 여전히 우리나라의 보육시설은 민간보육이 60%가량을 차지하고 있으며 국·공립 어린이집은 25% 수준이기 때문에 보육부담율이 선진국보다 훨씬 높은 편이다. 실제로 아파트가 밀집된 지역의 경우 국·공립 어린이집의 대기 기간이 1~2년을 훌쩍 넘어 정작 필요한 순간에 보육시설을 이용할 수 없는 경우는 너무나 비일비재하게 만나는 사례이다. 이를 위하여 보육시설 입소시 대기 취약계층에게 우선혜택을 주고 있는데, 이러한 차원에서 벗어나 보육을 원하는 모든 가정의 부모가 원하는 시기에 안전한 시설에서 보육시설을 이용할 수 있는 방안을 마련해야 할 것이다.

(2) 보육시설 및 보육종사자의 질적수준 향상

우리나라는 유아교육과 보육시설을 통합하고자 하는 유·보통합 논의를 진행해 왔으나 그 가운데서 가장 합의가 어려웠던 부분이 종사자의 질적인 수준에 관한 부분이었다. 우리나라의 보육사업은 초기에 양적인 확대에 초점을 맞춘 나머지 질적인 부분은 상대적으로 등한시되어 왔다고 할 수 있다. 대학에서 정규교육을 받는 경우도 있지만, 보육교사를 양성하기 위한 교육원이나 평생교육원, 학점은행제 등 다양한 경로가 마련되어 있는데, 경로의 다양성은 보육교사자격 취득의 진입을 용이하게 하는 장점은 있으나 해당기관의 교육의 질은 매우 상이할 수 있다는 위험요인이 있다고 볼 수 있을 것이다. 따라서 보육교직원의 자질 향상을 위한 자격기준의 강화나 지속적인 재교육을 위한 방안의 마련이 필요하다고 할 수 있다.

2) 장애아동복지서비스의 과제

장애아동을 위한 정책에서 가장 중점을 두어야 하는 부분은 장애가 발생 후 대책방안을 마련하는 것도 중요하지만 보다 더 중요한 것은 장애를 미연에 예방하는 방안을 강화하는 것이다. 이를 위한 구체적인 방안은 다음과 같다.

(1) 장애예방 모자보건사업을 강화

장애예방을 위해서는 산전과 산후 과정에서 발생할 수 있는 장애예방 모자보건사업을 강화해 나가야 한다. 무엇보다 장애와 연관성이 높다고 알려진 질병의 조기발견과 선천적인 대사이상이나 기형 및 발달성 이상과 같은 문제를 발견하고 조기에 치료할 수 있는 제도적인 방안의 마련이 체계화되어야 한다.

(2) 장애아의 치료 및 교육에 대한 국가적인 제도정비

장애아의 재활을 위해서는 조기에 치료 및 교육을 받는 것이 필수적인데 아직까지 수요에 비해 치료 및 교육을 제공하는 공적인 기관이 한정적이다 보니 장애아 가정의 부모들은 막대한 비용을 지불하며 사설 치료기관을 이용할 수밖에 없는 상황이 다수 발생한다. 장애아동을 위한 치료 및 교육을 위한 비용의 부담은 장애아 부모에게는 또 다른 고통이며 고민거리라 할 수 있을 것이다. 따라서 다양한 경로로 장애아동이 원하는 치료 및 교육을 받을 수 있는 공적인 제도가 보완될 필요가 있다.

3) 아동복지시설 보호아동을 위한 과제

아동복지시설에서의 입소는 보호아동을 위한 선택 중 가장 마지막에 고려되어야 하는 선택이라 할 수 있다. 왜냐하면 아동을 위한 최선의 선택은 가정의 형태에서 크게 벗어나지 않는 방식의 보호가 그나마 아동의 적응과 발달에 긍정적이기 때문이다. 이러한 이유로 시설에서 보호를 받는 아동을 위해서는 무엇보다 가정에서 느낄 수 있는 편안함과 안정감을 얼마만큼 잘 제공할 수 있는가의 문제가 가장 중요하게 고민해야 할 사항일 것이다. 이를 위하여 고려할 점을 제시하면 다음과 같다.

(1) 친가정 복귀를 위한 서비스의 강화

요보호아동의 친가정 복귀는 시설 보호 및 가정위탁 된 아동을 위한 최선의 목표라고 할 수 있다. 하지만 2021년 가정위탁 현황보고서에 따르면 위탁아동의 친가정 복귀율은 13.5%로 매우 낮은 편이다. 가정을 유지하기 어려운 위급한 상황으로 인하여 자녀를 복지시설이나 가정위탁을 의뢰하였으나 아동의 문제에 가장 중요한 역할과 책임을 가진 사람은 친부모 자신이라는 것을 명확히 할 필요가 있다. 또한 친부모를 지원할 수 있는 다양한 프로그램과 정기적인 만남을 지속적으로 유지하여 친가정으로 복귀할 수 있는 방안을 구체화하는 노력이 필요하다.

(2) 자활 및 자립지원 확대

아동이 원가정으로 돌아갈 수 없는 상황이라면, 아동이 복지시설에서 퇴소한 후 건강한 사회인으로 자립할 자립 준비를 할 수 있도록 해야 한다. 현재 국가에서 지원되는 자립정착금은 500~2,500만원 지급을 권고하고 있는데, 사실상 이 금액으로 자립을 준비하기란 거의 불가능하다고 할 수 있다. 따라서 한 개인으로서 사회의 일원으로 자리를 잡기 위해 필요한 최소 금액을 좀 더 면밀하게 계산한 후 일시금이 아니라 지속적인 지원이 이루어지도록 규정이 개선될 필요가 있다.

또한 퇴소 후 독립하기 위해서는 단순히 의식주만을 해결한다고 해서 되는 것이 아니기 때문에 자립에 필요한 사회적 기술들을 체계적으로 지원할 수 있도록 보다 세심한 노력이 뒤따라야 할 것이다.

4) 입양 아동을 위한 과제

2007년부터 국내입양 아동수가 해외입양 아동수보다 많아졌으나, 여전히 국내입양아동의 비율은 50%를 조금 넘어서는 수준이다. 하지만 여전히 우리사회에서는 입양했다는 사실을 공개하는 것을 꺼리는 측면이 강하게 나타난다. 개방입양은 입양아동과 친부모, 입양부모 모두에게 긍정적인 기능을 할 수 있다. 입양아동은 입양에 대해 자연스럽게 알게 되면서 자신에 대한 자아정체성을 긍정적으로 형성하며 입양부모와 유대감을 형성할 수 있으며, 친부모는 아이를 버린 것에 대한 죄책감에서 벗어나 아동에게 최선의 이익이 되는 방향으로 의사결정에 참여할 수 있다. 또한 입양부모는 친부모가 나타날 것에 대한 불안을 없애고 입양부모로서의 정당성을 증가시킬 수 있다.

5) 가정위탁 아동을 위한 과제

(1) 위탁 가정의 지원 강화

가정에서 양육하기 어려운 상황이 발생했을 때 가능한 아동의 가정으로 복귀시키는 것이 목적이라고 보았을 때, 입양은 더 이상 원가정 복귀가 불가능하다고 판단이 된 경우에 선택하게 되는 제도라 할 수 있다. 따라서 좀 더 활성화되어야 할 정책은 가정위탁보호제도를 활성화하는 것이 중요하다.

하지만 현재 가정위탁제도는 아직까지도 대중에게는 매우 생소하게 느껴질 정도로 홍보가 부족한 편이며, 특히 위탁가정에 지원되는 비용 또한 아동의 양육비라고 하기에는 매우 부족하다고 할 수 있다. 따라서 양육비 지원 외에도 위탁가정에 의료보호시설, 주택, 세제혜택 등의 수요자가 현실적으로 요구하는 상황에 부합되는 수준으로 상향조정하는 것이 필요하다.

(2) 전문위탁 가정의 발굴 강화

보호아동 중에는 정서적 문제나 행동문제, 장애를 가진 경우가 다양하고, 특히 양육자로부터 보호를 받아야 할 결정적 시기에 적절한 보살핌을 받지 못했기 때문에 심리적인 상처를 받은 경우도 많다. 따라서 이러한 아동의 상황을 충분히 이해하고 보다 전문적으로 아동을 양육할 수 있는 전문성을 가진 부모가 아동을 위탁 보호할 수 있어야 한다. 아직까지 전문위탁 부모의 발굴을 위한 구체적인 방안이 별도로 마련되어 있지 않으며, 정서적·심리적 상처를 가진 위탁 아동의 보호는 전적으로 위탁 부모에게 맡겨져 있다고 할 수 있다. 따라서 응급위탁가정, 치료위탁가정, 특수위탁가정, 단기 일일보호, 휴식위탁보호 등과 같은 다양한 형태의 위탁가정이 확보되고 양적으로 확대될 수 있도록 하고, 위탁이후 보이는 다양한 상황에 능동적으로 대처할 수 있도록 위탁부모의 전문성을 증진시킬 수 있는 체계적인 지원제도가 마련될 필요가 있다.

6) 학대아동을 위한 과제

(1) 아동보호체계의 공공성 확보

우리나라의 아동보호체계에서 학대아동에 대한 보호관련 업무의 중요한 역할이 민간기관이 운영하는 정부위탁 운영방식으로 제공되어 왔다. 국가는 민간위탁기관을 선정한 뒤 관리하는 방식으로 제한된 역할만을 수행해 왔다. 따라서 아동보호체계이 공공성 확보를 위해 좀 더 구체적이면서도 체계적인 방식의 공공개입방안을 마련해야 한다.

'아동학대처벌법'의 시행으로 경찰이 조사에 동행하게 되고 검찰과 법원이 관여하게 됨으로써 예전에 비해 공공성이 강화되는 계기를 된 것은 분명 진일보된 것이 틀림없다. 하지만 그럼에도 불구하고 아동학대 사건이 발생하였을 때 기존의 조사와 서비스 기능은 모두 민간에 위탁된 아동보호전문기관이 담당하고 있는 체제에는 변화가 없다. '아동학대처벌법'을 계기로 강화되기 시작한 공공의 역할을 적어도 조사 영역에는 확대할 필요가 있다.

(2) 아동학대사례에 대한 조사와 서비스 기능의 분리 필요

우리나라의 학대보호조치는 신고와 조사에 기반하고 있다. 그런데 문제는 아동보호전문기관에서 아동학대 사례의 조사와 서비스를 모두 담당하고 있다는 것이다. 아동학대처법으로 아동학대 사례의 조사에는 경찰이 동행을 하게하고 있는데, 이는 학대의 '조사'가 '수사'의 의미를 모두 갖는다는 것을 의미한다. 아동학대의 조사기간에 마주하게 되는 구성원들에게 아동학대와 연관된 보호자 및 관계자는 심리적 부담감을 가질 수밖에 없는데, 동일한 대상으로부터 조사 후 상담 및 치료서비스 등도 함께하게 되는 현 시스템은 개선의 여지가 있다고 할 수 있다. 미국의 경우에도 아동학대의 조사와 서비스를 구분하여 운영하고 있는데 이것은 조사와 서비스 제공이 갖는 성격이 다르기 때문이라고 할 수 있다.

2. 아동복지의 전망

1) 저출산 문제의 해결 방안 마련

저출산 대책으로는 저출산 자체를 막기 위한 방안과 저출산의 향후 문제를 막기 위한 방안이 동시에 필요하다. 아동정책은 이 두 가지 모두에 해당하는 유일한 대책이 될 수 있다.

저출산의 가장 큰 원인은 대부분의 부모들이 자녀를 키우기 어렵다고 느끼기 있기 때문이며, 이를 막기 위해서는 아이를 키우기 쉬운 환경을 만들어줄 필요가 있다. 아동정책은 아동의 기본역량을 강화하여 이후 건강한 성인으로 성장할 수 있는 기반이 될 수 있으며, 또한 여성고용의 증가와 유지를 위한 고용친화적 복지의 대표적인 정책이 될 수 있다.

2) 지역사회를 중심으로 하는 아동복지 강화

지금까지 우리나라의 아동복지는 요보호아동을 대상으로 한 시설보호 중심의 서비스가 강조되었으나 이제는 지역사회를 거점으로 한 재가아동복지 서비스를 강화해야 한다. 보편적 아동복지 이념에서 복지의 대상은 소수의 요보호아동에 더 이상 한정되지 않으며 모든 아동을 대상으로 이루어진다.

아동은 안정된 가정에서 책임을 다하는 부모와 함께 성장하는 것이 가장 바람직하기 때문에 국가와 사회는 아동의 안정된 성장에 필수적인 가정이 제대로 기능을 잘 수행할 수 있도록 지원해야 한다. 그러나 어쩔 수 없이 원가정에서 생활할 수 없는 상황이 발생한다면 최대한 가족의 기능을 할 수 있는 대리가정에서 생활하도록 하며, 지역사회 내에서 가족과 아동이 여러 가지 서비스를 받을 수 있는 시스템이 확립되어야 한다.

3) 아동권리에 대한 인식과 보장의 강화

우리나라의 아동복지는 유엔아동권리협약에서 명시된 생존권, 보호권, 발달권, 참여권과 같은 권리를 보장하는 방향으로 전개되어야 한다. 아동권리의 실현 기반을 강화하기 위해서는 관련법과 제도를 정비하고 국가차원의 통합된 정책을 주도록 해야 한다.

아동의 권리는 무엇이 있으며, 어떻게 아동의 권리를 존중해야 하는지에 대한 것을 동영상이나 애니메이션 같은 다양한 방식으로 제작하여 일반인들이 쉽게 이해하도록 보급하려는 노력이 계속적으로 이어져야 한다. 그리고 가정양육에서 아동의 권리를 존중하기 위한 안내와 지침이 필요하며 기관에서의 아동권리 교육을 강화할 수 있도록 하여야 한다.

4) 아동복지 전문 인력의 확보

아동기는 인격의 기초가 형성되는 시기이다. 따라서 아동을 대하는 전문인들은 해당 분야에 전문지식을 가지고 있을 때 아동 및 가족의 문제에 유연하게 대처할 수 있다. 이를 위해 아동복지 전문인력은 자신이 담당하는 분야에서 정규적인 훈련과 경험을 쌓고, 미래에 대한 긍정적인 전망을 갖고 사업을 수행하는 능력을 갖추어야 한다.

참고문헌

강남식, 신은주, 정재훈, 이윤경, 정병호, 이은애(2003). 보육정책의 새로운 관점 정립 및 개선방안 연구. 여성부.

강동욱(2014). 한국에 있어서 아동학대범죄의 처리절차에 관한 고찰: 아동학대범죄의 처벌 등에 관한 특례법을 중심으로. 소년보호연구, 26, 213 - 240.

강현하, 정익중, 김향숙(2019). 2019 가정위탁아동 패널연구. 보건복지부.

고주애, 이상무(2017). 유엔아동권리협약 이행과 아동청소년 권리모니터링 권리교육의 과제. 한국청소년학회 학술대회 자료집.

국제아동인권센터 · 초록우산어린이재단(2016), 아동권리옹호활동 가이드북.

국토교통부(2022). 아동 · 청소년 삶의 질 2022 보고서.

권선진, 이근매, 조용태, 김갑용, 공정이(2009). 장애아동 · 청소년의 삶의 질 향상을 위한 지원방안 연구Ⅰ: 재활복지서비스 제공방안. 경제 · 인문사회연구회 협동연구총서.

김경수(2017). 아동학대 관련 법제의 한계와 개선방안에 관한 연구. 법학연구, 12, 171 - 212.

김경우, 양승일, 강복화(2008). 사회복지정책론. 서울: 창지사.

김광웅, 김명혜(2005). 한국 아동복지의 이념과 과제 고찰. 아동복지연구, 3(2), 81 - 92.

김기원(2000). 공공부조론. 서울: 학지사.

김미경(2018). 우리나라의 유보통합을 위한 개선방안 모색. 총신대학교 교육대학원 석사학위논문.

김유경, 변미희, 임성은(2010). 국내입양실태와 정책방안 연구. 한국보건사회연구원.

김윤영(2017). 문재인정부 복지정책 평가와 과제.

김은영, 권미경, 조혜주(2012). 교사양성과정 내실화를 위한 유치원과 어린이집 일과운영 및 교사의 직무분석. 육아정책연구소.

김은영(2013). 어린이집 교사의 직무분석에 기초한 전문성 제고 방안. 육아정책연구소.

김은정, 이지혜(2017). 수요자 중심의 보육서비스 지원체계 현황과 정책과제. 한국보건사회연구원.

김이영, 김운삼, 김소윤, 이은희, 최윤희, 현영력(2017). 아동권리와 복지. 경기: 양성원.

김재환, 최진원, 곽미정(2018). 아동권리와 복지. 서울: 학지사.

김현희(2008). 가정위탁보호사업의 활성화 방안에 대한 연구. 호남대학교 석사학위논문.
김형태, 노혜련, 김진석, 이수천, 조소연(2017). 아동복지시설 기능개편 방안연구. 보건복지부 · 서울기독대학교.
김희연, 김형모, 김정숙(2007). 아동복지시설 기능다각화 모델 구축 연구. 경기개발연구원.
김희연, 박은미, 이주현(2006). 보호필요아동의 가정위탁보호 확대방안 연구: 경기도 지역을 중심으로. 경기개발원.
나은우, 정한영(2009). 장애의 개념과 분류. 대한의사협회지, 52(6), 537 - 544.
남일재(2005). 사회복지개론. 서울: 학현사.
대한민국정부(2017). 제 5 · 6차 유엔아동권리협약 국가보고서.
도미향, 이용복(2004). 저출산 시대 부모의 자녀양육기능 강화를 위한 아동복지정책의 방향. 부모교육연구, 12(2), 5 - 28.
류정희(2022). "보호대상아동" 개념의 재검토: 보호의 대상이 아닌 권리의 주체로서의 아동. 보건복지포럼, 310, 55 - 66.
배윤진(2017). 입양가정의 서비스 이용 현황 및 개선방안. 육아정책연구소.
보건복지가족부(2009). 보육정책 개편방안 연구: 영유아보육법을 중심으로. 육아정책개발센터 보고서.
보건복지부(2011). 장애아동에 대한 사회적 복지지원체계 연구. 보건복지부 연구용역과제.
보건복지부(2017a). 요보호아동 현황보고 통계정보보고서.
보건복지부(2017b). 2017년 장애인실태조사.
보건복지부(2018). 2017년 국내외 입양통계. 보건복지부
보건복지부(2018a). 2018년 보육통계.
보건복지부(2018b). 2017년 국내외 입양통계.
보건복지부(2019a). 2019년 보육사업안내.
보건복지부(2019b). 2018 아동학대 주요통계.
보건복지부(2019c). 2019년 아동분야 사업안내.
보건복지부(2019d). 2018 가정위탁보호 현황보고서.
보건복지부(2019e). 2019년 지역아동센터지원 사업안내.
보건복지부(2019f). 2019년 드림스타트 사업안내,
보건복지부(2019g). 보건복지백서.
보건복지부(2022). 제 4차 중장기 보육 기본계획(2023 - 2027).

서문희, 안재진, 이세원, 유희정(2009). 보육정책 개편방안 연구: 영유아보육법을 중심으로. 보건복지가족부.

성영혜, 김연진(2002). 아동복지의 이론과 실제. 서울: 동문사.

송주미(2003). 아동과 청소년의 권리보호를 위한 국가이념의 방향과 과제: 역사적 고찰을 중심으로. 청소년학연구, 10(2), 171 - 194.

신은경, 신형익, 이한나(2012). 장애인복지법에 따른 15개 장애유형에 적용되는 ICF 2단계 분류. 보건사회연구, 32(4), 490 - 529.

안문희(2018). 입양제도 개선 방안에 관한 연구. 사법정책연구원.

안소영(2015). 입양법제의 개선방안: 헤이그국제입양협약 비준에 즈음하여. 이화여자대학교 법학대학원 박사학위 청구논문.

오정수, 정익중(2014). 아동복지론. 서울: 학지사.

윤혜미(2011). 아동보호서비스의 발전방향 모색: 예방과 치료의 균형적 접근. 2010 아동학대 현황보고 세미나 자료집. 37 - 54.

이노홍(2013). UN 아동권리협약 및 선택의정서에 따른 아동권리보호의 국제적 동향: 아동의 청원권에 관한 제3선택의정서를 중심으로. 한국법제연구원.

이순자, 나성식, 이효숙(2018). 아동권리와 복지. 경기: 정민사.

이영호, 문영희(2016). UN 아동권리협약의 변천과 한국의 이행 성과와 과제. 비교교육연구, 26(3), 1 - 25.

이용교, 김형태, 오승환, 정경은, 정민기(2015). 아동보호제도 평가 및 개편방안 마련 연구. 보건복지부.

이정원(2018). 문재인 정부 보육·유아교육 정책의 이슈와 쟁점. 한국사회복지정책학회 춘계학술대회자료집.

이재연, 박은미, 황옥경, 김형모, 이은주, 강현아(2017). 아동권리와 보호. 서울: 학지사.

이현미(2014). 보육정책 변동과정 영향요인에 관한 연구. 광운대학교 대학원 박사학위 청구논문.

장인협(2001). 사회복지학. 서울대학교출판부.

장인협, 오정애(1995). 아동·청소년복지론. 서울: 서울대학교 출판부.

장화정(2015). 아동학대처벌법 및 개정 아동복지법 시행 1주년 성과 및 개선과제. 2015 아동학대예방 포럼자료집. 9 - 39.

정대영(2006). 통합교육의 개념과 쟁점고찰. 통합교육연구, 1(1), 1 - 21.

정옥분(2015). 영아발달. 서울: 학지사.

정용주(2011). 한국인의 입양인식과 입양정책의 과제. 호남대학교 행정대학원 박사학위 청구논문.
조영숙(2011). 장애아동과 학대. 장애아동인권학회 춘계학술대회자료집.
조용남(2014). 아동복지정책의 효과성에 관한 연구: 드림스타트 사업을 중심으로. 이화여자대학교 박사학위 청구논문.
주수길, 홍연숙, 황윤경, 주명국(2018). 아동복지론. 경기: 양성원.
중앙가정위탁 지원센터(2011). 2010 가정위탁 보호 현황보고서
최복천, 김유리(2014). 장애아동 학대에 대한 연구동향 분석. 특수교육저널: 이론과 실천, 15(4), 151 - 174.
최윤경, 박창현, 하연섭, 김희수(2016). 유보통합 정착을 위한 실행방안 연구. 육아정책연구소
최정일(2018). 실효적인 아동학대방지 시스템 구축을 위한 제도적 방안에 대한 연구: 아동학대특례법 절차 규정 및 치료사법적 대응방안을 중심으로. 법학연구, 18(4), 193 - 215.
한국보건사회연구원(2006). 3단계 장애범주 확대방안 연구 정책보고서.
한국보건사회연구원(2011). 장애인 복지지표를 통해 살펴본 OECD 국가의 장애인정책 비교연구.
한국보건사회연구원(2012). 2012년 장애인정책 포럼 정책자료.
한국보건사회연구원(2012). 주요 선진국 장애판정제도 현황 및 정책적 시사점. 연구정책보고서.
한국보건사회연구원(2018). 2018년 빈곤통계연보.
한국장애인개발원(2018). 2018 장애통계연보.
허남순(2009). 가정위탁 보호 제도의 과제와 발전방안. 가정위탁 세미나 자료집.
황수경(2004). WHO의 새로운 장애국제기준(ICF)에 대한 이해와 기능적 장애개념의 필요성. 노동정책연구, 4(2), 127 - 148.
황옥경(2004). 아동학대 예방센터의 역할 평가를 통한 아동보호 관련기관의 연계체계 개발. 교수논집, 15, 459 - 477.
Ainsworth, M.(1979). Infant - mother attachment. *American Psychologist, 34*, 932 - 937.
Berk, L. E.(1991). *Chid development.* Boston: Allyn & Bacon.
Bowlby, J.(1969). Attachment and loss(Vol.1): *Attachment.* NY: Basic Books.
Goldson, E.(1998). Children with disabilities and child maltreatment, *Child Abuse and Neglect, 22*, 663 - 667.

Brooks-Gunn, J., & Duncan, G.(1997). The effects of poverty on children, The future of children, 7(2), 55-71.

Buysee, Bailey, D. B., & Wolery, M.(1992.). Behavioral and developmental outcomes in young children with disabilities in integrated and segregated settings; A review of comparative studies. *Journal of special Education, 26(4)*, 434-461.

Crosson-Tower, C.(1999). *Understanding Child Abuse and Neglect.* Allyn and Bacon.

Diniel, P., & Ivatts, J.(1998). *Children and Social Policy.* London: Macmillan.

Elliott, S. N., & Piersel, W. C.(1982). An approach which links assessment to intervention. *School Psychology Review, 11*, 267-280.

Friendlander, W. A., & Apte, R. (1980). *Introduction to Social Welfare. Englewood Cliffs.* NJ: Prentic Hall.

Fredericksen, H., & Mulligan, R. A.(1972). *The child and his welfare.* San Francisco, CA: W. H. Freeman and Company.

Giardino, A. P., Hudson, K. M., & Marsh, J.(2003). Schoolwide planning to improve paraeducator support. *Exceptional Children, 70(1)*, 63-79.

Gilbert, N., & Terrell, P.(2005). *Dimensions of Social Welfare Policy(6th ed.).* Boston: Allyn & Bacon.

Guralnick, M. J.(1990). Major accomplishments and future directions in early childhood main steaming. *Topics in early childhood special Education, 10(2)*, 1-17

Harding, L.F(1991). *Perspective in child care policy.* London:Longman.

Kadushin, A.(1980). *Child Welfare Service.* NY: Macmillan Publishing Co.Inc.

Kadushin, A., & Martin, J. A.(1998). *Child Welfare Service(4th ed.).* NY: Macmillan Publishing Co.Inc.

Mahoney, A., & Poling, A. Sexual abuse prevention for people with sevee developmental disabilities. *Journal of Developmental and Physical disabilities*, 23(4), 2011.

McGrew, K. S., & Algozzine, B.(1995). The identification of individuals with disabilities in national database: Creating a failure to communicate.

Journal of Special Education, 28(4), 72 - 487.

Peck, C. A., Carlson, P., & Helmstetter, E.(1992). Parent and teacher perceptions of outcomes for typically developing children enrolled in integrated early childhood programs : A statewide survey. *Journal of Early Intervention, 16(1),* 53 - 63

Salkind, N.(1985). *Theories of human development.* New York: John Wiley & Sons.

Sobsey, D.(2003). Violence and disabled children. *One - In - Ten, 24,* 2 - 4.

Vandercook, T., York, J., Sharpe, M., Knight, J., Sa.isbury, C., LeRoy, B., & Kozleski, E.(1991). The million dollar question. *Impact, 4,* 1 - 8.

White, B. L. (1975). *First three years of life. Englewood Cliffs.* NJ: Prentice - Hall, Inc.

저자약력

■ 조영숙

성균관대학교 아동학과 학사
성균관대학교 아동학과 대학원(아동임상전공) 석사
성균관대학교 아동학과 대학원(아동상담 및 임상전공) 박사
미국 University of Wisconsin－Madison, Waisman Center Visiting Scholar

전) 성균관대학교 아동청소년학과 겸임교수
송파인성장애인복지관 상담부장
풍납 해오름 아동청소년상담센터 소장
구립 양재2동 어린이집 원장

현) 신한대학교 유아교육과 교수
한국인권연구학회 부회장
(사)한국법학회 이사
의정부시 보육정책위원회 위원

개정판 영유아교사를 위한
아동권리와 복지

개정판 1쇄 인쇄 - 2024년 2월 23일
개정판 1쇄 발행 - 2024년 2월 28일

저 자 - 조 영 숙
발행인 - 김 의 용
발행처 - 교육아카데미
주소 - 서울시 성북구 한천로 70길 15 - 1
전화 - (02) 967 - 9947(代), 3142 - 9924
팩스 - (02) 967 - 9948
E - mail : educa9937@naver.com
등록 - 1996년 9월 6일 No.2 - 2243

정가 20,000원